U0731152

儒家思想与传统文化研究

刘怀荣　苑秀丽　著

中国海洋大学出版社
·青岛·

图书在版编目(CIP)数据

儒家思想与传统文化研究 / 刘怀荣，苑秀丽著. —青岛：中国海洋大学出版社，2020.10

ISBN 978-7-5670-2466-3

Ⅰ.①儒… Ⅱ.①刘…②苑… Ⅲ.①儒家—哲学思想—研究②中华文化—研究 Ⅳ.①B222.05②K203

中国版本图书馆 CIP 数据核字(2020)第 198393 号

出版发行 中国海洋大学出版社
社　　址 青岛市香港东路 23 号　　**邮政编码** 266071
出 版 人 杨立敏
网　　址 http://pub.ouc.edu.cn
电子信箱 cbsebs@ouc.edu.cn
订购电话 0532—82032573(传真)
责任编辑 史　凡　　**电　　话** 0532—85901984
印　　制 青岛国彩印刷股份有限公司
版　　次 2020 年 10 月第 1 版
印　　次 2020 年 10 月第 1 次印刷
成品尺寸 170 mm×230 mm
印　　张 14.25
字　　数 260 千
印　　数 1—1000
定　　价 78.00 元

自　序

中国文化的重要特点或主干，常被学者们概括为“儒道互补”“三教合一”。这样的说法简洁明了，自有其道理，但又不免有些过于笼统。因此，也有学者提出“三方五家”之说，即“儒家与宗法性传统宗教共为一方；道家与道教共为一方；佛教自为一方”，“对中国文化具有主导作用的是儒家和道家”。而儒家与“以天神崇拜和祖先崇拜为核心”的宗法性传统宗教，“主导着中国人的思想信仰，成为常态社会里最强大的精神支柱”[①]，这当然是非常正确的。因为这二者都源自古老的农业文明传统和宗族制度，有着极为深厚的根基。这让我们想到宋代大诗人陆游在其《病中作二首（其二）》中的话：“我老抱病久，颇窥古人情。唐尧授四时，帝道所以成。周家七百年，王业本农耕。造端无甚奇，至今称太平。”[②]陆游说的是，他在生病期间对中国文化早期的特点做过认真思考，得出了“授四时”“本农耕”的结论。这两点都与农业有关，前者是通过历法来掌握庄稼播种、生长的规律，合理安排农事，以提高粮食产量；后者则是说重视农业是周王朝能够持续发展七百余年的根本。二者虽就“唐尧”与“周家”发论，其实也可看作对上古三代治国之道乃至文明传统的总结。

考古学的研究也证明，我国农业的萌芽期可上溯到一万年前，农业的成熟期也远在距今八千年左右，所以农业文明及与之伴生的宗族制度，堪称中华文化之根。这从另一方面证明，陆游立足农业文明的观察，确实抓住了中国早期文化的特点。而以孔子为代表的儒家，正是以早期农业文明所积累的人文智慧为基础，对中国文化做了进一步的总结和升华，并与宗法性传统宗教共同发展了以人伦和教化为核心的思想体系，从而成为中国文化的主干之一。我国自周秦以来几千年重农的基本国策，正与之密切相关。

如先不论外来的佛教，就中国本土文化而言，“两方四家”的互补，显然比单纯的儒家与道家“互补”更切合实际。从中国社会发展的实际来看，宗法性传统

---

① 牟钟鉴、胡孚琛、王葆玹《道教通论——兼论道家学说》，齐鲁书社 1991 年版，第 5 页。

② ［宋］陆游著，钱仲联校注《剑南诗稿校注》卷三十五，上海古籍出版社 1985 年版，第 2305 页。

宗教对我国民众祖神崇拜的信仰影响巨大。但与儒家和宗法性传统宗教更重视人间秩序不同，道家和道教，尤其是构成道教核心的神仙学说，则是中华早期文化非常典型的另一种发展方向。“六合之外，圣人存而不论”(《庄子·齐物论》)的领域，恰恰是老庄道论的题中之义。孔子坚守“不语怪力乱神”(《论语·述而》)“未知生，焉知死”(《论语·先进》)的原则，神仙家则追求现世的永生，相信在“六合之外”有仙乡，把突破生死大限作为其学说的核心和终极目标。这种思想超出了现实人生与土地、宗族的时空范围，对国人的诱惑力实在太大了。《晏子春秋》卷七《外篇》“景公问古而无死其乐若何晏子谏第四”曰：

景公饮酒乐，公曰：“古而无死，其乐若何?”晏子对曰：“古而无死，则古之乐也，君何得焉? 昔爽鸠氏始居此地，季荝因之，有逢伯陵因之，蒲姑氏因之，而后太公因之。古若无死，爽鸠氏之乐，非君所愿也。”[①]

齐景公对“不死”的向往，虽然被晏婴泼了一瓢冷水，但有关永生的探求，本是从东夷文化到齐文化一脉相承的重要特点之一。因此，当海上三神山的传说兴起之后，齐威王、齐宣王、燕昭王等国君趋之若鹜，动用国家力量派人入海寻找仙人、求取仙药，就不难理解。秦始皇、汉武帝后来居上、有过之而无不及的惊世之举，更是催生出“上疏言神怪奇方者以万数”[②]的奇异盛况。无论今人如何评价这一段历史和这些人物，不死成仙的思想和实践探求，对国人产生了非常深刻的影响，都是可以肯定的。如下的两条材料反映的是一般民众和士人对成仙的态度。

有客相从，各言所志，或愿为扬州刺史，或愿多资财，或愿骑鹤上升。其一人曰：“腰缠十万贯，骑鹤上扬州。”欲兼三者。[③]

仆生二十祀，有志十数年。下策图富贵，上策怀神仙。”(王勃《述怀拟古诗》)[④]

像这样的记载，在古代典籍中比比皆是，这其实也是“儒道互补”非常重要

① 吴则虞《晏子春秋集释》，中华书局 1962 年版，第 441 页。

② 《史记·封禅书》，中华书局 1959 年版，第 1397～1398 页。

③ [梁]殷芸撰《殷芸小说》卷六《吴蜀人》，王根林、黄益元、曹光甫校点，《汉魏六朝笔记小说大观》，上海古籍出版社 1999 年版，第 1039 页。

④ 此诗为轶诗，载《韵语阳秋》，参何林天师《重订新校王子安集》，山西人民出版社 1990 年版，第 282 页。

的一个方面。它为秩序井然，但也不免单调庸常的现实生活增添了活力和趣味，为人而必死的现实绝望透露出一线希望之光。更重要的是，为中国文学艺术开辟了广阔的想象空间，诸多名篇佳作因此而平添了更为迷人的魅力。由此可见，仙道文化在传统中国的重要地位。

本书收录的文章，先后写于近30年间，研究内容主要集中于上述儒家文化与仙道文化两个方面。对仙道文化的讨论，则大致在齐文化的背景和范围内展开。其中，上编前3篇、《中国古代的廉德与廉吏》及中编，由我完成；上编其他5篇、下编，则出自内子苑秀丽教授之手。在写作过程中，有些论文多有相互讨论。本书也是我们合作的第四部著作。

本次编辑整理，按现行学术规范，完善了注释。为部分文章添加了小标题，改正了一些错误。从全书体例考虑，删去了摘要。此外一仍其旧，以存其真。书中《论先秦儒家的忧患意识》一文，完成于1989年后半年，是我攻读博士学位的第一学期研读先秦儒家经典的一点心得，曾发表于山西孔子学会主办的《传统文化》1990年第3期。这是一个内部刊物，似乎没办几期就停刊了。之所以将这篇习作收录进来，与本书的结集一样，不过敝帚自珍，存留一点我们夫妻共同学习的"鸿爪"而已。

书中的文章均曾正式发表过，我们愿借此机会向刊发这些文章的各位编辑朋友致以崇高的敬意，感谢你们多年来的扶持！本书的出版得到中国海洋大学繁荣工程人才科研启动费的资助；博士研究生石飞飞、华凤霞、路新杰，硕士研究生徐秀娟、陈岩琪、徐智宇、顾云骢、王玥、蔺振芸、孙帆、刘富民、王怡参与书稿前期编校工作；梅玺萍、梁志贤、张甜甜、陈梦霞、王艳慧、董泽华、苏潇、王萍协助完成了部分文献的核校。特此一并致谢！中国海洋大学出版社的杨立敏社长和纪丽真编审的大力支持，责任编辑史凡博士的辛勤劳动，尤当铭记于心。

刘怀荣

2020年8月22日

目　录

上编　儒家思想的发展源流

中编　齐鲁文化的仙道本质

下编 儒家文化传统的当代传承

上编

儒家思想的发展源流

论先秦儒家的忧患意识[*]

早在20世纪60年代，徐复观先生就明确提出了“忧患意识”这一学术概念。他说：“所以忧患意识，乃人类精神开始直接对事物发生责任感的表现，也即是精神上开始有了人地自觉的表现。”[①]并认为，这种独特的“新精神”当产生于殷末周初。此后，我国港台地区及大陆学术界有不少学者在中国文化和文学研究中使用了这一概念。但是，对于它何以能在日后的中国文化发展中汇为一股巨流，并贯穿古今，成为中华民族的一种精神特质，学者们还少有人论及。笔者以为，这固然与先秦理性精神的崛起和先秦诸子各派的继承、发扬有着很大的关系，但是，从根本上看，儒家学派在其中所起的作用，实非其他各派所可比拟。本文主要以孔子、孟子和荀子思想为核心，并兼及其他先秦儒家文献，对先秦儒家忧患意识的发生、特点及其对中国文化的影响等问题进行初步的探讨。

一、儒家对传统忧患意识的继承

先秦诸子百家之学，都产生于乱世，从本质上说，都是忧患的产物，而儒家尤为明显。它不像道家一样逃离现实以摆脱忧患的困扰，而是始终直面忧患，经受忧患的痛苦，也体验消解忧患的快乐和无力消解的幻灭，在忧患的苦乐里形成独特的性格；它也不像法家，无视人的价值，只为君主筹谋，而是将生民、天下与自我同置于忧患的熔炉里炼烤。因此，儒家忧患意识与其他各家显然有着不尽相同的特点，而对现实的忧患态度也正是形成儒家文化精神的根本前提之一。

儒家直面忧患的特点，在其几部重要的经典中表现得极为明显。其根源则不能不追溯到周代文化。孔子自称“述而不作”(《论语・述而》)[②]、“吾从周”(《论语・八佾》)，感叹“吾不复梦见周公”(《论语・述而》)，又说“如有用我者，吾其为东周乎”(《论语・阳货》)，对周代文化的倾心向往溢于言表。因此，章学

---

* 本文原刊于山西孔子学会主办的《传统文化》1990年第3期。

① 徐复观《中国人性论史(先秦篇)》，上海三联书店2001年版，第19页。

② 本文所引论语原文，均出自杨伯峻译注《论语译注》，中华书局1980年第2版，以下只随文标注篇名，其他常用典籍亦依此处理。

诚有“孔子之大，学周礼一言可以蔽其全体”[①]的话。所谓“周礼”，亦即周代的礼乐制度。王国维认为，其精髓乃是立子立嫡之制及由此而产生的宗法、丧服及封建子弟和君天子臣诸侯之制。其特点，主要是“德治”与“民本”。这在《尚书》中表现得非常明显。周代“所谓德者，又非徒仁民之谓，必天子自纳于德而使民则之”，因此，“周之制度典礼，实皆为道德而设，而制度、典礼之专及大夫、士以上者，亦未始不为民而设也”。[②] 这种氏族民主遗风与民本思想结合的新制度，之所以产生于周代，绝非偶然。周初统治者总结夏、商灭亡的历史原因，得出了“惟不敬厥德，乃早坠厥命”（《尚书·召诰》）的结论，因此他们在受命之初即充满了忧患意识，《周易·系辞下传》有“作《易》者，其有忧患乎？……《易》之兴也，其当殷之末世，周之盛德邪？当文王与纣之事邪”。徐复观先生据此认为，忧患意识“从《易传》看，当系来自周文王与殷纣间的微妙而困难的处境。但此种精神的自觉，却正为周公、召公所继承扩大”[③]。这一观点是可信的。早期忧患意识虽产生于殷末，而其发展却在周初。在《尚书》中，周公一再表现出深恐不能“明德”，以致失去民心，重蹈夏、商覆辙的无限忧虑：

肆汝小子封，惟命不于常，汝念哉。（《尚书·康诰》）

惟王受命，无疆惟休，亦无疆惟恤。（《尚书·召诰》）

殷既坠厥命，我有周既受，我不敢知，曰厥基永孚于休。若天棐忱，我亦不敢知，曰其终出于不详。（《尚书·君奭》）

我受命无疆惟休，亦大惟艰。（《尚书·君奭》）

可以说，正是这种“世界之希祈”与“世界之恐惧”混杂的“原始感情”，造就了周代新制度。这两种作为“人生最基本的创造源泉”[④]的原始感情，迫使周初统治者费尽心机，筹划万世治安之大计。因此，周文化虽成于盛世，它本身却萌发于特殊时期，是忧患和恐惧的产物。

孔子在全面继承这一文化传统的同时，产生这一传统的那种“恐惧感情”亦即忧患意识，也必然深深地触动了他。更为重要的是，孔子所处的时代，“周室微，王道绝，诸侯力政，强劫弱，众暴寡。百姓靡安，莫之纪纲。礼仪废坏，人伦不理”（《韩诗外传》卷五）。现实的苦难，刺激着哲人们的神经，他们在历史的长

---

① 章学诚《文史通义》卷二《内篇二·原道下》，上海书店1988年影印本，第41页。

② 王国维《殷周制度论》，王国维《观堂集林》卷十，中华书局1959年版，第453～477页。

③ 徐复观《中国人性论史(先秦篇)》，上海三联书店2001年版，第19页。

④ 刘述先《文化哲学》引斯宾格勒语，黑龙江教育出版社1988年版，第16页。

河和现实的纷繁中反复探索和寻觅，希望为未来寻找一条可行的道路。而历史的忧患意识和现实的忧患意识则在这种理性思考中汇集起来。由于产生了孔子这位哲人，这汇集的巨流也就自然转化为儒家的忧患意识。

孔子对于历史传统的选择，又可从文化中找到原因。首先，儒者本是礼乐文化的承担者，其社会角色与礼乐文化紧紧相连，二者之间互为依存。儒以礼乐为特征，礼乐靠儒而得以存在。在某种意义上，礼乐已内化为儒者自我意识的一部分。对于礼乐的放弃，无异于自我否定。斯宾诺莎说："任何事物，它所以用以努力坚持它自身的存有的努力，其实就是事物自身的真正本性。"[①]儒者肯定和延续自我的"本性"，决定了他们必然成为礼乐的弘扬者。

其次，从社会群体或者说学术思想的接受者来看，因为"在任何情况下，大多数个体都完全准备取那种对他们来说是现成的形式"，周文化不仅对孔子是一种"现成的形式"，而且对于共同生活于这一文化背景下，共同拥有这一文化遗产的孔子的同时代人也完全一样。尽管"这种形式并不是对每一个人都那么合适"[②]，但经过孔子改造之后，它毕竟成为孔子那个时代最接近大多数社会个体心理的文化模式。这从早期儒学大师虽不为王者所用，儒学却能够成为显学的事实中完全可以得到证明。

总之，孔子是以一个儒者的身份，本能地用周文化的精神来应对现实的忧患情境的。儒家忧患意识是历史传统的延续，更是孔子适应现实治乱要求对周文化进行改造而再度引申、发挥出来的一种理性思考。

二、儒家忧患意识的升华

孔子对周代文化的改造，学术界多概括为"以仁释礼"。[③] 严北溟认为："仁不是孔子第一个提出来的，但至少在他手中才提到重要的地位，有着极重要的意义。"[④]《左传・成公九年》曰："不背本，仁也。"《国语・晋语》曰："爱亲之谓仁。"《国语・周语》也说："爱人能仁。"虽与孔子所说的"仁"有根本的一致之处，但在《论语》中，"仁"的含义却是极为丰富的，它包含了孝、礼、忠、恕、恭、宽、信、

---

① 〔荷〕斯宾诺莎《伦理学》第三部第七命题，引自〔西〕乌纳穆诺《生命的悲剧意识》，北方文艺出版社1987年版，第7页。

② 〔美〕露丝・本尼迪克特《文化模式》，王炜等译，三联书店1988年版，第234页。

③ 李泽厚《中国古代思想史论》，人民出版社1985年版，第7～51页。

④ 严北溟《论"仁"——孔子哲学的核心及其辐射线》，中国孔子基金会学术委员会编《近四十年来孔子研究论文选编》，齐鲁书社1987年版，第220页。

敏、惠、中庸等多种内涵，被孔子视为各种品德中最为重要的一种。[①] 最为重要的是，孔子所说的“仁”与《尚书》中周初统治者一再提到的“敬德”“明德”的“德”已不尽相同，它已不是专就统治者上层而言，而是也成为百姓的事；也不再只是着眼于治乱保国，而是扩展到伦常日用和人生修养之中。它实际上是周初专就统治者而言的“德”的社会性的展开。这在当时并非一家一派的看法，而是“一个不可抗拒的潮流。孔于是在这个时代里第一个把这种思想加以集中加以强调的人。正因为他所强调的是一个时代的思潮，所以在孔于当时与孔子死后，不论是赞成他的与反对他的，对于‘仁’的思想，却不能不接受过来而加以宣传”[②]。孔子正是首先顺应当时这种时代思潮，将“仁”作为诸德之首，特别提出来，以之构筑自己的理论体系，为实现复礼的目的、确立新的道德追求，亦即为包括君主在内的众生指出努力的方向。孔子的“仁”是以“爱人”为基本特征的。这就更加突出了仁区别于周初之德的后起意义。对此，我们可以从以下两个方面来加以理解。

一方面，是“君子”人格的翻新。“君子”本是统治者和贵族男子的统称，《礼记·礼器》郑玄注曰：“君子，谓大夫以上”。但在孔子那里，君子却成为每个人修身立德、勉力求仁就可以达到的人格标准。并且在他看来，每个社会个体在本质上都具有“下学上达”（《论语·宪问》）、“学而知之”（《论语·季氏》）的能力，而这能力的发挥完全是个体在责任感和使命感驱使下的一种自觉、主动的行为。所谓“为仁由己而由人乎哉？”（《论语·颜渊》），“我欲仁，斯仁至矣”（《论语·述而》）。这样，每个社会个体不仅可能是一个修身立德的行为主体，也可能是产生这一自觉行为的忧患意识的主体。因此，孔子“以仁释礼”的第一个结果即是将忧患意识从天子诸侯进而扩展到士甚至平民。这是历史发展的实际，也是孔子对于人的必然结论。儒家忧患意识的日益社会化、普遍化，追本溯源，不能不回到这儿来。

另一方面，是宗族界限的超越。周统治者“敬德”的直接动机和最终归宿都是“祈天永命”（《尚书·召诰》）、“欲至于万年”（《尚书·梓材》）。从本质上说，他们不过是在为子孙后代“万世治安”着想，所思也主要限于一族之内，一姓之中，一家天下。而孔子作为不在其位的士阶层的杰出代表，他的思想并未局限

---

① 张岱年《孔子哲学解析》、蔡尚思《孔子思想核心的面面剖析》，中国孔子基金会学术委员会编《近四十年来孔子研究论文选编》，齐鲁书社 1987 年版，第 422～438、256～288 页。

② 高赞非《孔子思想的核心——仁》，中国孔子基金会学术委员会编《近四十年来孔子研究论文选编》，齐鲁书社 1987 年版，第 201 页。

于宗族范围，而是立足于天下生民，俨然以天下为己任。这在客观上大大丰富了忧患意识的内容。与周统治者把延续宗祀，保有王位当作唯一的忧患有着根本的不同，孔子为代表的儒家的忧患意识则充溢于内在心灵深处，弥漫于整个现实、人生的层面，表现为一种博大、深沉的对现实苦难的理性思考和对"天下无道"的内在焦虑。如前引徐复观所说，将忧患意识看作是"人类精神开始直接对事物发生责任感的表现，也即是精神上开始有了人的自觉的表现"。那么，周代统治者的忧患意识，仅仅是人对自身存在的自觉，至多也是对自我宗族存在的自觉。而孔子则将这种自觉扩展为对"人"的自觉，也就是立足于全社会、立足于人的未来，对人类自身的存在与命运的更高层次的理性认识。毫无疑问，儒家忧患意识的内容更为丰富，在理性深度上，也远远超过了周代忧患意识。

孔子"以仁释礼"所引出的君子人格的变化，促成了忧患主体的社会化和普遍化；而对宗族观念的超越则使忧患意识的内涵更为丰富。从此，儒家忧患意识日益在现实人生的层面铺展开来，成为历代杰出人物自觉而本能的思想意识，并终于发展成为中华民族不断发展、不断向上的一种精神力量。

三、理想与忧患之间

儒家生于忧患、长于忧患、直面忧患的责任感使它对现实苦难的体验尤为深切。而人类心理的特点，恰恰是对世界的希望越大，对世界的忧患也越深，而这希望和忧患又总是相伴而行，紧密相连。因此，儒家浓郁的理想主义从某种意义上说，可以看作是它深重的忧患意识的另一种形式的反映。

无论在人格设计、社会设计，还是达到这种境界和目的的全部过程与途径方面，儒家无不显示出它的理想性。儒家的理想人格为圣人、仁人、君子。后代尊孔子为圣人，可孔子却说，"圣人吾不得而见之矣，得见君子斯可矣"(《论语·述而》)、"若圣与仁则吾岂敢"(《论语·述而》)，并认为尧舜都够不上圣人(《论语·雍也》)。孔子所许以为仁人的，也是极少数人，微子、箕子、比干为殷之"三仁"(《论语·微子》)；其弟子中也只有颜渊能"三月不违仁"(《论语·雍也》)。孔子以君子自居，《论语》中出现最多的也是君子。可见，孔子是以圣人、仁人为高层次的理想人格，以君子为多数人可企及的理想人物。但君子对于圣人的追求总是抱着"虽不能至，然心向往之"的虔诚去身体力行的。因此，孔子虽很少谈到圣人，然孟子以后的儒者却几乎开口都不离圣人。

孟子说圣人"人伦之至也"(《孟子·离娄上》)，"百世之师也"(《孟子·尽心下》)；荀子把理想人格分为圣人、君子、士三类，而圣人在他看来是"道之极也"

(《荀子·礼论》),"备道全美者也"(《荀子·正论》)。至《中庸》《礼记》等儒家经典,更将圣人神圣化,圣人"能经纶天下之大经,立天地之大本,知天下之化育"(《礼记·中庸》),"参于天地并于鬼神以治政"(《礼记·礼运》),"养贤以及万民"(《易传·彖传上·颐卦》),甚至"与天地合其德,与日月合其明,与四时合其序,与鬼神合其吉凶"(《周易·文言传》)。

"圣人"的理想光环在后儒那儿更是日益增加,圣人也更显得无所不能,高不可攀。因此,只有不敢以圣与仁自居的孔子被尊为圣人,孟子也不过是"亚圣"。仅此一点也可看出儒家人格设计之理想色彩的浓重程度。

对圣人境界的追求,构成了儒家的内圣之学。但作为一种济世救患之学,儒家最终仍然要走向现实的人生。如《大学》所列出的"格物、致知、正心、诚意、修身、齐家、治国、平天下"八个条目,就是以"平天下"为终极目的,同时,儒家对天下平一后的社会模式也做了理想的设计。这种理想社会,《礼记》称为"大同",即"天下为公",人得其所,物得其所,"讲信修睦,盗乱不作"的原始大同世界(《礼记·礼运》)。

但是,三代已是"大道隐没,天下为家",儒家的这一社会理想只能托于远古,借以发思古之幽情。他们所梦寐以求的理想社会主要还是三代"礼义以为纪,考信著过,刑仁讲让"的小康社会(《礼记·礼运》),即孟子所谓"仁政"、荀子所谓"治平"。其始要"不违农时",使民"养生丧死无憾"(《孟子·梁惠王上》);其终则百姓"顺上之法,象上之志,而勤上之事,而安乐之矣",由此则"城郭不待饰而固,兵刃不待陵而劲,敌国不待服而诎,四海之民不待令而一"(《荀子·君道》)而事实上,所谓"小康""仁政""治平",在整个封建时代,往往只是儒学士子们一个美妙的梦幻。儒家社会模式的理想色彩也可谓相当浓重了。

不仅如此,儒学的理想性还在于,它通过圣人、君子实现大同、小康社会的方式与过程也是理想主义的。

孔子在世时,儒家即已受到"其道不可以期世,其学不可以导众"[①]的指责。孔子周游列国,终不为世用。至孟子"天下方务于合纵连横,以攻伐为贤,而孟轲乃述唐、虞、三代之德,是以所如者不合"被人视为"迂远而阔于事情"[②],因为儒家理想社会虽然美妙,实现这一理想的具体方式对现实的统治者来说却是太

① 孙诒让《墨子间诂》卷九《非儒下》引晏婴对儒学的批评,《诸子集成》第四册,上海书店 1986 年影印版,第 185 页。以下引此书只注篇名。

② 《史记·孟子荀卿列传》,中华书局 1959 年版,第 2343 页。

不切合实际了。

《论语》中不止一次谈到从政,“其身正,不令而行;其身不正,虽令不行”“苟正其身矣,于从政乎何有?”(《论语·子路》)“政者,正也,子帅以正,孰敢不正”“子为政,焉用杀?子欲善而民善矣,君子之德风,小人之德草,草上之风,必偃”(《论语·颜渊》)。荀子也说:“君者,民之原也,原清则流清,原浊则流浊”(《荀子·君道》)。孟子更是直接宣称“惟仁者宜在高位”(《孟子·离娄上》)。要言之,儒家所谓政治,仍是周代“德治”精神的延续。它要求统治者首先应该有“人伦之至德”,以其德得君子,化庶民,以至于天下大治。而事实上,这种圣王比圣人更为理想化。因为圣人的修持是一种内在功夫,全靠自我意志和理性,而圣王则须将此内在修养变作外在的事功,施惠百姓,和一天下。中国历史上,不同层次的内圣或许还有,由内圣而至于外王的圣王则始终只能停留在理想之中。

儒家高扬起理想主义的大旗,原本是为了对深重的现实忧患做理性的超越,但是由于它本身的直面忧患,理性的超越带来的必然是现实忧患意识的进一步加强。但这并非一个简单的循环,因为“人类的不完善靠自我领会而得到了补偿,这种自我领会告诉人们如何完善自己”。从哲学人类学的意义上说,忧患意识与超越忧患的企图,也正是对人类自身及其生活的“不完善”加以领会并获得补偿的过程。理想的人格与理想的社会作为“人类存在的最高点”和“人类发展的最高潜能”,它并“不是每个人甚至每种文化都达到的,但是它真实和完善地表明作为一个人的真正含义”。[①] 因此,理想的提出是人对自身“不完善”的主观补偿,而理想的失落,又将引导人们进一步去追求完善的自我和社会本身。由理想失落不断孕育、不断丰富的忧患意识,便成为中国文化走向完善之巅的又一个阶梯。

四、忧患的基本内涵

如果儒家终于向宗教靠拢,超凡出世,寄希望于来生,如佛教,或者别离攘攘红尘,忘身世外,以求心灵的自由,如老庄那样,那么,人世的翻覆,道德的沉浮,生民的忧乐,一切的困惑与忧虑,都将不解自解。然而孔子却明知不为世用,却依然靠着崇高的信念和自觉的使命感、责任感,执着于人事,执着于对理想的追求。而这种困而不馁、自强不息的精神,从孟子、荀子、《易传》至宋明理学、明清思想家以至现代新儒学,始终得到了发扬与光大。因而,与理想结伴同

---

① 〔德〕蓝德曼《哲学人类学》,彭富春译,工人出版社 1988 年版,第 11、5、246 页。

行的忧患意识，也始终循着历史运行的轨迹，翻腾至今，奔流至今。可以说正是理想失落的现实性与追求理想的执着性使忧患意识充满民族精神前进发展的每一段历程，成为一种贯穿古今的文化传统。

作为对理想与现实间永恒矛盾的深层体验和理性思考，儒家忧患意识有其特定的内容。它虽因时因人而有不同的表现方式，但基本的内涵在先秦儒家那里就已被纳入了理性思考的范围，大致而言，不外乎忧己、忧世和忧道。

儒家由修身、齐家而至于治国、平天下的应世致道之路，也是后儒追求理想的必由之路。因此，儒家的忧患意识不仅最初在“由外到内”、再“由内到外”的两个层面上展开，后来也基本在这两个层面发展。如果说忧己发生于由外向内的内修层面，忧世发生于由内向外的外修层面，忧道则贯穿于走向理想的全过程。忧道将忧己与忧世紧紧地联结在一起，形成了儒家忧患意识以忧道为中心的精神特质。

忧己，并非忧一己之私，而是忧自我道德的不完善，亦即忧自己是否能“明明德”而“止于至善”(《礼记·大学》)。由于儒家把个人看作是家族和社会的一个组成部分，看成人际关系的一个中心点，自我道德的完善就必须和他人发生关系，因此忧己不仅包括“学”，也包括“行”的内容，即自己是否“闻道”和自己的行为是否“依于仁”(《论语·述而》)。

儒家无论性恶论还是性善论，尽管他们关于人性的理论起点不同，但对人的修养过程的认识却完全一样，即必须通过学来去恶或者存善，以不断完善自己。《论语》以“学而”开头，《荀子》以“劝学”“修身”冠篇，无不强调学习的重要。孟子“人之所以异于禽兽者几希，庶民去之，君子存之”(《孟子·离娄下》)。这“存之”的过程，实际上也正是一个学习的过程。

又因为儒家强调知行合一，学习的过程不仅本身是“行”，而学习的内容也必须体现到“行”中。通过学习而“自昭明德”(《易传·象传》)，落实到行动中则要推己及人，使自我行为皆“依于仁”。忧己也就具体表现为对自己能否“学以致道”(《论语·子张》)和“学道则爱人”(《论语·阳货》)的一种自我裁决和内在忧虑。因此，孔子说：“德之不修，学之不讲，闻义不能徙，不善不能改，是吾忧也”(《论语·述而》)；又说：“君子有三忧，弗知，可无忧与？知而不学，可无忧与？学而不行，可无忧与？”(《韩诗外传》)概括了忧己的基本内容。

由于“学道”与“爱人”都是“志于道”者内在自觉的外在显现，儒家的“忧己”又具有内向性和终生性的特点。

所谓内向性，即“求诸己”(《论语·卫灵公》)、“反身修德”(《易传·象传》)、

"反身而诚"(《孟子·尽心上》),从自身寻找道德不完善的原因。孔子"不患人之不己知,患其不能也"(《论语·宪问》)、孟子"舜何人也,余何人也,有为者亦若是"(《孟子·滕文公上》)、荀子"耻不修,不耻见污"(《荀子·非十二子》)的道德原则,都一致突出了忧己向内深入的特点。简言之,忧己乃是通过"吾日三省吾身"(《论语·学而》)的"内省"功夫,对自我道德不完善的思考和焦虑,其归宿点总是回到了自我。

所谓终生性,则与"道"之崇高与"志于道"(《论语·述而》)的坚定不移紧密相关。儒家自我完善的标准是用一个"诚"字来概括的:"诚者,非自成而已也,所以成物也。成己,仁也;成物,知也"(《礼记·中庸》),"诚者,天之道也;思诚者,人之道也"(《孟子·离娄上》)。因此,儒家对自我完善的追求,包括了整个天道和人道的内容,而表现为对"至诚"的追求。这乃是一个终生力行,永无止息的过程。那些"力不足者中道而废"(《论语·雍也》),"一日曝之,十日寒之"(《孟子·告子上》),以及"志于道而耻恶衣恶食者","未足与议也"(《论语·里仁》)。这样,儒家的忧己必然是一种"终身之忧"。

儒家学以"闻道",行而"依仁",在自我修养方面"止于至善",目的在于"弘道""化民""明明德于天下"(《礼记·大学》),使一己之善,扩而散之,大而化之,为"天下道""天下法""天下则"(《礼记·中庸》),因此,得道在我,行道又需"候时",而现实往往是"有其人不遇其时"(《荀子·宥坐》)。于是忧己之外,又不能不忧世。忧世包括了忧民、忧天下等积极的内容。这乃是儒家思想体系中最具民主性精华的内容。

孔子向往着复礼归仁,道行天下,可当时却是"礼乐征伐"自诸侯、大夫出,"陪臣执国命"(《论语·季氏》)的时代。他感叹"我观周道,幽厉伤之,吾舍鲁何适矣",意思是说,幽王、厉王以来,礼乐尽坏,唯鲁国略存余脉。然而"鲁之郊禘,非礼也"(《礼记·礼运》),"季氏又八佾舞于庭"(《论语·八佾》)。孔子不得不发出"道之不行,已知之矣"(《论语·微子》)的慨叹。他"居九夷""浮海"的奇思异想,恰好反映出他对生不逢时、世无贤君的深沉忧伤。从他"吾已矣夫"(《论语·子罕》)、"甚矣吾衰矣"(《论语·述而》)的悲叹,以及去世前的悲歌声里,[①]我们也不难发现,他对"道之不行"的悲患意绪和苍凉心态。

孔子的忧世,更多地着眼于天下无道,仁义见黜。到了孟子,忧民的思想就

---

① 《史记·孔子世家》载,孔子去世前歌曰:"太山坏乎!梁柱摧乎!哲人萎乎!"(中华书局1959年版,第1944页)

非常突出了。他指责各国君主“争地以战，杀人盈野。争城以战，杀人盈城”，是“率土地而食人肉，罪不容于死”（《孟子·离娄上》）。而为君主“食人肉”出谋献策的所谓良臣“皆古之民贼也”（《孟子·告子下》）。正是这些人使老百姓“父子不相见，兄弟妻子离散”（《孟子·梁惠王下》），使“民之憔悴于虐政，未有甚于此时者也”（《孟子·公孙丑上》）。孟子还本着“民为贵”的思想，将儒家忧世的内容直接概括为“忧民之忧”“忧以天下”（《孟子·梁惠王下》），充分体现了儒家忧患意识的进步性。

荀子虽不像孟子一样将民置于社稷和君之上，但从他对世事和君主的抨击中，仍可看出他的忧世怜民之心。他说：“今之世而不然，厚刀布之敛以夺之财，重田野之税以夺之食，苛关市之征以难其事。有掎挈伺诈，权谋倾覆以相颠倒，以靡弊之……是以臣或弑其君，下或杀其上。粥其城，倍其节而不死其事者，无它故焉，人主自取之。”（《荀子·富国》）与孔孟相比，荀子虽有尊崇君主，导出专制的倾向，但他理想的君主，乃是其“于下也，如保赤子”（《荀子·王霸》）的明君。他也同样提倡“为天下生民之属，长虑顾后而保万世”（《荀子·荣辱》），主张“平政爱民”（《荀子·王制》），“兴天下之同利，除天下之同害”（《荀子·正论》）。其忧民、忧天下的特点也很明显。

尽管儒家有诸如“无可无不可”（《论语·微子》）、“君子无入而不自得”（《礼记·中庸》）、“穷则独善其身，达则兼济天下”（《孟子·尽心上》）、“不成乎名，遁世无闷，不见是而无闷”（《易传·文言传》）等明示“仁者不忧”的修身原则和自我表白，但是，其“民吾同胞，物吾与也”①的责任心，“以天地万物为一体”②的博大胸襟，“家国天下，皆吾一身”③的使命感，以及“疾没世而名不称”（《论语·卫灵公》）的功名追求，却决定了它忧世的永恒命运。

先秦儒家以忧道为核心的忧己、忧世思想，是中华民族忧患意识的直接源头。历代的有为之士无不将报国为民的拳拳之心投入到现实社会的苦难与危机之中，使忧患意识得以丰富，并发展为一种民族精神。由于后世国家一统和秦汉以后士的地位下降，忧国与忧天下成为同样的概念，尤其在国家危亡之际表现得最为强烈。而在先秦即已萌发的忧生畏死，忧谗畏讥以及不遇和受挫的个人悲患痛苦，也随着封建专制的加强而日益普遍化。但先秦儒家忧己、忧世

---

① ［宋］张载《西铭》，《张子全书》卷一，商务印书馆 1935 年版，第 3 页。

② ［宋］程颢、程颐《二程集》卷二上，王孝鱼点校，中华书局 1981 年版，第 15 页。

③ 熊十力《读经示要》，《民国丛书》第五编第一册，上海书店 1996 年据重庆南方印书馆 1945 年版影印，第 90 页。

的思想始终是儒家忧患意识的主流，也始终是中华民族生存、发展的一种理性力量。即使到了今天，它仍将深深地激荡着所有关心并献身于民族振兴大业的人们的心灵，为华夏的现代命运闪耀出它应有的光芒。

五、中庸调和与乐天知命

我们说儒家忧患意识的发展始终伴随着中华民族前进的脚步，成为推动这一前进的动力。这仅仅是它积极进取而富有生气的一面；它的另一面则是在理想失落的、忧患加重的情况下，终于失去了与现实社会抗衡争强的勇气，而将对理想的追求转换为维持自我心态平衡的努力。这一转换的完成，是以儒家的中庸调和为价值规范，以降低理想主义的高度为代价，以冲淡忧患意识达到个体内心平衡为目的。如果我们不是仅仅在功利主义的原则下作简单的价值判断，我们不能不承认正是这种心理转换机制使儒家形成了一种向外开放而又内在自足的思想体系。

在先秦儒家思想里，这种心理转换已经有了充分的表现。据考证，“儒”从词源学的角度应训作“和”“柔”，①先秦儒家经典里也的确表现出求“和”的倾向。《中庸》所谓“中也者，天下之大本也；和也者，天下之达道也。致中和，天地位焉，万物育焉”，可谓最典型的表述。可以说，儒家的理想境界就是一种体现着“和”的本质特征的境界，亦即中庸境界。但这种“和”的境界是有高低之分的。它的最高形态是天下和一，最低形态是个人身心和谐。而个人身心和谐又是天下和一及其各种不同层次的社会大治的前提。因此，儒家首先追求的是个人的身心和谐。孔子说：“古之学者为己，今之学者为人。”（《论语·宪问》）对这两句话，宋代的王安石有一段极为精辟的解释：

> 为己，学者之本也……为人，学者之末也。是以学者之事，必先为己。其为己有余，而天下之势可以为人矣，则不可以不为人。故学者之学也，始不在于为人，而卒所以能为人也。今夫始学之时，其道未足以为己，而其志已在于为人也，则亦可谓谬用其心矣。②

荀子说：“学恶乎始，恶乎终。曰：其数则始乎诵经，终乎读礼；其义则始乎士，终乎圣人………故学数有终，若其义则不可须臾舍也。为之人也，舍之禽兽

---

① 杨宝忠、任文京《“儒”源索隐——兼评何新〈“儒”的由来与演变〉》，《孔子研究》1989 年第 1 期。

② [宋]王安石《临川先生文集》卷六十八《论议·杨墨》，中华书局 1959 年版，第 723 页。

也。”(《荀子·劝学》)合而观之,可见儒家不仅将自我完善作为人生最基本的目的,也将它作为人之所以为人的标志。因此,“为人”乃是“为己”的自然延伸。这种延伸,“有其人不遇其时”则不得为,“不由其道”则不为。所谓“用之则行,舍之则藏”(《论语·述而》)、“天下有道则见,无道则隐”(《论语·泰伯》)。即使在“为己有余”的前提下,儒家也不主张无条件地去“为人”。这就在肯定“乐以天下,忧以天下”“先天下之忧而忧,后天下之乐而乐”的同时,也为由忧天下到乐天知命的心理转换提供了理论依据。因此,在超世间的理想主义和世间的忧患意识之间,儒家又设置了一个中间环节,这就是中庸调和。它以折中的态度淡化忧患意识,使求道者在清楚地意识到“道之不行”时,不至于陷入绝望的境地。可以说中国思想史上即使没有道家这个学派,儒家也会从这个方向发展出一个分支的。中国文化史上的儒道互补,也可以说是道家在儒家还未来得及形成一个有影响的分支时,即已充分地展了儒学中已经显出的那种思想。

中庸调和所造成的忧患意识的淡化以及理想主义的趋于现实化,自然有许多消极的影响。如它使中国人不敢直面人生悲剧,缺乏竞争性等,但它无疑又有相当的合理性。一位美国学者说:“对每一个活着的人来说,‘人’不是一个固定的实体,它如同人体处于动态平衡状态,它是一种模型或结构,在其中每一个人都寻求保持令人满意的心理平衡和人际平衡。”①中庸调和之所以为中国人所接受,忧患意识之所以能完成转换,正因为它们符合人们的心理期待。

在由理想主义、忧患意识和中庸调和所构成的这一文化体系中,理想主义指向未来,赋予人以自主能动的创造力和刚健有为的进取心;忧患意识省识过去,立足现实,以人的存在和发展为出发点,对追求理想的生命运动给以智慧的引导,并做出理性的判断;中庸调和则居于现实和未来之间,既防止忧患意识太强以致湮没了人生的乐趣而走向悲观厌世,又使理想主义时时回望人间、顾盼生民而不至于飘于虚空,流为不着边际的空想。三者紧密相连,互相制约,构成一个完整的文化体系。高远的理想催发着生生之德,不断昭示出人生的价值和提升着人生的境界;永恒的忧患则使我们常常“安而不忘危,存而不忘亡,治而不忘乱”(《易传·系辞下》);中庸调和则保证了这一体系本身不致因内部的冲突而瓦解。这个自足的体系所显示的本质特征,正可用以说明几千年来儒家文化何以具有如此顽强的生命力,而由此我们也不难感受到儒家忧患意识在中国文化中的独特魅力。

---

① 〔美〕马塞勒等《文化与自我——东西方人的透视》,任鹰等译,浙江人民出版社1988年版,第37页。

儒家文化对中华上古文明的传承*

我国是一个农业文明古国，农业的萌芽可以追溯到一万多年前。农业社会特有的生活和生产方式，不仅直接影响了上古时代以血缘宗族为基本单位的族群组织形式即宗族制度，也造就了以祖先崇拜为核心的精神信仰体系。一方面，祖先崇拜的仪式与信仰，为以父系血缘为基础的宗族制度提供了超现实的解说，使后者获得天道的合法性；另一方面，宗族制度则反过来使祖神崇拜观念更加深入人心，二者互为表里，共同完成了财富的积累与集中，促成了中华早期文明。这一传统孕育的宗族伦理，在尧舜时代即已与齐家治国紧密结合在一起，至周代而形成影响深远的宗法制。而春秋以来，“周礼尽在鲁矣”的现实，为孔子“述而不作”，创立儒家学派提供了得天独厚的历史文化条件，儒家学派正是上古三代农业文明传统长期孕育的产物。“根之茂者其实遂”，儒家以人伦道德为核心特征，及最终发展为中华主流文化，在后世产生深远而持久的影响，正是源于上古文明长期的积淀和酝酿，是这一文明传统发展的必然结果。

一、农业文明与财富积累

我国农业的萌芽期相当早，无论是北方黄河流域的旱作农业，还是南方长江流域的稻作农业，都可以上溯到一万多年前。到了公元前 7000 至公元前 5000 年，我国农业已进入确立期。考古学家在北方的磁山文化（约前 6000 年）、裴李岗文化（约前 6000 年）及南方的彭头山文化（前 7000—前 5000 年）都发现了农业发展的重要实物证据。其中，1976 年河北武安磁山遗址的发现尤为突出。仅在其中一个遗址中，就有上百个粮食窖穴，藏有以粟和黍为主的粮食。按考古学家的计算，这些粮食如换算成新鲜小米，约有十几万斤。这说明当时农业生产已发展到了比较高的阶段。

公元前 5000 至公元前 3000 年，是我国农业的发展期。在已经发现的古遗址中，以北方仰韶文化时期（前 5000—前 3000 年）的西安半坡遗址、南方的河姆

* 本文原收录于马士远主编的《儒学史研究》，线装书局 2019 年版。

渡遗址(前5000—前4500年)最有代表性。[①] 从这一时期的考古发掘可以知道,北方人工栽培的粟、黍、稷等粮食作物,在华北地区的种植已相当普遍,这些粮食在甲骨卜辞中也有记载。仰韶聚落——原始族群生活的村落,已经有了相当规模,表明人口有明显增加,已是定居农业。还发现了很多石制、蚌制和骨制的农具。南方水稻的种植,与此基本同步,也进入了成熟期。[②]

考古学界的主流观点认为,我国农业在8000年前就已比较成熟,在7000年到5000年前,已经成为经济主体,同时期人骨的稳定同位素分析也佐证了这一点。而后经过龙山文化时期(前3000—前2000年)的进一步发展,等到进入三代时期,已经相当成熟。[③]

已上所述,是我国农业文明发展的一个极其简略的轮廓。这是我们讨论中华文明起源的一个现实基础,也是我们探讨儒家文化源头的重要起点之一。在此需要大致明确的是,从上古农业文明到鲁国受封的西周初年,如果以公元前6000年的磁山文化和裴李岗文化为起点,已有5000余年的历史;即使从仰韶文化时期算起,也有4000余年的历史。那么,在这几千年里,以农业为根基的中华文明是如何发展的?又有哪些特点直接影响到了儒家文化?

考古学的研究表明,任何文明的形成都离不开财富的累积。没有财富,文明是不可能建造起来的。而财富的累积还必须具备两个条件,用美籍华裔著名考古学家张光直先生(1931—2001)的话来说,那就是"仅有财富的绝对累积还不够,还需要财富的相对集中。在一个财富积累得很富裕的社会里面,它会进一步地使社会之内的财富相对集中到少数人手里,而这少数人就使用这种集中起来的财富和大部分人的劳力来制造和产生文明的一些现象"[④]。因此,从财富积累的方式切入,就是考察一种文明及其基本特征的一个有效途径。

作为一个农业文明成熟很早的民族,中华民族早期财富积累的方式,当然与农业生产的进步密不可分。从理论上讲,农业生产工具的进步又应当是其中非常重要的一大要素。但考古发掘的众多实物表明,在史前到三代漫长的历史时期里,虽然有财富积累和增长的事实,并伴随着文明的显著进步,但相对而言,生产工具却并没有发生飞跃性的变化。换言之,财富积累的主要方式与生

---

① 严文明《农业起源与中华文明》,《光明日报》2009年1月8日。

② 何炳棣《黄土与中国农业的起源》,香港中文大学1969年版,第121、123页。

③ 陶大卫《植物考古学与中国农业起源研究》,《郑州大学学报》2016年第4期;严文明《农业起源与中华文明》,《光明日报》2009年1月8日。

④ 张光直《中国青铜时代(二集)》,三联书店1990年版,第119~120页。

产工具的改进及生产技术的进步没有直接的关系，后者不是带来财富增长和积累的主要要素。对此，考古学家结合各遗址出土的实物，做过非常详细的分析论证。张光直先生曾以上古文明中心地带——黄河中游的河南、山西、陕西为例，把史前史分作如下五个阶段：

1. 以裴李岗、老官台等遗址为代表的较早期的新石器时代文化（约 7000—5000 B.C.）

2. 仰韶文化（约 5000—3000 B.C.）

3. 龙山文化（约 3000—2200 B.C.）

4. 二里头文化（约 2200—1500 B.C.）

5. 殷商二里冈和殷墟期文化（约 1500—1100 B.C.）①

并以生产工具、手工业分工、金属技术、财富分配、建筑规模、防御性城墙、战争与制度性的暴力、祭祀、法器性的美术品等九大现象作为标准，对这一问题做了细致的分析，他得出的结论是：

从上面文化九项因素进展历史表来看，从前一个阶段到后一个阶段的跃进，并不伴随着生产工具、生产技术的质的进步。考古遗物中的生产工具，如锄、铲、镰刀、掘棍、石环等等，都是石、骨制作的。不论在形式上还是在原料上，从仰韶到龙山到三代，都没有基本的变化。考古学上在东周以前也没有大规模水利建设或农业灌溉的证据。②

这一观点刊发于张先生去世三年后的 2004 年，是他的一篇遗作。与此相呼应，他在另一部著作中也总结说：

根据考古资料，从新石器时代（约前 7000—前 5000 年）到青铜时代（约前 2000—前 500 年）没有重大的技术革新：两个时代所使用的都是相同的石骨、蚌器。据推测，还应有木器，这些工具被用于掘土、翻土、除草和收割。迄今为止，我们所掌握的考古资料表明：在中国，青铜时代的出现，并未伴随着金属农具和灌溉网络的有效使用，也未伴随有畜力的运用或犁的应用。在中国，农业技术上的突破，要等到大约公元前 500 年或公元前 600 年，此时，铸铁开始被广泛使用并被用于制造农具。③

① 张光直《论“中国文明的起源”》，《文物》2004 年第 1 期。

② 张光直《论“中国文明的起源”》，《文物》2004 年第 1 期。

③ 张光直《古代中国考古学》，印群译，辽宁教育出版社 2002 年版，第 386～387 页。

张先生的这一观点是在全面分析考古资料的基础上得出的，按照他的说法，我国在长达约6500年的时间里，主要使用的是石、骨、蚌及木制工具。在公元前2000年进入青铜时代之后，虽然已经掌握了青铜冶炼技术，但并没有出现青铜工具取代原有骨、木及蚌制工具的革命性变化。

对此，我国国内也有不少学者，从不同的角度对上古农业工具的变化做了研究。其中，中国社会科学院考古研究所研究员白云翔先生的分析非常细致，也很有代表性：

> 那么殷代和西周整个农业生产工具的情形如何呢？郑州商代遗址，是商代前期的一个都城遗址。1953年在郑州二里岗发掘中，发现石、骨、蚌制生产工具217件之多，其中骨铲16、蚌铲3件，石镰121、蚌镰19件，石刀1、蚌刀9件，石斧35、石凿4、石锛9件等[①]。安阳殷墟，是商代盘庚迁殷以后的都城遗址。在殷墟小屯，一坑出土石镰百件以上者就有八个灰坑和窖穴，共计石镰36440件。其中大连坑出土近千件，E181方窖中出土444件[②]。河北藁城台西村商代遗址中，出土了石镰336件，蚌镰29件，骨、蚌、石铲132件[③]。陕西省长安县沣西遗址，是西周都城丰镐所在地。根据1955—1957年的发掘，在沣西客省庄遗址中，出土了西周的农业生产工具有石铲1、骨铲61、蚌铲2件，石镰2、蚌镰6件，石刀66、蚌刀13件，石臼1件等计150余件[④]。张家坡西周居住遗址中，出土了农业生产工具448件，其中石铲23、骨铲82、蚌铲7件，石刀68、蚌刀178件，石镰2、蚌镰88件，石臼1件等[⑤]。上面八个典型遗址的材料表明，殷代西周的石、骨、蚌制农具种类虽不多，但数量却极为可观。殷代西周整个农业生产工具的情形是：种类较少，但不同的质料较多，青铜器只是其中之一；在数量上，石、骨、蚌、木等各种非金属农具数以千万计，而青铜农具则寥寥无几。[⑥]

目前所见全部殷代西周的所谓青铜农具(56件)仅是20处遗址所出非金属农具(2014件)的2.7%强；若仅就20处遗址的出土物分析，青铜农具(5件)尚

---

① 河南省文化局文物工作队《郑州二里岗》，科学出版社1959年版，第32～35页。笔者按：包括本条在内的以下5个脚注，是白云翔先生原文中的注释，为读者阅读方便，我们在此全部照录。

② 修柱臣《二里头文化和商周时代金属器代替石骨蚌器的过程》，《中原文物》1983年第2期。

③ 唐云明《河北商代农业考古概述》，《农业考古》1982年第1期。

④ 中国科学院考古研究所《沣西发掘报告》，文物出版社1962年版，第22页。

⑤ 中国科学院考古研究所《沣西发掘报告》，文物出版社1962年版，第83～87页。

⑥ 白云翔《殷代西周是否大量使用青铜农具的考古学观察》，《农业考古》1985年第1期。

不足非金属农具的0.25%。当然,随着考古发现的增多,上述具体数字都会发生变化,但非金属农具数十倍、数百倍于青铜农具的情况不可能改变。显然,殷代西周青铜农具在整个农业生产工具中的比重实在是太小,那么当时是否大量使用青铜农具,则是不言而喻的了。[①]

上引白先生的两段话,分别针对八个典型遗址的出土农具和殷代西周全部的出土农具,对各类农具的实际情况进行了细致的量化分析,堪称国内这方面研究的集大成成果,说服力很强。著名农业考古学家陈文华先生则着眼于更长的时段,对青铜农具与青铜武器和青铜手工工具、青铜农具与木、石、骨、蚌农具进行了比较:

若将这些青铜农具的发现放在夏商西周春秋这一长达千余年的大背景下来考察,又会发现这些数量有限的青铜农具在当时农业生产实际中所发挥的作用是有限的。因为考古发掘的材料表明,这一时期出土的绝大部分是木、石、骨、蚌农具,与成千上万的青铜武器和手工工具相比,出土的青铜农具实在数量太少。不但在夏代文化遗址中未见青铜农具,就是在商代遗址中最常见的仍然是木、石、骨、蚌制成的农具,其中尤以石镰为多。[②]

两位学者都是考古学界很有影响的专家,他们的论述用事实说话,资料翔实,论据充分,值得信从。另如王克林、徐学书、杨宝成、范荣静等学者,也从不同的角度,得出了大致相同的结论。[③]

所有这些研究成果,与张光直先生的论断高度一致,可以互为佐证。因此,尽管也有部分学者认为,商周时期青铜农具已普遍使用[④],但如果把考古实物作为最重要的证据,我们可以发现,这些学者的论述,或忽视考古实物时地分布的实际情况,或有主观推测的成分,远不如持青铜农具直到商周还不多见的学者们的说法更有说服力。

那么,中国早期社会是靠什么来实现财富增长和积累的呢?张光直在前引

---

① 白云翔《殷代西周是否大量使用青铜农具之考古学再观察》,《农业考古》1989年第1期。

② 陈文华《关于夏商西周春秋时期的青铜农具问题》,《农业考古》2002年第3期。

③ 王克林《殷周使用青铜农具之考察》,《农业考古》1985年第1期;徐学书《商周青铜农具研究》,《农业考古》1987年第2期;杨宝成《商周时期的青铜农具》,《江汉考古》1990年第1期;范荣静、李三谋《青铜农具考释》,《农业考古》2012年第4期。

④ 如唐兰《中国古代社会使用青铜农器的初步研究》,《故宫博物院院刊》1960年第2期;陈振中《殷周的铚艾——兼论殷周大量使用青铜农具》,《农业考古》1981年第1期;陈振中《青铜生产工具与中国奴隶制社会经济》,中国社会科学出版社1992年版。

《论“中国文明的起源”》一文中是这样总结的：

> 从仰韶到龙山到三代，一个阶段一个阶段地跃进，在考古学上的表现是阶级分化、战争、防御工事、宫殿建筑、殉人与人牲等政治权力集中的表现。换言之，中国考古学上所表现的文明动力是政治与财富的结合。

也就是说，从仰韶文化到夏、商、周三代，考古实物和考古学提供给我们的是，政治权力集中带来了一系列的变化，财富是与政治紧密结合在一起，财富的增长和积累“几乎全然是借生产劳动力的操纵而达成的。生产量的增加是靠劳动力的增加（由人口增加和战俘掠取而造成的）、靠将更多的劳动力指派于生产活动和靠更为有效率的经理技术而产生的。财富之相对性与绝对性的积蓄主要是靠政治程序而达成的”[①]。这就是中华文明早期财富积累的主要方式，它不仅决定了中华文明民族性特征的形成，还对后来的儒家文化产生了直接的影响。

二、血缘群体与宗族制度

既然中国上古时代主要是靠政治程序实现财富的积累，那么，这种政治程序必有其特定的现实基础，并且又不可能与农业文明无关。对此，在考古学中，也从多方面得到了证实。限于篇幅，也为免烦琐，我们在这里只对不同历史时期的若干典型例证简述如下，以展示农业文明的生产和生活方式在其中的实际影响。

考古学家们在属于仰韶文化的姜寨后期遗址（约前 4500 年）、渭南史家遗址（约前 4100 年）中，发现了大批多人二次合葬墓[②]，经头骨测定，这些多人埋葬的遗骨“是以血缘家族为单位的合葬墓”，而姜寨聚落在因人口增加而分村居住之后，还“在原先的群体发源地特地建造血缘单位的群体合葬墓，成为促生同族意识的场所。建立合葬墓的意义在于，在祭祀祖先的同时，通过再度埋葬的行为来强调血缘纽带的存在”。[③] 这其实是聚族而居的定居农业背景下出现的一种行为，其中包含着以血缘家族为基本单位的生活特点和价值观。

大汶口文化后期（约前 2800—前 2500 年），出现了墓圹规模较大的墓群和墓圹规模较小的墓群，在墓葬分布方面也显示出明显的差异。这一变化说明

---

① 张光直《中国青铜时代（二集）》，三联书店 1990 年版，第 139 页。

② 王小庆《论仰韶文化史家类型》，《考古学报》1993 年第 4 期。

③ 〔日〕宫本一夫《从神话到历史：神话时代　夏王朝》，吴菲译，广西师范大学出版社 2014 年版，第 123 页。

"以家族为单位的阶层差别正逐渐扩大。而墓圹规模的差异又与随葬品中的随葬陶器的数量多寡相呼应,体现出明显的身份差别"[①]。也就是说,不同家族间的阶层分化正在扩大,出现了明显的贫富差距。从地域而言,山东是大汶口文化的中心地带,考古学家在这里还发现了以陶器显示墓主身份等级的墓葬规则,而从随葬品的差别可以反观到死者生前地位的差别。

在属于中原龙山文化时期的山西陶寺遗址(约前2300—前1900年)中,发现了由700余座墓葬构成的大墓群。"墓葬的大小与随葬品的数量构成大致呈正比。墓葬按规模分为大型墓、中型墓和小型墓。其中大型墓仅占总数的约1%,中型墓约占11%,小型墓占了大多数。三者呈现出金字塔形的阶层构造。大型墓为木棺,并拥有100~200件随葬品……大型甲种墓的墓主均为男性,这显然说明以父系血缘为核心的阶层构造已经得到进一步发展。"[②]在同一墓群中的这种变化,说明在同一宗族内部也发生了阶层分化,并出现了首领级别的人物。

上述所举只是众多考古发掘遗址中的几个例证,其分布时代约从公元前4500年到公元前1900年。在考古年代上,大致相当于仰韶文化到龙山文化时期。其中"以血缘家族为单位""以家族为单位""以父系血缘为核心"等变化,都与适应农业文明实际需求而逐渐形成的血缘宗族分不开,都指向日渐成熟的宗族制度。这正是上古时代靠政治程序实现财富积累的群众基础和组织基础。这一特点在中国上古史的发展中,不仅产生极早,而且在后续的发展中还得到了不断强化。周代的宗法制正是其发展的阶段性结果。从宗族在商周时期社会政治中的地位反观早期的情形,我们对此将能有一个更清晰的认识。朱凤瀚先生在其《商周家族形态研究》中对宗族在商、周两代的发展有如下的精辟论述:

> 商人诸宗族组织对商王朝起到了经济支柱的作用。……种种劳役的实际承担者与贡纳物的实际生产者,主要应是各宗族组织的平民群众,他们是商王国社会财富的主要创造者。商人诸宗族与商王朝之间军事的、经济的关系,说明了商人诸宗族不仅是商王国的基层行政组织,而且是基本的军事与生产单位,它们构成了商王朝存在的社会支柱。[③]

---

① 〔日〕宫本一夫《从神话到历史:神话时代 夏王朝》,吴菲译,广西师范大学出版社2014年版,第137页。

② 〔日〕宫本一夫《从神话到历史:神话时代 夏王朝》,吴菲译,广西师范大学出版社2014年版,第129~130页。

③ 朱凤瀚《商周家族形态研究》(增订本),天津古籍出版社2004年版,第207页。

西周时期周人的武装征服，大规模的移民与其所推行的封建政治，并未从根本上改变旧的以家族为基础的社会组织结构，只是对旧有社会组织起到了一定的改造作用。这种作用主要是加速了周人与商人及其他被征服的土著民族之间的融合，并造成了不同民族、不同姓族的家族在一定程度上的杂居，彻底改变了殷代商人社会中那种较大面积的血缘聚居状态，使整个社会组织结构之发展趋于统一。[①]

从这一论述可以看出，有数千年传统的宗族制度，到了商王朝，已不仅是基层行政组织确立的基础，也是基本的军事、生产乃至财富创造组织确立的必要前提。甚至可以说，如果去掉了宗族制度，王朝政权也就失去了根本保障。与商王朝相比，周王朝的做法，实际上是把用于本族的宗族制度，以更为灵活的方式扩展至家族之外乃至被征服的民族，从而在事实上促成了一种新的"家臣制度"，使"贵族家主与异族家臣间形成了所谓的假血缘关系"[②]。这其实是以宗族制度的精神对社会关系和社会组织所进行的一种重新整合和改造，是对传统宗族制度的创造性发展。其中的"假血缘"概念，可谓一针见血，抓住了宗族制度在周代发展的核心。

有关上古到三代宗族制度的发展，根据考古学者们的研究结果，我们可以用如下的简表来加以表示：

上古三代宗族制度发展简表

仰韶文化时期（约前5000—约前3000年）	龙山文化时期（约前3000—约前2200年）	商代（约前1600—前1046年）	周代（前1046年—前249年）
发达的宗族制度	宗族制度与财富分化相结合	宗族制度分化成为政治权力的基础	完备而影响深远的宗法制度

从表中可以更为清晰地看到，从仰韶文化到周代，宗族制度已有约4000年的发展历史。因此，它的影响绝不会仅仅停留在民族生活的现实和物质层面，必然还会深入到精神层面，成为塑造民族文化和民族心理的重要基石。

① 朱凤瀚《商周家族形态研究》（增订本），天津古籍出版社2004年版，第425页。
② 朱凤瀚《商周家族形态研究》（增订本），天津古籍出版社2004年版，第426页。

对于宗族制度在早期文明发展中的作用，张光直先生有非常精辟的论述。他说："在中国历史的过程中，从史前到文明时代的另一个很重要的连续性是宗族制度。我认为：宗族制度在中国古代文明社会里面，是阶级分化和财富集中的一个重要基础。在周代就成为所谓的宗法制度，就是大宗分成小宗，小宗再分成更小的宗，一支支分出去，这在社会人类学上称之为分节的宗族制度。在分节的宗族制度里，系谱有着基本的重要性，它是从主支向分支分化的。反之，又把某些权力逐级逐层地集中到大宗手中。简而言之，中国的宗法制是级级分化，以系谱为基础集中政治权力的一种很重要的基本制度。"①

日本学者宫本一夫也以局外人的眼光，发现了包括中国在内的东亚地区的早期国家具有"强烈的家族色彩"，他认为中国、印度等早期国家的特征之一，就是保存了酋邦时代家族势力拥有的社会影响力，而且"在强大的家族势力支持下，国王们通过政治手段将社会上的各类资源集中，催生了早期国家。在这种靠政治力量垄断社会资源的早期国家中，经济的发展不是推动国家产生的最主要原因"②。两位学者的论述，立足点虽然有所不同，但其结论却可说是所见略同，殊途同归。

可见，在农业文明基础上产生的宗族制度，经过数千年的发展演变，在周代定型为宗法制。这种以血缘为纽带的组织形式，是中华文明的重要特征，也是儒家文化可利用的最重要的资源之一。

三、祖先崇拜与巫术信仰

对于早期以血缘为纽带形成的农业聚落来说，无论从农业生产的协作，聚落内部及聚落之间人际关系的协调、各种日常生活的安排，还是从共同抵御入侵的外敌、维护公共财产和族人安全等群体大事件来说，加强宗族之间的联系，提高族人的凝聚力，都是非常必要的。适应这种现实需求，对神灵及共同的祖先的祭祀成为宗族内部的大事，得到全体族人的高度重视。这种不断重复的祖先祭祀活动，神化了祖先，在族群内部形成强大的凝聚力，并逐渐孕育出中国人"祖神同一"的信仰传统。更为重要的是，形成了早期中国人对世界的独特理解。张光直先生将这种观念称之为"天人合一的宇宙观"，在我们看来，这其实是一种以祖先崇拜为核心的巫术信仰体系。发展到成熟阶段，也被有些学者称

---

① 张光直《中国青铜时代(二集)》，三联书店 1990 年版，第 121 页。

② 张耐冬《宫本一夫：如何讲述早期中国》，《经济观察报》2014 年 8 月 1 日。

为原始巫教。

如果说宗族制度是财富积累和文明产生的社会基础，上古巫术信仰体系则是其精神武器。后者所构建的天人合一的宇宙观，不仅为早期农业社会的现实生活提供了超自然的解释，安顿了早期中国人的灵魂，也为我们这个民族理解世界提供了理论框架。祭祀活动及由此延伸出来的与神灵鬼神交通的各种法术，培养了专业的巫觋集团。他们对未知世界的不懈探索，则以种种超现实的奇思妙想丰富了我们民族的想象力。在更长远的历史背景下看，早期巫术信仰体系对中华民族的影响，可与宗族制度相媲美。

通过对众多的古代遗址进行考察、整理和研究，考古学家发现，大约在新石器时代后期，各区域文化已开始出现了首领阶层，其特殊地位由特定的氏族和家族独占，“首领还独占了保证社会秩序的祭祀权和军事权。并且通过特定的宗教祭祀来实行生产物资的再分配，以维持社会和群体的安定”①，但在不同区域文化的巫术信仰体系中，作为祭祀权象征物的礼器或法器又有一定的差别。我们在此仅结合不同历史时期的若干考古实例，做一点简单的分析。

在南方的良渚文化（约前 2600—前 2000 年）中，玉器文化非常发达。其中最重要的玉器是玉琮，此外还有玉璧、玉钺等。玉琮的特点是外方内圆，中心为圆柱镂空，表面多饰以动物面纹或鸟纹。学者们多认为，其形状象征天圆地方，是祭祀天地和巫师通天的礼器，上面的动物或鸟纹可作为巫师通天的辅助符号。而占有这些礼器的人，则拥有与天地鬼神沟通的特殊权力，并借助神灵的威信领导所管辖的群体。“在良渚文化中，这些玉器都处于上层阶层即首领的独占之下。玉器中最具特色的是用于祭祀的玉琮，代表神政权力的玉璧等，以及以武器的表象来代表军事权的玉钺。可以说把祭祀和军事结合在一起的是良渚文化的首领，代言其权威的则是玉器。”②

在大汶口文化后期（约前 2800—前 2500 年）的男性墓随葬品中，发现了骨牙雕筒器、龟甲器、獐牙钩形器等。有学者认为，骨牙雕筒器是一种用于与神灵交流的巫术祭祀用具；龟甲器中有骨锥、骨针和石子，有可能是治病的工具；獐牙钩形器出土时握在墓主手中，可能是一种驱邪的守护神的瑞符。这些器物“都显示着某种特殊能力。不论持有者是否真正拥有这些能力，但是被社会公

① 〔日〕宫本一夫《从神话到历史：神话时代　夏王朝》，吴菲译，广西师范大学出版社 2014 年版，第 180～182 页。

② 〔日〕宫本一夫《从神话到历史：神话时代　夏王朝》，吴菲译，广西师范大学出版社 2014 年版，第 295 页。

认为能够发挥这些能力的工具都处于这个男性被葬者独占之下。可以认为主持这类祭祀行为的人就是男性首领。由此可以推测父系氏族社会已经形成”①。

在继大汶口文化之后的山东龙山文化(约前 2500—前 2000 年)遗址中,则以鼎、鬶、杯、罍、盆、豆(高杯)等陶器来显示墓主的身份,体现了丧葬中的仪礼,及陶器作为礼器的重要性。② 学者们据此认为:“夏商周三代以来重要的礼器,有不少可以在大汶口——典型龙山文化中找到渊源。例如,被夏商周三代视为社稷象征的‘重器’——鼎,若追根溯源,可以上溯到大汶口文化……古代中国往往被称为礼乐之邦,而大汶口——典型龙山文化正是形成这一礼乐文化的重要来源之一。”③

与上述地域不同,在陶寺遗址(约前 2300—前 1900 年)的墓葬中,随葬品除了玉器、彩绘木器外,最高级别的男性大型甲种墓中还有玉钺、鼍鼓和石磬,表明墓主是集祭祀权和军事权为一身的首领。因为鼍鼓和石磬所演奏的音乐也是与神灵祖先沟通的重要工具之一。④

考古学家认为,从公元前 4000 年开始,无论南方还是北方,各区域文化之间的相互关联得到了加强,张光直先生用“中国文明相互作用的范围”来概括这一现象,它“北起辽河流域,南到珠江三角洲和台湾,东起东部沿海地区,西到甘肃、青海和四川……(这一)区域文化在形成被秦汉王朝所统一的中国历史文明的过程中肯定发挥了作用”⑤,持续了大约 1000 年或更长的时间,到了龙山文化时期,“相互作用范围的完整性得以强化,不仅其在物质文化上的风格相似,而且其社会组织结构及意识形态上的发展趋向亦相似”,从而为中国社会在公元前 2000 年前后“迈入国家都市化和文明社会”做了必要的准备。⑥

上述所举例证大都出现在这一“相互作用”强化的时期,即公元前 3000 年至公元前 2000 年间的龙山文化时期,显然这并不是偶然的。在这一发展过程中,各文化区域间的交流和相互渗透更加明显,良渚文化象征着“神政权力”的

---

① 〔日〕宫本一夫《从神话到历史:神话时代 夏王朝》,吴菲译,广西师范大学出版社 2014 年版,第 137~138 页。

② 〔日〕宫本一夫《从神话到历史:神话时代 夏王朝》,吴菲译,广西师范大学出版社 2014 年版,第 293~294 页。

③ 王震中《东夷的史前史及其灿烂文化》,《中国史研究》1988 年第 1 期。

④ 〔日〕宫本一夫《从神话到历史:神话时代 夏王朝》,吴菲译,广西师范大学出版社 2014 年版,第 129~130 页。

⑤ 张光直《古代中国考古学》,印群译,辽宁教育出版社 2002 年版,第 234~243 页。

⑥ 张光直《古代中国考古学》,印群译,辽宁教育出版社 2002 年版,第 298~301 页。

玉琮和玉璧，在新石器时代末期的龙山文化后期，开始“向黄河中游地区扩散，并开始在当地分别开始自行生产。这种现象与其说是单纯的玉器的模仿，不如说是这些地区开始需求包含于玉器之中的神政权力这种意识形态装置”①。这种交流和相互影响当然不会仅止于玉器，而应是更为广泛的。诸如上述陶寺遗址的乐、山东龙山文化的仪礼、良渚文化的玉器，以及可能首先出现于西北畜牧型农业区的卜骨等等，在之后的二里头及商周文化中得到了有效的整合。如产生于山东的鼎、鬶、杯、罍等在仪礼上形成的随葬陶器，在二里头及二里岗文化中被置换为青铜礼器，器种几乎完全一致。卜骨则在商王朝发展成为卜龟，这就是为我们保存了商王朝丰富信息的甲骨卜辞。宫本一夫指出：

> 标志首领身份的“乐”与诞生于山东的身份秩序即“仪礼”，在二里头文化以后相互融合，逐渐形成了商周社会的基本社会秩序即“礼乐”。……商朝社会的基本要素即祖先祭祀、供牲、礼乐等并非都是从黄河中游地区当地社会的谱系中诞生的要素，而是融合了粟、黍农业社会与稻作农业社会的各自的精神文化而形成的。②

显然，前述区域文化的“相互作用”与整合，为三代文明奠定了基础，也确立了中国早期文化发展的基本方向。对此，张光直先生对用于礼仪祭祀的青铜礼器、玉器、象牙器、漆器、木器、陶器等，有过非常精彩的总结：

> 这些礼器是古代萨满们在完成其与逝去的祖先和其他神灵相沟通的任务时所使用的工具。卜骨和卜甲也被用于同样之目的。许多礼器上饰有动物图像，根据较晚的文献所言，这些动物肖像，十之八九是萨满们在与上天沟通时的代理者或助手。我们不妨回想一下遥远的仰韶文化所显示出的萨满的形象，“三代”的萨满们亦不过就是其后来的翻版。其主要的不同之处是，“三代”的萨满们或是自身就掌握着政权，或是专门服务于王，成为政权的工具，之所以如此，是源于萨满所具有的能与圣人和料事如神的祖先以及神灵相沟通的才能。③

这里所谓的萨满，也就是巫师的另一名称。他们是中国早期社会的高级知识阶层，还是巫医，更是祖先崇拜祭礼和巫术信仰体系的创立者、执掌者，是中华文

---

① 〔日〕宫本一夫《从神话到历史：神话时代　夏王朝》，吴菲译，广西师范大学出版社 2014 年版，第 298 页。

② 〔日〕宫本一夫《从神话到历史：神话时代　夏王朝》，吴菲译，广西师范大学出版社 2014 年版，第 312 页。

③ 张光直《古代中国考古学》，印群译，辽宁教育出版社 2002 年版，第 388 页。

明的创造者。大约从龙山文化开始，直至三代，大巫师往往集神权与政权于一身，既是大巫，也是王者。商周以来，随着文化发展和职业的分化，出现了专门以法术上天入地、降神祭祖、沟通天人的巫觋集团。他们在借祖先神明之力维护王者现实统治、凝聚族群或国人的同时，还从不同的侧面构筑了中国人的信仰体系，决定了我们这个民族精神世界的样态。因此也是我们理解儒家文化的重要前提。

四、舜帝“五教”与儒家之“道”

在三代之前，中国早期文明在广阔的地域空间中，已经历了持续约 2000 年的“相互作用”期，在文化的整合方面已经有了明显的推进。在继之而起的夏、商、周时期，早期文明得到进一步的整合。因三代并不完全是前后相承的三个王朝，同时也是并行且相互联系的三个部族，在文化上不乏相互借鉴与吸收，这也从另一方面造成其文化的诸多共性特征。这是周代各诸侯国共同的文化遗产，但因治国方针和文化发展策略不同，因此，对这份遗产的继承与发展也有着各自不同的选择和趋向。

就实际情况而言，祖先崇拜的仪式与思想，为以父系血缘为基础的宗族制度提供了超现实的解说，使后者获得天道的合法性。宗族制度的长期发展，则反过来使祖神崇拜观念更加深入人心。这一悠久的文明传统，在三代新的政治格局下得到继续强化，在周代发展为宗法制，不仅成为周王朝政治的基础，也成为孕育新思想的肥沃土壤。鲁国因与周王朝有特殊的关系，故在受封之后，“变其俗，革其礼”(《史记·鲁周公世家》)，强力推行周文化，故鲁文化与周文化一脉相承，并充分吸收了东夷文化中基于上古宗族制度的道德伦理传统。“考古发现新石器时代有一个昌盛的夷文化圈，孕育孳生了齐鲁文化。齐鲁是儒家文化的发祥地，儒家思想来源于尧舜。”①因此，以孔子、孟子为代表的儒家，对尧舜称赞有加，尤其是舜，更受到儒家的大力推崇，在多种先秦典籍中，他也是中国文化中最早的孝德楷模，而孝道也正是以宗族制度为基础产生的。

据《尚书·虞书·尧典》记载，尧帝在位晚期，下令臣属们推荐接班人，四方诸侯向他举荐了舜。举荐的主要理由之一，是舜虽然生活在“瞽子，父顽，母嚚，象傲”的家庭环境中，却“克谐以孝烝烝，乂不格奸”。意思是说，舜是乐官瞽瞍的儿子，他的父亲愚顽，后母暴虐，弟弟象傲慢不友好，而舜却能以孝行美德感

① 易华《夷夏先后说》，民族出版社 2015 年版，第 41 页。

化他们，同他们和谐相处。因此，以他淳厚的孝心来治理国家，应该不会流于邪恶。在先秦两汉的典籍中，也多称颂舜的德行：

舜耕历山，历山之人皆让畔；渔雷泽，雷泽之人皆让居；陶河滨，河滨之人皆不苦窳。一年而所居成聚，二年成邑，三年成都。（《史记·五帝本纪》）

舜耕历山，陶河滨，渔雷泽，不取其利，以教百姓，百姓举利之，此所谓能以所不利利人者也。（《管子·版法解》）

“让畔”是指在交界处让对方多占田地。“让居”是说将便于打鱼或更容易打鱼的住地让给别人。“苦窳”意为粗糙，粗劣。这两段话的意思是说，舜能以德行感化百姓，他耕地、打鱼的地方，百姓皆养成了礼让之风；经他制作的陶器，也由粗劣变得更精美。因为他不是只考虑个人利益，而能教给百姓谋生的技术，让大家共同获利，所以深受百姓爱戴，人们都愿意与他比邻而居，以致在他居住的地方，有越来越多的人聚集过来，逐渐形成了都邑。这是说舜把在家庭中的孝德扩展为与他人相处的礼让之德，感化了周围的人群。因为有这样的德行，舜才被四方诸侯推荐，并得到了尧帝的认可。

舜被尧帝任用及成为尧帝的继承人之后，还把孝德在全体百姓中加以推行。存世的先秦典籍有关舜帝推行“五教”的记载，讲的就是这件事：

舜臣尧，举八恺，使主后土，以揆百事，莫不时序，地平天成。举八元，使布五教于四方。父义、母慈、兄友、弟共（恭）、子孝，内平外成。（《左传·文公十八年》季文子使大史克对鲁宣公问）

帝曰：“契，百姓不亲，五品不逊。汝作司徒，敬敷五教，在宽。”（《尚书·舜典》）

夫成天地之大功者，其子孙未尝不章，虞、夏、商、周是也。……商契能和合五教，以保于百姓者也。（《国语·郑语》）

故务其三时，修其五教，亲其九族，以致其禋祀。于是乎民和而神降之福，故动则有成。（《左传·桓公六年》季梁谏随侯语）

按《左传·文公十八年》的记载，舜是作为尧帝的臣子，任用帝喾高辛氏的后裔——八元，让他们在全国各地传布“五教”，也就是协调家庭人际关系的五个方面，以达到“父义、母慈、兄友、弟共(恭)、子孝”的和睦效果。《尚书·舜典》和《国语·郑语》中的记载，则是舜已继尧为帝，任命契为司徒，在百姓中推广传布“五教”。三条文献，讲了舜在不同阶段，将自己身体力行的孝德作为系统的“五教”，在百姓中加以推广。其中，《尚书》和《国语》的记载基本一致，《国语》中更把“和合五教”当作“成天地之大功”的典型，不仅说明了虞舜时代对“五教”的重视，也反映出这种观念直到《国语》成书的时代[①]仍为时人所认可。

《左传·桓公六年》中季梁谏随侯讲到的“三时”是指春、夏、秋，这是庄稼播种、生长和收获的季节，“务其三时”就是要在这三个季节不耽误农民的生产。“九族”有多种说法，按照传统的解说，应包括姑姑及子女、姊妹及子女、女儿及子女、自己的同族(父母、兄弟、姐妹、儿女)等四个父族；外祖父、外祖母、娘舅等三个母族；岳父、岳母等两个妻族。“亲其九族”，其实是“修其五教”的扩大化，是要在更大的范围内达到有婚姻关系的不同宗族之间的和谐。季梁给随侯提出的建议，不过是以祖先崇拜为号召，使家道亲和，姻亲各宗族内外和睦团结的传统策略。《左传》中接着说“随侯惧而修政，楚不敢伐”，可见，季梁的这套办法很有实效。

随国为姬姓，与周天子同族。季梁所谓“修其五教”，当然不是他自己的发明，而是自舜以来古老传统在周民族及周代的延续。从舜帝时代(约前2044—前2006年)到鲁桓公六年(前706年)，有1300余年。经过这么漫长的历史发展，舜帝以“五教”教化臣民的思想仍然被奉为治国的法宝，可见其影响之大。

虽然“父义、母慈、兄友、弟共、子孝”，还主要属于家庭伦理，但从舜帝开始，就已将这一伦理规范与国家治理紧密结合起来，用于治国化民，并贯彻到社会生活实践中。进入周代以后，这种做法日渐制度化，形成了周人治国持家的主流思想。

鲁国处于东夷故地，伯禽治鲁，用三年时间强行推行周礼，革除东夷旧俗。但东夷先圣舜帝的“五教”传统，早已融入了周代礼乐文化中，并不在革除之列。孔子成长于鲁国，自称“述而不作，信而好古”(《论语·述而》)，又说“周监于二代，郁郁乎文哉！吾从周”(《论语·八佾》)。由于周代礼乐文化在继承夏、殷两代的基础上，集上古文化之大成，将中国上古文化推进到了一个新的高峰。故“从周”不仅仅是对周代礼乐文化的继承，也是对整个上古三代人文智慧之精

---

① 有关《国语》的成书时代，学术界虽有争议，但多数学者以为当在春秋末到战国初年。梁涛《20世纪以来〈左传〉〈国语〉成书、作者及性质的讨论》，《邯郸学院学报》2005年第4期。

华，尤其是舜帝“五教”的继承。因此，“述而不作”的孔子，对传统美德的总结阐发，多是围绕着“五教”，也即义、慈、友、共（恭）、孝等五种伦理规范展开，并把孝置于核心的位置，这在《论语》中即有突出的表现：

有子曰：“其为人也孝弟，而好犯上者，鲜矣；不好犯上，而好作乱者，未之有也。君子务本，本立而道生。孝弟也者，其为仁之本与！”（《论语·学而》）

子曰：“弟子入则孝，出则弟，谨而信，泛爱众，而亲仁。行有余力，则以学文。”（《论语·学而》）

齐景公问政于孔子。孔子对曰：“君君、臣臣、父父、子子。”公曰：“善哉！信如君不君、臣不臣、父不父、子不子，虽有粟，吾得而食诸？”（《论语·颜渊》）

孔子曰：“子奚不为政？”子曰：“《书》云：‘孝乎惟孝，友于兄弟，施于有政。’是亦为政，奚其为为政？”（《论语·为政》）

可见，在孔子那里，孝、弟（悌）不仅被当作“为仁之本”，也与爱众、忠君、为政等有着深层的关联，是这些伦理德行的基础。孔子这种思想深深植根于上古宗族制度沃土之上，是上古文明长期发展的思想结晶，也是对舜帝孝德和“五教”的进一步发扬。

在“五教”作为传统智慧被后人长期奉行的过程中，以孝德和宗族和谐为核心的道德传统已逐渐渗透到了社会、政治等各个领域。尤其是经过周代德治思想的强化和孔子的升华之后，“五教”在孟子那里得到了进一步系统化和规范化的总结，《孟子·滕文公上》说：

后稷教民稼穑，树艺五谷；五谷熟而民人育。人之有道也，饱食暖衣，逸居而无教，则近于禽兽。圣人有忧之，使契为司徒，教以人伦——父子有亲，君臣有义，夫妇有别，长幼有序，朋友有信。

这里的“圣人”，很明确是指舜。孟子把“五教”归结为五种基本的人际关系，并从家族内部扩展至全社会。这五种人际关系，被后人称为“五伦”。罗国杰先生认为，孟子的总结“是对封建社会人伦关系的最基本的概括，也可以说是封建社会的一切人伦关系，都可以概括于这五伦之中，整部《孟子》就是对如何维护这五种人伦关系的探讨和论证”[1]。这是非常精辟的论断。孟子之后，《礼记·大学》提出的“三纲领”“八条目”，则在以孔子为代表的先秦儒家的基础上，对“五教”和“五伦”做了更进一步的发挥，形成了以修身为本，同时扩展至齐家、治国、平天下的系统化理论。

我们在此想特别指出的是，从仰韶文化就已经比较发达的宗族制度，到舜帝“五教”、孔子孝悌伦理观、孟子“五伦”说，再到《大学》，其实是一脉相承，不断走向自觉境地的。韩愈《原道》中所谓“尧以是传之舜，舜以是传之禹，禹以是传之汤，汤以是传之文、武、周公，文、武、周公传之孔子，孔子传之孟轲，轲之死，不得其传焉”的道统，讲的也正是以“五教”“五伦”为核心的上古文明传统的传承。从孟子(约前 372—前 289 年)上溯到舜帝，有 1700 余年；上溯到仰韶文化(前 5000—前 3000 年)，有 4000 余年。没有如此悠久深厚的历史积淀，就没有鲁文化，当然也不会出现儒家。从虞舜到孔孟，是上古文明人文升华最重要的一段历程。儒家之“道”的确立，则是其结出的最美硕果。

需要指出的是，孔子在以宗族伦理之“五教”为核心创立“仁学”的同时，还在另外两个方面，对传统进行了较大的改造。一是回避巫术宗教的内容，“不语怪力乱神”，对原本与巫、史、祝、卜同为术士和教育国子的诸侯保氏之儒，加以全面改造，确立了儒以修身和仁义道德为本，以治国平天下为理想的君子品格，使儒家成为具有独特文化品格的思想学派，从而改变了中国文化的发展方向。二是广收门徒，首开私人办学之风，通过整理“六经”(《诗》《书》《礼》《乐》《易》《春秋》)，并以“六经”教育弟子，培养了以七十二贤人为代表的大批君子。儒学通过这些弟子及一代又一代后学的弘扬，得以广泛传播，深入人心。终于完成了从上古文明传统向中华主流文化的跃升。

总之，由古老的定居农业孕育滋生的宗族制度，与祖先崇拜及巫术信仰体系互为表里，共同造就了特色鲜明的中华上古文明。周鲁文化远承这一悠久而深厚的传统，近得光辉灿烂的东夷文化之滋养，故孔子虽“述而不作”，却因传承了悠久的德性文明传统，并“与史、巫同涂而殊归”(马王堆汉墓帛书《易传·要》)，故能复古开新，创立儒家学派，承续先祖智慧之魔力，发出映照千古的光芒。

---

① 罗国杰《传统伦理与现代社会》，中国人民大学出版社 2012 年版，第 17 页。

中华优秀传统文化的源流、特征与当代价值*

中华文明是世界上唯一从未中断，且持续发展至今的古代文明。面对这一历史事实，我们不禁要问：是怎样的民族文化和民族核心价值观，使我们能从远古时代一直走到今天，长期屹立于世界民族之林？是怎样的传统为我们提供了如此强大的民族凝聚力？要回答这些问题，我们无论如何也绕不开儒家文化。

早期的儒与上古文化有着非常特殊的关系，是掌握中国上古三代长期累积的核心政治及人生智慧的主要知识阶层，因而先秦儒家所代表的价值观，也比其他各家有着更为厚重的历史底蕴和广泛的现实基础。以孔子为代表的早期儒家，在对传统典籍的整理、普及与传播，大师引领与学派建设，以及包容的学风和对传统的创造性发挥等方面，也比其他学派更好地确立了民族核心价值观。而以孝德为核心的爱国、敬业、惜缘、尊师、重友等优秀传统，则以最基本的德目支撑着民族核心价值体系，不仅在造就大一统的华夏民族、维护社会稳定、形成共同的民族理想和独特的民族凝聚力等方面，产生了积极而重大的影响，而且对于我们今天弘扬民族精神，强化民族凝聚力，完成中华民族复兴大业，也仍然具有重要的现实价值。

一、上古文化与儒的特殊关系

儒家与其他各家在文化渊源及承传等方面均有所不同。关于儒的来源，胡适曾大胆地推断：

儒是殷民族的教士……靠他们的礼教知识为衣食之端，他们都是殷民族祖先教的教士，行的是殷礼，穿得是殷衣冠。在那殷周民族杂居已六七百年，文化的隔离已渐渐泯灭的时期，他们不仅仅是殷民族的教士，竟渐渐成了殷周民族共同需要的教师了……孔子是个有历史眼光的人，他认清了那个所谓“周礼”，并不是西周人带来的，乃是几千年的古文化逐渐积聚演变的总成绩，这里面含

---

* 本文为笔者主编的《中华优秀传统文化通俗读本》（山东人民出版社 2014 年版）一书的导论，原刊于《东方论坛》2016 年第 1 期。

有绝大的因袭夏殷古文化的成分。[1]

美国普林斯顿大学汉学家莫特则将儒的产生源头追溯得更为久远，他认为，儒是比殷商时代更早的原始萨满教巫师传统的产物。到了殷代，儒成为辅助圣王从事仪式活动和占卜活动的准宗教祭司，在周代儒在以“权力的神秘性加强实际权力方面做出了极大的贡献”，而礼仪活动的进一步伦理化和世俗化则直接催生出作为思想学派的儒家。[2]

徐中舒则通过对甲骨文中所见的“儒”字的解读指出：

> 儒在殷商时代就已经存在了，甲骨文中作需字，即原始的儒字：[illegible]《津》2069 [illegible]《续存》1859……需在甲骨文中象沐浴濡身，濡应是儒字的本义。……沐浴濡身本来是人之常事，为什么会成为儒家的专名呢？原来古代的儒为人相礼，祭祖事神，办丧事，都必须经常斋戒。《礼记·儒行》：“儒有澡身而浴德”，澡身就是沐浴，浴德就是斋戒，澡身的同时就要浴德，否则就不足以致其诚敬。[3]

又说：

> 甲骨文中儒字的本义为濡，向我们揭示了一个历史事实：儒家的起源决不是班固所说的“儒家者流，盖出于司徒之官，助人君顺阴阳明教化者也”；专门替殷商奴隶主贵族祭祖事神，办丧事，当司仪的那一批人，才算是最早的儒家。[4]

此外，徐先生还通过对甲骨文中与“子需”有关的十条卜辞的分析发现，“子

---

① 胡适《说儒》，欧阳哲生编《胡适文集5》，北京大学出版社1998年版，第23、44页。胡适《说儒》发表后，有不少学者写过驳论和商榷文章，如郭沫若《驳〈说儒〉》，原题为《借问胡适——由当前的文化动态说到儒家》，《中华公论》1937年7月创刊号，后改为《驳〈说儒〉》；冯友兰《原儒墨》，《清华学报》1935年第2期；钱穆《驳胡适之〈说儒〉》，香港大学《东方文化》1954年第1卷第1期；邓广铭《胡著〈说儒〉与郭著〈驳说儒〉平议》，《邓广铭全集》第十卷，河北教育出版社2005年版，第190～197页。读者可参看。

② 费雷德里克·莫特《中国知识分子之根》，参叶舒宪《诗经的文化阐释》，湖北人民出版社1994年版，第223～224页的相关引述。

③ 徐中舒《甲骨文中所见的儒》，《四川大学学报》（哲学社会科学版）1975年第4期。徐中舒的这一看法又见于他后来主编的《甲骨文字典》“儒”字的解释：“儒，从[illegible]（大）从[illegible]或[illegible]，象人沐浴濡身之形，为濡之初文。殷代金文作[illegible]（父辛鼎），与甲骨文略同；周代金文伪作[illegible]（孟簋）、[illegible]（白公父簠），至《说文》则伪作从雨从而之篆文[illegible]（需）。上古原始宗教举行祭礼之前，司礼者须沐浴斋戒，以致诚敬，故后世以需为司礼者之专名。需本从象人形之大，因需字之义别有所专，后世复增人旁作儒，为緟事增繁之后起字。”（徐中舒主编《甲骨文字典》，四川辞书出版社1989年版，第878～879页。）

④ 徐中舒《甲骨文中所见的儒》，《四川大学学报》（哲学社会科学版）1975年第4期。

需为王室主持宾祭典礼，祭祀人鬼（祖先），接待宾客，是一个专职的儒”。“在殷王的社会活动中是很受重视的一个人物……从武丁时代以来，巫事上帝，儒事人鬼，两者已经有了明确的分工。”[①]马王堆汉墓帛书《易传・要》引孔子的话说，“吾与史巫同涂而殊归也”，原因是巫“赞而不达于数”，史“数而不达于德”，而“吾求其德而已”。[②] 这就为胡适等人的推测提供了更为切实的证据。[③]

据此，儒本为上古时代的知识阶层，其主要职责是祭祖事神，但这与班固所谓“助人君顺阴阳明教化”的说法其实并不矛盾，因为在中国上古时代，“不但‘政治、宗教、艺术是结合在一起的’，而且作为通天工具之一的艺术，实在是通天阶级的一个必要的政治手段，它在政治权力之获得与巩固上所起的作用，是可以与战车、戈戟、刑法等等统治工具相比的”。[④] 同时，殷商以来，祖先崇拜与天神崇拜已“逐渐接近、混合”[⑤]，故儒就算已与巫有了明确分工，其“事人鬼（祖先）”的职责实际仍是“通天”的一部分，从上古时代的观念来看，它当然是重要的政治手段，当然可以发挥“助人君顺阴阳明教化”的作用。尤其是在进入周代以后，随着理性精神的崛起，人们关注的重心逐渐转到人事上来，礼乐文化取代巫术宗教成为维护政权的主要手段。在这一历史巨变中，巫的地位明显跌落，而儒则取得了比巫更为核心的地位，成为礼乐的传承者和代言人，这也为儒家学派的诞生做好了充分的准备。日本学者白川静以为：“儒家最早出自巫祝之学，以周之礼乐为主要教授科目，以其礼教文化的创始者周公为理想；周公，为周初所谓‘明保’圣职之人。”[⑥]这与儒家后来所强调的尧、舜、禹、汤、文、武、周公、孔子的传承系列是可以相互说明的。

儒家与上古文化的这种关系，比诸子百家的其他各家更为突出。换言之，至迟从殷商时代开始，儒就是古代文化的正宗传人，而且由于儒在武丁以来就已开始专事人鬼，因而能够在周代的文化巨变中紧跟时代的步伐，成为主流文

① 徐中舒《甲骨文中所见的儒》，《四川大学学报》（哲学社会科学版）1975 年第 4 期。

② 廖名春《帛书释〈要〉》，《中国文化》1994 年第 10 期。

③ 以往的驳论多否定胡适“儒是殷民族教士”“老子是正宗的儒”等观点，随着郭店楚简的出土及近十几年来进一步的研究，胡适的一些推测得到了更多的支持。参解光宇《也谈“老子是殷商派老儒”》，《孔子研究》2004 年第 4 期；解光宇《薪相传承文明——中国儒学的流变》第一章《甲骨文字窥端倪——儒之渊源》，安徽大学出版社 2005 年版；孔祥骅《先秦儒学起源巫史考》也说：“在中国上古时代，巫史原为一体，其后，‘史’从‘巫’中分离出来，形成独立的史官文化体系。孔子正是在继承与扬弃巫史文化的基础上创立了先秦的儒、儒学和儒家学派的。”（《社会科学》1991 年第 12 期）

④ 张光直《中国青铜时代（二集）》，三联书店 1990 年版，第 113 页。

⑤ 陈梦家《殷墟卜辞综述》，中华书局 1988 年版，第 562 页。

⑥ 〔日〕白川静《中国古代文化》，加地伸行、范月娇译，文津出版社 1983 年版，第 245 页。

明的嫡派传人。这种悠久深厚的历史背景，使得儒家从一开始就掌握了中国上古时代长期累积的、核心的政治智慧和人生智慧。由于这种智慧深深植根于业已定型的上古血缘家族社会和农业文明的沃土之上，因此，儒家不仅占据了中国上古文化的正宗地位，而且它所代表的价值观也比其他各家有着更为厚重的历史底蕴和更为广泛的现实基础。

二、民族核心价值观的总结、整理与传播

在孔子出现之前的西周时代，儒作为一种职业已经长期存在，而且无论在殷代事人鬼，还是在周代主礼乐，都与政治有着非常密切的关系。在其处理天人关系及人人关系的习惯性做法中，实际上已经潜在地包含了中华先民独特的价值观和思维方式。从民族核心价值观的形成来看，以孔子为代表的儒家的历史使命，就是要把这种抽象的价值观从世代循环的感性生活和已有的典籍书册中提取出来，并加以理性的整理、总结、传播，并用于生活实践。这当然不能一蹴而就，也不是孔子一个人能够完成，甚至不是一代或几代人、一种或几种方式能够完成的。事实上，历代的儒家都在不同的层面和不同的历史背景下，对此做出过自己的努力。如果仅就先秦时代而言，我们认为先秦儒家主要是从如下三个方面来完成这一工作的。

其一是对传统典籍的整理、普及与传播。孔子自称“述而不作，信而好古，窃比于我老彭”(《论语・述而》)，“周监于二代，郁郁乎文哉！吾从周”(《论语・八佾》)，最清楚不过地表明了他独特的价值取向。在他看来，周代礼乐文化是在继承夏、殷两代的基础上，将中国上古文明推进到了一个新的高峰，是整个上古文明的集大成。因此，他“从周”的文化选择，就不仅仅是对周代礼乐文化的继承，也是对整个上古文明精华的继承。这具体表现在他对传统典籍的整理上。

后世所谓儒家“六艺”，就是“孔子竭毕生之力学习先代历史文化，经选择整理并加进自己的见解而著成的”①。《史记・孔子世家》说：“孔子之时，周室微而礼乐废，《诗》《书》缺。追迹三代之礼，序《书传》，上纪唐虞之际，下至秦缪，编次其事……故《书传》《礼记》自孔氏。”②又说：“三百五篇孔子皆弦歌之，以求合《韶》《武》《雅》《颂》之音。礼乐自此可得而述，以备王道，成六艺。孔子晚而喜

---

① 金景芳《孔子的这一份珍贵的遗产——六经》，《吉林大学社会科学学报》1991年第1期。

② 《史记・孔子世家》，中华书局1959年版，第1935～1936页。

《易》，序[①]《彖》《系》《象》《说卦》《文言》……乃因史记作《春秋》，上至隐公，下讫哀公十四年”[②]。《史记·儒林列传》也说：“孔子闵王路废而邪道兴，于是论次《诗》《书》，修起礼乐。适齐闻韶，三月不知肉味。自卫返鲁，然后乐正，雅颂各得其所。”[③]可见，孔子编著整理六经的方法各有不同，而通过对这些典籍的整理、诠释，中国上古三代遵行已久的价值观和人生智慧，以理性化的表述被孔子定型于六艺之中。

不仅如此，作为中国文化史上首开私学的教育家，《诗》《书》《礼》《乐》也是孔子用以教授弟子的教科书。[④]《史记·孔子世家》说：“孔子以诗、书、礼、乐教，弟子盖三千焉，身通六艺者七十有二人。如颜浊邹之徒，颇受业者甚众。”[⑤]如此规模的教育，对于典籍中所蕴含的民族核心价值观的普及来说，与孔子一人之影响当然是不可同日而语的。在此，还应当注意的是孔子对语言的重视，《论语·述而》说：“子所雅言，《诗》、《书》、执礼，皆雅言也。”意思是说孔子在诵读《诗》《书》和行礼的时候，都讲雅言。也就是说，孔子在教学时使用的是当时的普通话。再从孔门弟子所记录的《论语》来看，它比当时墨家、道家、法家等学派的著作都要容易阅读，其语言即使在今天也是比较通俗的。因此，弟子的众多与语言的通俗，不仅有利于六艺的传播，有利于儒家把自上古继承而来的华夏民族的核心价值观迅速传播开来，而且也从根本上确立了先秦儒家价值观的普适性，使之在日后也能够深入国人之心。

其二是大师的引领与学派的推动。孔子以其独特的眼光选择了六艺作为继承和发扬古代文明的载体，又以其不世之才通过典籍的整理和著述，成为儒家的第一位大师，并在授徒讲学中培养了一大批贤人，开创了儒家学派。这不仅深刻影响了儒家以及先秦诸子百家的其他学派，也使儒家自上古继承而来的华夏民族的核心价值观在儒家学派的壮大及先秦不同学派的论难中，获得了进一步的彰显。

就儒家学派自身的发展而言，司马迁《史记》中就曾多次描述过当时的盛况。《史记·仲尼弟子列传》中详细记载了孔门七十七位“受业身通者”的事迹

① 唐人张守节《史记正义》以为“序”即《易·序卦》，但现代学者多以为这里的“序”当为“序次”之意，与“作《春秋》”之“作”不同。

② 《史记·孔子世家》，中华书局1959年版，第1936～1937、1943页。

③ 《史记·儒林列传》，中华书局1959年版，第3115页。

④ 孔子习《易》、作《春秋》均在晚年，孔门弟子以《易》与《春秋》为研习科目，当较其他四经为晚。

⑤ 《史记·孔子世家》，中华书局1959年版，第1938页。

与姓名，其中“显有年名及受业见于书传”者有三十五人，“无年及不见书传者”四十二人，这些孔门弟子“皆异能之士”。其中如颜渊、闵子骞、冉伯牛、仲弓、冉有、季路、宰我、子贡、子游、子夏等皆名著当时，子夏曾“居西河教授，为魏文侯师”。即使像起初不被孔子重视的澹台灭明，即子羽，后来“南游至江，从弟子三百人，设取予去就，名施乎诸侯”，以致孔子有“以貌取人，失之子羽”的慨叹。《史记·儒林列传》也说：

自孔子卒后，七十子之徒散游诸侯，大者为师傅卿相，小者友教士大夫，或隐而不见。故子路居卫，子张居陈，澹台子羽居楚，子夏居西河，子贡终于齐。如田子方、段干木、吴起、禽滑厘之属，皆受业于子夏之伦，为王者师。是时独魏文侯好学。后陵迟以至于始皇，天下并争于战国，儒术既绌焉，然齐鲁之间，学者独不废也。于威、宣之际，孟子、荀卿之列，咸遵夫子之业而润色之，以学显于当世。①

其中所说的先秦儒家的另外两位大师孟子和荀子，其门徒虽不及孔子，但孟子弟子有万章、告子、公孙丑等；荀子弟子韩非则成为法家的集大成人物，李斯官至秦相，虽已越出了儒门，但也可见先秦儒家学派发展之盛。这是六艺之学深入人心的重要基础，也是儒家价值观得以弘扬的重要保证。

当然，华夏民族核心价值观的确立，仅靠儒家一派的弘扬还是不够的。从某种意义上说，春秋百家争鸣在其中所起的作用也是非常重要的。以往学者们对百家争鸣在中国文化史上的意义已做了不少论述，但从民族价值观的确立来看，百家争鸣的另一重大意义即在于通过广泛而充分的讨论、辩难，使儒家所承续的华夏民族的核心价值观更为深入人心。孙开泰先生曾指出：“诸子百家争鸣各家所用的典籍仍然是《诗》《书》《礼》《乐》《易》《春秋》等，只是各有侧重，或对这些典籍有不同的理解……而儒家则比各家都全面。”他还认为：“百家争鸣的结果是百家思想的融合，是各家都认识到大一统是大势所趋，人心所向。”②正因为各家争鸣的基本典籍仍是六经，因此争鸣中就不能不涉及华夏民族的核心价值观，而从后来儒学跃升为中国主流文化的事实来看，所谓思想融合，既包含了诸子各家之间的相互吸收，也有诸子百家在不同程度上对华夏民族核心价值观的认同。在这一历史发展过程中，由于有其他诸子百家的一大批大师与不同

① 《史记·儒林列传》，中华书局1959年版，第3116页。

② 孙开泰《论中华传统文化整体观》，《科学新闻》2005年第8期。

学派的参与，使得民族核心价值观的确立并没有仅仅局限于儒家的范围，换言之，其他学派的推动，使得先秦儒家价值观在更大的范围内成为新的、最巨影响力的民族核心价值观，因而具备了鲜明的超越性。

其三是包容的学风与对传统的创造性发挥。如上所述，由孔子继承的古代价值观主要体现在六经之中，或者说先秦儒家价值观主要是以六经为载体的。而六经本身不仅在时间上跨度极大，而且所反映的内容也极为丰富。“以今人的观点看六经，大体上《诗》为文学科目；《书》为古代历史科目（关于上古的历史文献）；《礼》为礼仪、礼制科目；《乐》为音乐科目；《易》为哲学科目；《春秋》亦为历史科目，相传是孔子亲修的他那个时代的近代编年史。《荀子·劝学篇》说：‘《礼》之敬文也，《乐》之中和也，《诗》《书》之博也，《春秋》之微也，在天地之间者毕矣。’就当时时代而言，可以说六经涵盖了学问的一切方面。当时儒者习惯于用一‘礼’字来概括传统文化，而‘礼’之涵义，实与今天的文化、文明相当。这说明六经本身的涵盖性很大。”[①]六经大百科全书的特点，直接影响到儒家包容开放的学风，这在孔子身上即有非常明显的体现。孔子说过：“自行束修以上，吾未尝无诲焉。”（《论语·述而》）又说：“有教无类”（《论语·卫灵公》）。这说明孔子在收徒方面是非常开放的。

与此相关，儒家学说也是极具包容性的。在先秦诸子百家中，很多学派或学派大师是从儒家分化出来的。如墨子本为儒家弟子，后自创与儒家相抗衡的墨家显学；法家的先驱人物吴起、李悝曾学于子夏；[②]儒家思孟学派的后学弟子邹衍，[③]在思孟学派五行说的基础上发展出阴阳五行学派；韩非学于荀子，后成为法家的代表人物。儒家之外的其他各家，几乎没有一家能派生出另外一个学派，或培养出他派的大师。故班固说：“诸子十家，其可观者九家而已。皆起于

---

① 姜广辉《重新认识儒家经典——从世界经典现象看儒家经典的内在根据》，《中国哲学》第23辑《经学今诠》，辽宁教育出版社2001年版。

② 《史记·儒林列传》曰：“子夏居西河，……如田子方、段干木、吴起、禽滑釐之属，皆受业于子夏之伦，为王者师。”李悝，或作李克，《史记·孟子荀卿列传》说：“魏有李悝，尽地力之教。”《汉书·艺文志》法家雷首列《李子》三十二篇，注云：“名悝，相魏文侯，富国强兵。”儒家类著录《李克》七篇，注云：“子夏弟子，魏文侯相。”《史记·平准书》有：“魏用李克，尽地力，为强君。”《史记·货殖列传》说：“当魏文侯时，李克务尽地力”。其《魏世家》《孙子吴起列传》均载有李克与魏文侯的对话，魏文侯尊之为先生。故章太炎《检论·原法》注以为“当是一人”，此说为不少学者所采纳。

③ 《汉书·艺文志》著录有《邹子》四十九篇和《邹子始终五德》五十六篇，均已散佚，关于邹衍生平，先秦典籍记载过于简略，但现代学者据典籍中所引邹衍言论的片段，认为他的思想“更符合于思、孟学派的精神”。有说其“五德始终说和思、孟学派的思想，确是一脉相承”。参见侯外庐等《中国思想通史》第一卷，人民出版社1957年版，第647～656页的相关论述。

王道既微，诸侯力政，时君世主，好恶殊方，是以九家之术蜂起并作，各引一端，崇其所善，以此驰说，取合诸侯。……今异家者各推其所长，穷知究虑，以明其指，虽有蔽短，合其要归，亦《六经》之支与流裔。"①

在对待传统文化时，孔子思想的开放性也有明显的表现。孔子虽称"吾从周"，但并不是完全照搬周代文化，而是对周代文化进行了创造性的改造和发挥。孔子对周代文化的改造，学术界多概括为"以仁释礼"②。也有的学者说："仁不是孔子第一个提出来的，但至少在他手中才提到重要的地位，有着极重要的意义。"③姜广辉则就孔子对周代文化的改造做了更具体的论述：

> 儒学创立之初，突破西周"亲亲""尊尊"的局限性，主张由"亲亲"而"仁民爱物"，由"尊尊"而"尊贤重知"，以此为基础提出民本主义、"大同"理想等社会政治主张。④

其实，还有两个方面，也明显地体现了孔子对周代文化的改造。一是对君子的重新界定和塑造。君子本是统治者和贵族男子的统称，《礼记·礼器》郑玄注曰："君子，谓大夫以上"。但在孔子那里，君子却成为每个人通过修身立德、勉力求仁可以达到的人格标准。并且在他看来，每个社会个体在本质上都具有"下学上达"(《论语·宪问》)、"学而知之"(《论语·季氏》)的能力，而这种能力的发挥完全是个体在责任感和使命感驱使下的一种自觉、主动的行为。这就为每个社会个体的人格发展提供了更为广阔的空间。

二是对宗族界线的超越。周统治者"敬德"的直接动机和最终归宿都是"祈天永命"(《尚书·周书·召诰》)、"欲至于万年"(《尚书·周书·梓材》)。从本质上说，他们不过是在为子孙后代"万世治安"着想，其思考的范围也主要限于一族之内，一姓之中，一家天下。而孔子作为不在其位的士阶层的杰出代表，他的思想并未局限于宗族范围，而是立足于全社会与人的未来，对人类自身的存在与命运有更高层次的理性思考。

与墨家"吾言足用"(《墨子·贵义》)的自大、道家"绝圣弃智"(《老子》十九章)的反智，以及法家"明主之国……无先王之语，以吏为师"(《韩非子·五蠹》)

---

① 《汉书·艺文志》，中华书局1962年版，第1746页。

② 李泽厚《孔子再评价》，《中国古代思想史论》，人民出版社1985年版，第7～51页。

③ 严北溟《论"仁"——孔子哲学的核心及其辐射》，中国孔子基金会学术委员会《近四十年来孔子研究论文选编》，齐鲁书社1987年版，第220页。

④ 姜广辉《重新认识儒家经典——从世界经典现象看儒家经典的内在根据》，《中国哲学》，第23辑，《经学今诠》续编。

的愚民思想相比，孔子思想的包容性与创造性具有更为鲜明的特点。这是先秦儒家能够确立民族核心价值观，并对中国文化产生持久不衰影响的又一个重要原因。

总的来看，孔子通过整理《诗》《书》《礼》《乐》，序《易》，作《春秋》而完成的六经，很好地继承了上古三代农业文明的精华，并根据当时历史实际，首次系统地对上古三代华夏民族的核心价值观做了系统的总结、提升和改造，并以兴办私学的方式，促成了儒家学派的迅速崛起，使这一核心价值观在百家争鸣中得以广泛普及和传播，对传统文化的定型起到了极为关键的作用。

三、孝德在传统文化中的地位

儒家文化为核心的中国传统文化，具有非常鲜明的伦理特征，这同样是从上古文化传承而来。而在具有代表性的各种伦理中，孝又是处于核心地位的一种伦理品德。“孝是中国文化的原发性、综合性的首要文化观念，是中国文化的鲜明特点……它不仅在中国传统伦理文化中处于‘百善孝为先’的领导地位，被看作‘德之本也，教之所由生也’(《孝经》)，而且还具有祖先崇拜、尊祖敬宗的人文宗教意义，具有珍惜生命、延续生命的哲学意蕴。它是中国社会一切人际关系得以展开的精神基础和实践起点，是中国古代政治的伦理精神基础，也是社会教化和学校教育的核心和根本。”[①]梁漱溟先生也说：“说中国文化是‘孝的文化’，自是没错。此不唯中国人的孝道世界闻名，色彩最显……它(笔者按：指‘孝’)原为此一文化的根荄所在……又道德为礼俗之本，而一切道德又莫不可从孝引申发挥，如《孝经》所说那样。”[②]

这都从根本上揭示了“孝”在中国文化中的特殊地位。但对于孝的起源，学术界有不同的看法。有的学者从“孝的观念”来考察这一问题，以为“孝的观念的产生，基于两个条件。一个是基于血缘而产生的‘亲亲’关系，这是人类一种古老的感情，氏族社会就是依靠它来维系的……‘孝’的形成还需要另一个条件，即个体家庭经济的形成，以及与此相联系的家庭中权利与义务关系的出现。”[③]又说：“夏、商二代……个体家庭经济因素还相当微弱，还没有产生晚辈意义上的‘孝’的道德观念的社会条件。西周时代虽然在社会组织上仍保留着氏

① 肖群忠《孝与中国国民性》，《哲学研究》2000年第7期。

② 梁漱溟《中国文化要义》，上海人民出版社2005年版，第258～259页。

③ 沈善洪、王凤贤《中国伦理思想史》，人民出版社2005年版，第54页。

族遗制，但在氏族制这个框架中，真正决定着经济政治地位的则是个体家庭，西周的嫡长子继承制以及按地域而不是按氏族组织来组织农业奴隶的生产，就说明了这一点。正是在这个基础上，产生了‘孝’的观念。”①

事实上，“孝”的观念的产生可能还要更早，因为仅就现有文献的记载来看，孝作为一种基于血缘关系的亲亲之情，不仅它在实际生活中的产生应当是相当早的，它发展为一种观念，应该也是早于西周的。如在《尚书》中就有多处提到了“孝”：

1. 奉先思孝，接下思恭。(《尚书·商书·太甲中》)

2. 往即乃封，敬哉！尔尚盖前人之愆，惟忠惟孝。(《尚书·周书·蔡仲之命》)

3. 封！元恶大憝，矧惟不孝不友。子弗祗服厥父事，大伤厥考心。(《尚书·周书·康诰》)

4. 尔惟践修厥猷，旧有令闻，恪慎克孝，肃恭神人。(《尚书·周书·微子之命》)

5. 君陈！惟尔令德孝恭。惟孝友于兄弟，克施有政。命汝尹兹东郊，敬哉！(《尚书·周书·君陈》)

上引第 1 条说明商代已把“孝”当作了正面的道德准则；第 2 条可看作是周人对商人重“孝”传统的继承；第 3 条则从反面指出，不孝是人最大的罪恶；第 4 条将孝敬长辈和伺奉神明相提并论，作为“有令闻”的两个重要标志；第 5 条更是把孝当作任用官吏的重要条件，因为“君陈”符合这个条件，所以就派他去管理东郊。

仅从这些史料来看，早在商代，就已有了“孝”的观念，西周初年周成王时代，孝已经成为当时一般的社会道德准则，同时也是官吏选拔的重要标准，这意味着孝德在西周初已经基本定型，成为当时社会普遍认可的道德规范。因此，其产生时间应当是更为久远的。

---

① 沈善洪、王凤贤《中国伦理思想史》，人民出版社 2005 年版，第 55 页。

在《尚书·虞书·尧典》中，还有关于舜之孝行的记载。尧帝要求推荐接班人，四方诸侯向他举荐舜的时候说："瞽子，父顽，母嚚，象傲，克谐以孝烝烝，乂不格奸。"意思是说，舜是乐官瞽瞍的儿子，他的父亲愚顽，后母暴虐，弟弟象傲慢不友好，而舜能以孝行美德感化他们，同他们和谐相处。以他淳厚的孝心，治理国家应不会流于邪恶。同样的记载也见于《史记·五帝本纪》，从另一方面显示了这一史料的可靠性。典籍中又有关于"五教"的记载：

舜臣尧，举八恺，使主后土，以揆百事，莫不时序，地平天成。举八元，使布五教于四方。父义、母慈、兄友、弟共、子孝，内平外成。（《左传·文公十八年》季文子使大史克对鲁宣公问）

帝曰："契，百姓不亲，五品不逊。汝作司徒，敬敷五教，在宽。"（《尚书·舜典》）

故务其三时，修其五教，亲其九族，以致其禋祀。于是乎民和而神降之福，故动则有成。（《左传·桓公六年》季梁谏随侯语）

按《左传·文公十八年》的记载，舜是作为尧帝的臣子，任用帝喾高辛氏的后裔——八元，让他们在全国各地传布"五教"。《舜典》中的记载，则是舜已继尧为帝，任命契为司徒，在百姓中推广传布"五教"。两条记载，看似不同，实则正好说明舜不仅自己是孝子，还将孝行扩展为"五教"，长期在百姓中加以持续不断的推广。而《左传·桓公六年》中季梁谏随侯讲到的"务其三时，修其五教，亲其九族"，是给随侯提出的政治措施，从文中"随侯惧而修政，楚不敢伐"的结果来看，这套办法很有实效。季梁所谓"修其五教"，显然不是他自己的发明，而是自舜以来古老传统的延续。从舜帝时代（约前 2044—前 2006 年）①到鲁桓公六年（前 706 年），有 1300 余年。这说明，在这么漫长的历史发展过程中，舜帝以"五教"教化臣民的思想始终被奉为治国的法宝，世代相传。虽然"父义、母慈、兄友、弟共、子孝"，还主要属于家庭伦理，但从舜帝开始，就已将这一伦理规范与国家治理紧密结合起来，用于治国化民，并贯彻到社会生活实践中，这种自觉的和日渐制度化的做法，逐渐形成了中国伦理文化由家庭向社会扩展的特

① 按这里有关舜帝在位纪年，采用的是朱永棠教授的研究成果，见朱永棠《核实的天文记载与正确的尧舜禹及夏商周断代纪年》，象牙塔网站"专题研究"之"商周断代"：http://xiangyata.net/history/e/，2005 年 11 月 25 日。

点。蔡元培就曾指出：

吾族于建国之前，实先以家长制度组织社会，渐发展而为三代之封建。而所谓宗法者，周之世犹盛行之。其后虽又变封建而为郡县，而家长制度之精神，则终古不变。家长制度者，实行尊重秩序之道，自家庭始，而推暨之以及于一切社会也。一家之中，父为家长，而兄弟姊妹又以长幼之序别之。以是而推之于宗族，若乡党，以及国家。君为民之父，臣民为君之子，诸臣之间，大小相维，犹兄弟也。名位不同，而各有适于其时地之道德，是谓中。①

正因如此，义、慈、友、共(恭)、孝五种伦理规范，经过孔子、孟子的进一步发挥，逐渐发展为我国古代体系化的基本伦理规范。孔子对传统美德的论述，大多围绕着这几种基本规范展开，并将孝置于核心的位置：

有子曰："其为人也孝弟，而好犯上者，鲜矣；不好犯上，而好作乱者，未之有也。君子务本，本立而道生。孝弟也者，其为仁之本与！"(《论语·学而》)

子曰："弟子入则孝，出则悌，谨而信，泛爱众，而亲仁。行有余力，则以学文。"(《论语·学而》)

子夏曰："贤贤易色；事父母，能竭其力；事君，能致其身；与朋友交，言而有信。虽曰未学，吾必谓之学矣。"(《论语·学而》)

曾子曰："吾日三省吾身。为人谋而不忠乎？与朋友交而不信乎？传不习乎？"(《论语·学而》)

齐景公问政于孔子。孔子对曰："君君、臣臣、父父、子子。"公曰："善哉！信如君不君、臣不臣、父不父、子不子，虽有粟，吾得而食诸？"(《论语·颜渊》)

孔子曰："子奚不为政？"子曰："《书》云：'孝乎惟孝，友于兄弟，施于有政。'是亦为政，奚其为为政？"(《论语·为政》)

可见，在孔子那里，孝、弟(悌)不仅被视为"为仁之本"，也与尊贤、忠君、重

① 蔡元培《中国伦理学史》，商务印书馆2010年版，第6～7页。

友、为政等有着深层的关联，是这些伦理德行的基础。因而孔子的思想已体现出由父子推及君臣、"自家庭始，而推暨之以及于一切社会"的理论自觉。尤其值得我们注意的是，孔子、孟子都把舜作为"大孝"的楷模，而对孝德做了各自的发挥和升华：

子曰："舜其大孝也与？德为圣人，尊为天子，富有四海之内。宗庙飨之，子孙保之。故大德必得其位，必得其禄，必得其名，必得其寿。"（《中庸》）

孟子曰："天下大悦而将归己，视天下悦而归己，犹草芥也，惟舜为然。不得乎亲，不可以为人；不顺乎亲，不可以为子。舜尽事亲之道，而瞽瞍厎豫；瞽瞍厎豫而天下化，瞽瞍厎豫而天下之为父子者定。此之为大孝。"（《孟子·离娄上》）

孔子以为"大孝"即是"大德"，舜"尊为天子"而获得的种种荣耀，既是"大孝"的具体体现，同时也建立在"大孝"的基础之上。而孟子所看重的，是舜的"大孝"所带来的化育百姓、天下归心的社会效果。两位圣人都从不同的侧面对"大孝"对个人名位及国家教化的作用给予了高度的肯定。

如果说从舜之孝行到"五教"的实行，还主要是孝德在家庭和宗族内部的扩展，那么，"五教"作为传统在被后人长期奉行的过程中，这种扩展已经逐渐渗透到了社会、政治等各个领域。在过了1700余年之后，孟子（约前372—前289年）对这一传统有了更为深刻的认识，并做了进一步的提升和系统化。

后稷教民稼穑，树艺五谷；五谷熟而民人育。人之有道也：饱食暖衣，逸居而无教，则近于禽兽。圣人有忧之，使契为司徒，教以人伦——父子有亲，君臣有义，夫妇有别，长幼有叙，朋友有信。（《孟子·滕文公上》）

与前引《孟子·离娄上》中侧重教化百姓不同，这里提到的五种人际关系，被后人称为"五伦"。罗国杰认为五伦"是对封建社会人伦关系的最基本的概括，也可以说是封建社会的一切人伦关系，都可以概括于这五伦之中，整部《孟子》就是对如何维护这五种人伦关系的探讨和论证"①。这其实也可以看作是以"孝"为核心的传统伦理型文化的初步定型。

综上所述，先秦多种典籍有关舜之孝行的记载基本一致，大致是可信的。孝行早在尧舜时代就已被作为选择国君的重要标准，因此也应是选拔官员的标

① 罗国杰《传统伦理与现代社会》，中国人民大学出版社2012年版，第17页。

准。这一传统到了西周时期已是比较普遍的社会道德规范和官吏选拔任用的重要标准。从舜帝实行“五教”，到鲁桓公年间，再到孟子生活的战国时期，以“五教”教化臣民的传统一直为后世所奉行。孔子、孟子对这一传统都有深刻独到的理解，孟子将“五教”改造为“五伦”，标志着以孝德为核心的伦理传统已基本定型，并进入了体系化的阶段。《孝经》所谓孝为“德之本也，教之所由生也”，也正是对这一漫长而深厚的文化历程的总结。

四、优秀民族传统的古今相承与当代意义

从孝亲到“五教”，再到“五伦”，以“孝”为逻辑起点的伦理型传统文化逐渐定型，并形成其特有的体系。《孝经》中说：“夫孝，始于事亲，中于事君，终于立身。”又借孔子之口说：“君子之事亲孝，故忠可移于君。事兄悌，故顺可移于长。居家理，故治可移于官。是以行成于内，而名立于后世矣。”由事亲之孝，发展为事君之忠，进而扩展为爱国的传统。因“事君”“立身”为“孝”的重要组成部分，故有敬业的传统。夫妇为五伦之一，在家庭中处于非常关键的位置，所以有惜缘的传统。又《国语·晋语一》载，栾共子称：“‘民生于三，事之如一。’父生之，师教之，君食之。非父不生，非食不长，非教不知生之族也，故壹事之。唯其所在，则致死焉。报生以死，报赐以力，人之道也。”①把父亲、师长和君主看作是人生最重要的施恩者，要求一心一意侍奉他们，甚至不惜以自己的生命来报答他们的恩德，并把这作为做人的基本准则，由此而形成尊师的传统。而由“兄友弟恭”进一步延伸，发展为同辈友朋之情，则有重友的传统。

这些传统在早期的具体形成和演变历程，虽然已很难详述，但从典籍所载先秦时代鲜活的实例来看，其产生也都是非常早的。我们在此拟结合早期史料，对这些古今相承、深入民族心灵深处的优秀传统稍做说明。

一是爱国。由于在不同的历史时期，国家在疆域、君主及民族、政党等方面不尽相同，所以爱国的传统在不同时代有不同的内涵，但是，其本质特征却是古今相承的。《左传》所载弦高犒师的故事，就是非常典型的一个例子。

> 三十三年春，秦师过周北门……及滑，郑商人弦高将市于周，遇之。以乘韦先，牛十二犒师……且使遽告于郑……孟明曰：“郑有备矣，不可冀也。攻之不克，围之不继，吾其还也。”灭滑而还。（《左传·僖公三十三年》）

---

① 上海师范大学古籍整理研究所点校《国语》，上海古籍出版社1988年版，第251页。

鲁僖公三十三年(前627),秦穆公派孟明视、西乞术及白乙丙三位将军率兵长途袭郑。郑国商人弦高正好去周地做买卖,他在半路发现这一敌情后,机智地假借郑君之命,用四张熟牛皮、十二头牛去犒赏秦军。使秦军以为郑国有了准备,于是放弃了偷袭的计划。弦高只是一个普通的商人,却能有这样的胸怀,说明爱国的传统在春秋时代即已深入人心。

二是敬业。虽然职业是随着时代的发展而不断变化的,但是古今中外,敬业的传统在深层次上则有很大的共性。县贲父以死殉职的事,今日读来,仍不能不令人震惊。

鲁庄公及宋人战于乘丘,县贲父御,卜国为右。马惊,败绩,公队,佐车授绥。公曰:“末之,卜也!”县贲父曰:“他日不败绩,而今败绩,是无勇也!”遂死之。圉人浴马,有流矢在白肉。公曰:“非其罪也。”遂诔之。士之有诔,自此始也。(《礼记·檀弓上》)

鲁宋乘丘之战发生于鲁庄公十年(前684)。县贲父为鲁庄公驾车,卜国在车右边护驾。拉车的马受惊,将车翻倒,庄公被摔下车来。副车上的人递下绳子,拉庄公上了副车。庄公责怪说:“卜国啊,真没有勇力呀!”县贲父说:“以前没有翻过车,今天却车翻人坠,确实是我们没有勇气!”于是两人殉职而死。事后马夫洗马时,发现马大腿内侧中了飞箭。庄公这才知道翻车不是他们的责任,于是作文追述他们的功德。为士作文悼念的风习,就是从这件事开始的。

这虽是一个特殊的例子,但县贲父、卜国以死维护职业尊严的做法,可谓敬业的极致。这在数千年后的今日,仍有其普遍意义,也不能不令人生出崇高的敬畏之心。

三是惜缘。有很多批评中国传统文化的人,喜欢把男尊女卑作为一个靶子。以为女人在中国古代没有地位,甚至把爱情看作是西方的“特产”。但事实上,在中国传统文化中,夫妻一伦极为关键,也备受重视。《诗经》中有很多篇章写出了古人在男女情爱不同阶段惜缘的深情:

君子于役,不知其期。曷至哉?鸡栖于埘。日之夕矣,羊牛下来。君子于役,如之何勿思!(《诗经·王风·君子于役》)

彼采葛兮,一日不见,如三月兮!
彼采萧兮,一日不见,如三秋兮!
彼采艾兮!一日不见,如三岁兮!(《诗经·王风·采葛》)

自伯之东，首如飞蓬。岂无膏沐？谁适为容！(《诗经·卫风·伯兮》)

这是别后相思的抒发，或于常见之景中显淳厚之情；或以夸张之笔见深挚之情；或借"飞蓬"之象表专一之情。三首诗在爱情文学史上都占有一席之地，其打动后人的绝不仅仅是语言文字，而更多的是其中蕴含的款款深情。而如下的两首诗歌，也将男女情缘之美表达得淋漓尽致：

女曰鸡鸣，士曰昧旦。子兴视夜，明星有烂。将翱将翔，弋凫与雁。

弋言加之，与子宜之。宜言饮酒，与子偕老。琴瑟在御，莫不静好。

知子之来之，杂佩以赠之。知子之顺之，杂佩以问之。知子之好之，杂佩以报之。(《诗经·郑风·女曰鸡鸣》)

葛生蒙楚，蔹蔓于野。予美亡此，谁与独处？
葛生蒙棘，蔹蔓于域。予美亡此，谁与独息？
角枕粲兮，锦衾烂兮。予美亡此，谁与独旦？
夏之日，冬之夜。百岁之后，归于其居。
冬之夜，夏之日。百岁之后，归于其室。(《诗经·唐风·葛生》)

《女曰鸡鸣》是一首独特的对话体诗歌，写了一对青年夫妇琴瑟相和的家庭生活和诚笃热烈的感情。《葛生》是一首悼亡诗，写出了对亡者的深切怀念之情，与"穀则异室，死则同穴。谓予不信，有如皦日"(《诗经·王风·大车》)的誓言可以媲美。

如果说上述惜缘之情，与现代爱情已经比较接近。那么唐代无名氏的一首五言绝句："君生我未生，我生君已老。君恨我生迟，我恨君生早"①似乎更近于超越年龄的现代爱情观。上述诗歌所展示的中国古代惜缘之情，即使放在今天，也未必就会逊色。

四是尊师。尊师的传统也非常久远，周武王尊姜尚为师尚父，齐桓公尊管

① 此诗为唐代铜官窑瓷器题诗，作者可能是陶工自己创作或当时流行的里巷歌谣。该瓷器于1974—1978年间出土于湖南长沙铜官窑窑址。见陈尚君辑校《全唐诗补编》下册，《全唐诗续拾》卷五十六《无名氏五言诗》，中华书局1992年版，第1642页。

仲为仲父，[①]都是“事师之犹事父也”（《吕氏春秋·劝学》）较早的例证。《荀子·大略》也说：“国将兴，必贵师而重傅。”把尊师上升到国家兴亡的高度。先秦时代，最突出的尊师典范是子贡。子贡对孔子有着非常特殊的感情，孔子去世后，弟子守丧三年，只有子贡守丧六年，这是历来常常被人提起的。但子贡对孔子的尊敬，远不止此。子贡善于经商，他不仅以自己雄厚的财力为孔子及弟子周游列国提供物质保障，而且在维护孔子形象、传播孔子学说、吸引更多的弟子加入孔子门下等方面，他所发挥的作用也都是其他孔门弟子无法比拟的。因此，司马迁说：“子贡结驷连骑，束帛之币以聘享诸侯，所至，国君无不分庭与之抗礼。夫使孔子名布扬于天下者，子贡先后之也。此所谓得势而益彰者乎？”[②]清人崔述也说：“按《论语·子张》篇，子贡之推崇孔子至矣，则孔子之道所以昌明于世者，大率由于子贡，其功不可没也。”[③]子贡以实际行动，对尊师传统做出了非常完满的诠释。这在当代乃至将来，都依然是值得提倡的。

五是重友。管仲与鲍叔牙是先秦时代重友的典型之一，这在中国文化中可谓家喻户晓。鲍叔牙对管仲知己兼兄弟式的感情，在管仲自己的表白中体现得最为完整：

管仲曰：“吾始困时，尝与鲍叔贾，分财利多自与，鲍叔不以我为贪，知我贫也。吾尝为鲍叔谋事而更穷困，鲍叔不以我为愚，知时有利不利也。吾尝三仕三见逐于君，鲍叔不以我为不肖，知我不遭时也。吾尝三战三走，鲍叔不以我怯，知我有老母也。公子纠败，召忽死之，吾幽囚受辱，鲍叔不以我为无耻，知我不羞小节而耻功名不显于天下也。生我者父母，知我者鲍子也。”（《史记·管晏列传》）

东汉荀巨伯的故事也极为感人：

荀巨伯远看友人疾，值胡贼攻郡，友人语巨伯曰：“吾今死矣，子可去！”巨伯曰：“远来相视，子令吾去，败义以求生，岂荀巨伯所行邪！”贼既至，谓巨伯曰：“大军至，一郡尽空，汝何男子，而敢独止？”巨伯曰：“友人有疾，不忍委之，宁以吾身代友人命。”贼相谓曰：“吾辈无义之人，而入有义之国。”遂班军而还，一郡

---

① 《诗经·大雅·大明》：“维师尚父，时维鹰扬。”《毛传》：“尚父，可尚可父。”郑玄笺：“尚父，吕望也，尊称焉。”《荀子·仲尼》：“（齐桓公）倓然见管仲之能足以托国也……遂立以为仲父。”杨倞注：“仲者，夷吾之字；父者，事之如父。”

② 《史记·货殖列传》，中华书局1959年版，第3258页。

③ 崔述《洙泗考信余录》卷一，王云五主编《丛书集成初编》，商务印书馆1937年版，第23页。

并获全。(《世说新语·德行》)

荀巨伯在死亡与友情及信义之间,毫无畏惧地选择了后者,其行为甚至都感化了“胡贼”。这种“真堪托死生”(杜甫《房兵曹胡马》)的友情固然难得,但管仲与鲍叔牙的友谊,也同样远远超越了“朋友有信”的伦理规范,达到了一种可遇不可求的境界。管仲能够“九合诸侯,一匡天下”,使齐国富国强兵,助齐桓公成就霸业,甚至在他去世之后,“齐国遵其政,常强于诸侯”(《史记·管晏列传》),可谓遗泽久远。这一切如果没有鲍叔牙过人的度量和识人的眼光,显然是不可能的。这两个重友的事例,代表的是一种独特的精神,其魅力从来没有因为时代的变迁而衰减。

在中国文化史上,爱国、敬业、惜缘、尊师、重友等上述五种传统,大多与孝亲有着深层的关联,或由此延伸、扩展而来。如果从舜帝时代算起,孝德的发展迄今至少已有约4000年的历史。这些与孝德密切相关的优秀传统,保守地估算,也都有了3000～4000年的历史。由于中华文明是世界上唯一一个未曾中断,并发展延续至今的古代文明。因此,我们面对这些优秀传统,至少可以得出如下的两点判断。

一是这些优秀传统是使中华文明得以长期延续的重要精神财富。上古三代文明经过以儒家为代表的诸子百家的整理、思考、辩论之后,在先秦以来两千多年的发展中,得到了广泛的传播,成为中华民族的主流价值体系。这一价值体系在历朝历代的政治、文化、教育等各个领域,都得到了较好的贯彻落实。不仅涌现了一大批身体力行的践行者,也在文化典籍、文学艺术、社会风俗等多方面,有了丰厚的积淀。不仅为我们留下众多的感人至深的事迹,也构成了中华文明能够长期发展并延续至今的重要精神保障。

二是这些优秀传统是世界上经过最长时间检验的文化资源。在中华民族漫长的历史发展过程中,这些优秀传统本身也与时俱进,处在不断地完善和变革之中。虽然,在不同的历史时期,曾不止一次地受到冲击,如魏晋、晚明时期,在儒家思想面临质疑的同时,这些优秀传统也遇到了挑战;又如近代以来的百余年中,从“五四”时期的“打倒孔家店”,到“文化大革命”的“破四旧”,再到改革开放以来的市场经济大潮,这些传统所面临的挑战更是前所未有,以致有些优秀传统被人为地割裂、扭曲,甚至批判、否定。但总的来看,其主体的、正面的地位,却从来没有发生过根本性的变化;其经受过最长历史考验的事实,谁也无法否认;其作为一种集体无意识,在全世界华人的心灵深处,至今仍有非常重要的位置。

在上述两大前提下，如果再结合当前的社会现实，我们可以更清楚地看到这些优秀传统在当代中国的价值和意义。

近几十年来，我国的经济有了突飞猛进的发展。其中，一个重要的标志是在 2010 年第二季度超越日本，成为仅次于美国的世界第二大经济体。与此相应，自 2011 年党的十一届六中全会召开以来，文化大发展大繁荣，建设文化强国，实现中华民族伟大复兴等，已经作为国家重大战略问题被郑重提出，这与我国经济的发展是一致的，在近百年来的中国历史上还是第一次。

但是，当前出现的一系列社会问题，诸如道德滑坡、信仰缺失、以权谋私、贪污腐化、诚信危机、环境污染、食品安全等，却无形中对民族复兴产生了消极的影响。从文化发展的角度来看，这些问题与优秀传统文化在近代以来被粗暴地批判、否定而造成的断裂，无论如何都不能说没有关系。要解决这些问题，加强管理，健全法制固然是非常重要的，但重建共同的理想信念、道德规范和文化秩序，大力提高民族凝聚力和民族综合文化优势，无疑也是非常紧迫的。而孝亲、爱国、敬业、惜缘、尊师、重友等优秀传统，在其中所能发挥的作用，不仅是极其重要的，也是无可替代的。

廉吏伦理品格的儒学根基*

在漫长的中华文明史上，廉吏用他们的为官实践，展现了儒家人格理想的光辉，不仅驱散了那个时代的黑暗，也照亮了中华民族通往未来的道路。

在漫长的中国古代社会，儒家伦理文化源远流长，对中国社会产生了深刻的影响。如果说修身是儒家伦理的基础和核心，那么中国古代的廉吏堪称是修身的楷模。建立在孔子仁学基础之上的儒家仁政理想，也同样是通过历代廉吏以"重民""爱民""富民"为核心的施政方略，才落实到了现实生活中。作为在这一优秀文化传统滋养下产生的一个特殊群体，廉吏"清廉自律，公而忘私""爱民如子，造福一方"和"为民执法，不畏强权"的三大伦理品格①，正是儒家伦理色彩极浓的修身理论和仁政理想的具体体现，也是修身的内在涵养在为官实践中的"英华外发"。对此，似并未引起学术界足够的关注。本文拟就廉吏的三大伦理品格与儒家文化之关系做一点粗浅的探讨，不当之处，敬请方家指正。

一、儒家修身理论与廉吏"自律"的品格

众所周知，修身是儒家思想的基础和核心，从孔子开始，即把修身作为最基本，也是最重要的前提和基础。《论语·宪问》中说："子路问君子。子曰：'修己以敬。'曰：'如斯而已乎？'曰：'修己以安人。'曰：'如斯而已乎？'曰：'修己以安百姓。修己以安百姓，尧、舜其犹病诸。'"显示出对修身的高度重视。这种思想在孟子、荀子那里得到了进一步的发展，《孟子·离娄上》中说："人有恒言，皆曰'天下国家'。天下之本在国，国之本在家，家之本在身。""君子之守，修其身而天下平。"荀子也非常注重个人的道德修养，他认为个人道德修养的好坏，直接影响着国家的治乱兴衰，因此，他要求为政者必须从自身做起，严于律己，才能引导民众向善。《荀子·君道》中说："请问为国？曰：闻修身，未尝闻为国也。君者仪也，民者景也，仪正而景正。"荀子不仅把修身作为治国的起点，也把修身

---

* 本文原刊于《东方论坛》2015年第6期。

① 有关廉吏的伦理品格，请参考本书《中国古代廉吏与儒家伦理》一文。

看作是治国的根本。

在后来的《礼记·大学》里，儒家修身理论进一步系统化："古之欲明明德于天下者，先治其国。欲治其国者，先齐其家，欲齐其家者，先修其身。欲修其身者，先正其心。欲正其心者，先诚其意。欲诚其意者，先致其知。致知在格物。物格而后知至，知至而后意诚，意诚而后心正，心正而后身修，身修而后家齐，家齐而后国治，国治而后天下平。自天子以至于庶人，一是皆以修身为本。"这一段话所讲述的内容，被简称为"修齐治平"。这几乎可以看成是中国古代士人人生道路的总纲，其最高的标准则是"内圣外王"，但"内圣"原本就包含着道德的修炼、意志的磨砺及远大抱负的养成等内在的修身功夫；而"外王"，即使国家大治、天下太平，也同样离不开修身。退一步讲，即使没有成圣成贤的大志，最起码的君子之道，也要"穷则独善其身，达则兼善天下"（《孟子·尽心上》）。

儒家的这一人生道路和出处原则，为后来的封建士人所普遍接受。其中"修身"的道德伦理信条，自然也深刻影响了历代士人，并成为他们安身立命的准则。中国古代廉吏正是在这样的道德伦理准则熏染下产生的一类特殊人物。他们是儒家伦理忠实的践行者，也是修身的楷模。中国历代的廉吏，大都具备"清廉自律，公而忘私"的品格。如《后汉书·杨震传》讲到为杨震举荐任昌邑令的王密，深夜拜访即将任东莱太守的杨震，并赠送黄金十斤时，二人有一段非常精彩的对话："（杨）震曰：'故人知君，君不知故人，何也？'密曰：'暮夜无知者。'震曰：'天知，神知，我知，子知。何谓无知！'密愧而出。"[①]这反映出杨震的清廉是发自内心的，而绝不是做给别人看的。《后汉书·杨震传》中又说杨震"后转涿郡太守。性公廉，不受私谒。子孙常蔬食步行，故旧长者或欲令为开产业，震不肯，曰：'使后世称为清白吏子孙，以此遗之，不亦厚乎！'"[②]

晋代的吴隐之被任命为广州刺史，上任时路经著名石门贪泉，当时人们相传，喝了贪泉的水，人会滋长无法满足的贪欲。吴隐之有意喝了贪泉水，并写下了《酌贪泉赋诗》："古人云此水，一歃怀千金。试使夷齐饮，终当不易心。"[③]《晋书·吴隐之传》说他上任后："清操逾厉，常食不过菜及干鱼而已，帷帐器服皆付外库，时人颇谓其矫，然亦终始不易。"[④]尽管别人说他矫情作秀，他也始终不易初衷。他后来回到朝廷任职，但节俭生活习惯却一直没有变。《晋书》本传是这

① 《后汉书·杨震传》，中华书局 1965 年版，第 1760 页。
② 《后汉书·杨震传》，中华书局 1965 年版，第 1760 页。
③ [唐]房玄龄《晋书》，中华书局 1974 年版，第 2342 页。
④ [唐]房玄龄《晋书》，中华书局 1974 年版，第 2342 页。

样记载他职位升迁后的生活的："数亩小宅，篱垣仄陋，内外茅屋六间，不容妻子……家人绩纺以供朝夕。时有困绝，或并日而食，身恒布衣不完，妻子不沾寸禄。"①

还有宋代的包拯，在文学艺术作品中我们更多地看到的是他铁面无私、善于审理各种案件的法官形象，其实，包拯也同样是一位修身的典范。《宋史·包拯传》说他"徙知端州，迁殿中丞。端土产砚，前守缘贡，率取数十倍以遗权贵。拯命制者才足贡数，岁满不持一砚归。"又说："虽贵，衣服、器用、饮食如布衣时。尝曰：'后世子孙仕宦，有犯赃者，不得放归本家，死不得葬大茔中。不从吾志，非吾子若孙也。'"②

像这样能真正做到"廉洁自律，公而忘私"的官员，虽然在古代官员中所占的比例不是特别大，但是这样的廉吏却也是每朝每代都有。可以说，"廉洁自律，公而忘私"的品格，不仅是廉吏经修身而养成的个人道德情操，也是他们修身的内在涵养在为官实践中的"英华外发"。在漫长的中华文明史上，正是廉吏用他们的为官实践，对儒家传统的理想人格做出了完美的展示。

二、儒家仁政理想与廉吏"爱民"的实践

"仁"是孔子学说的核心。《论语·颜渊》有："樊迟问仁，子曰：爱人。"以对自己同类的关爱解释"仁"。孔子还说过："孝悌也者，其为仁之本欤?"(《论语·学而》)"夫仁者，己欲立而立人，己欲达而达人。"(《论语·雍也》)"己所不欲，勿施于人。"(《论语·颜渊》)把孝父母、敬兄长，"推己及人"，将"爱己"之心扩展为"爱人"，及自己不喜欢的，不强加于别人等，作为衡量"仁"的重要标准。孔子也把"仁"与政治联系起来，提出："为政以德"，并认为其最高境界是"修己以安百姓，尧舜其犹病诸?"(《论语·宪问》)杨伯峻先生解释为："修养自己来使所有老百姓安乐，尧舜大概也没有完全做到哩!"③但是，孔子对"仁"的论述，更多强调的是个人道德修养和为人处世。

孟子进一步发挥"为政以德"的思想，明确提出了"仁政"的政治理想。其核心，一是重民，所谓"民为贵，社稷次之，君为轻"(《孟子·尽心下》)。二是爱民。用孟子的话说就是："老吾老，以及人之老；幼吾幼，以及人之幼。天下可运于

---

① [唐]房玄龄《晋书》，中华书局1974年版，第2342页。

② [元]脱脱等《宋史》，中华书局1977年版，第10315、10318页。

③ 杨伯峻《论语译注》，中华书局1980年版，第159页。

掌。"(《孟子·梁惠王上》)三是富民。"是故明君,制民之产,必使仰足以事父母,俯足以畜妻子,乐岁终身饱,凶年免于死亡,然后驱而之善。"(《孟子·梁惠王上》)"五亩之宅,树之以桑,五十者可以衣帛矣。鸡豚狗彘之畜,无失其时,七十者可以食肉矣。百亩之田,勿夺其时,八口之家可以无饥矣。"(《孟子·梁惠王上》)

孟子的"仁政"理想,是对孔子仁学的发展,并对中国古代政治产生了巨大而深远的影响。而历代廉吏则通过具体的施政方略,不仅将"仁政"理想落实到了现实生活中,也对儒家仁政理想做了进一步的完善充实。就历史实际来看,廉吏对"仁政"理想的贯彻,也往往是以"重民""爱民""富民"为核心的。

集中反映廉吏"爱民如子,造福一方"之特点的,莫过于"父母官"这一特殊称谓。汉代的召信臣,做过穀阳、上蔡县令,"视民如子"。后任南阳太守,"好为民兴利,务在富之。躬劝耕农,出入阡陌,止舍离乡亭,稀有安居时。"因此,"百姓归之,户口增倍,盗贼狱讼衰止","吏民亲爱信臣,号之曰召父"[①]。另有一位东汉的廉吏杜诗,也担任过南阳太守。"省爱民役。造作水排,铸为农器,用力少,见功多,百姓便之。又修治陂池,广拓土田,郡内比室殷足。时人方于召信臣,故南阳为之语曰:'前有召父,后有杜母。'"[②]

无独有偶,隋代房彦谦为"长葛令,甚有惠化,百姓号为慈父"[③]。同时的辛公义在任岷州刺史时,"土俗畏病,若一人有疾,即合家避之,父子夫妻不相看养,孝义道绝,由是病者多死"。为了打破民间陋习,他置个人安危于不顾,把被家人抛弃的患者接到刺史衙门治疗。"暑月疫时,病人或至数百,厅廊悉满。公义亲设一榻,独坐其间,终日连夕,对之理事。所得秩俸,尽用市药,为迎医疗之,躬劝其饮食,于是悉差"。"后人有遇病者,争就使君,其家无亲属,因留养之。始相慈爱,此风遂革,合境之内呼为慈母。"[④]在辛公义做出这个决定的背后,是他"爱民如子"的一颗拳拳之心。《孟子·公孙丑上》说:"人皆有不忍人之心。先王有不忍人之心,斯有不忍人之政矣。以不忍人之心,行不忍人之政,治天下可运之掌上。"当辛公义亲自为年老的婆婆端汤喂药,为年幼的少年研制草药时,百姓眼中的他已不仅是高堂之上的官员,更是自己的亲人。在这种情况下,他说的话,百姓愿意听,他制定的规则,百姓愿意服从,这或许就是"治天下

① 《汉书·循吏传》,中华书局1962年版,第3641～3642页。

② 《后汉书》,中华书局1965年版,第1094页。

③ [唐]魏征《隋书》,中华书局1974年版,第1562页。

④ [唐]魏征《隋书》,中华书局1974年版,第1682页。

可运之掌上"吧!

召信臣、杜诗、房彦谦、辛公义等人的为官实践,非常典型地体现了"爱民如子,造福一方"的特点,他们被尊为"召父""杜母""慈父""慈母",反映了百姓对他们政绩的高度认可。"父母官"也成为此后中国人对廉吏更为亲切的代称。

需要指出的是,爱民如子的杜诗,死后竟"贫困无田宅,丧无所归"[①]。房彦谦也是"家无余财,车服器用,务存素俭。自少及长,一言一行,未尝涉私,虽致屡空,怡然自得。尝从容独笑,顾谓其子玄龄曰:'人皆因禄富,我独以官贫。所遗子孙,在于清白耳。'"[②]这也非常典型地体现了廉吏"公而忘私"的特点,尤其是他们在致力于富民的同时,恰恰忘记了自己还在贫困之中,更是令我们感慨万千。

三、儒家仁政理想与廉吏"为民"的信念

最能体现廉吏"为民做主,不畏强权"的,或许是"当官不为民做主,不如回家卖红薯"这一俗语。中国传统社会是人治政治,虽然法家有一整套的律法,历朝历代基本上也是儒法并用。《管子·任法》中说:"圣君则不然,卿相不得剪其私,群臣不得辟其所亲爱,圣君亦明其法而固守之,群臣修通辐凑以事其主,百姓辑睦听令道法以从其事。故曰:有生法,有守法,有法于法。夫生法者,君也;守法者,臣也;法于法者,民也。君臣上下贵贱皆从法,此谓为大治。"然而,对照历代的社会现实,我们不难发现,这一段话所描述的"大治"蓝图,其实是带有很大的理想化色彩的。在实际生活中,"刑不上大夫,礼不下庶人""官官相护""只许州官放火,不许百姓点灯",也许才是更真实的写照。其根源则在于权力大于法律,法律常常被权力扭曲,尤其是至高无上的皇权,更是可以随时凌驾于法律之上。因此,在中国传统社会,官员能真正做到"为民做主,不畏强权",其难度是可想而知的,但在历史上还是有一批廉吏做到了这一点。西汉的张释之在处置"乘舆马惊"的百姓和"盗高庙座前玉环"[③]的小偷时,敢于反对汉文帝提出的杀头、灭族的意见,坚持依法办事,最后皇帝也不得不按照他的意见处理。东汉的洛阳令董宣,敢于当着光武帝刘秀的姐姐湖阳公主的面,将她的杀人犯恶奴当场处决。当光武帝让手下逼他给公主谢罪时,"宣不从,强使顿之,宣两手据

① [唐]魏征《隋书》,中华书局1974年版,第1097页。
② [唐]魏征《隋书》,中华书局1974年版,第1566页。
③ 《汉书》,中华书局1962年版,第2310～2311页。

地，终不肯俯”[①]。由此，得到了“强项令”的美称。像这样“为民做主，不畏强权”的廉吏，在中国历史上有一大批：

（包）拯立朝刚毅，贵戚宦官为之敛手，闻者皆惮之。[②]

成祖即位，（周新）改监察御史。敢言，多所弹劾。贵戚震惧，目为“冷面寒铁”。[③]

（海瑞）素疾大户兼并，力摧豪强，抚穷弱。贫民田入于富室者，率夺还之。徐阶罢相里居，按问其家无少贷。下令飚发凌厉，所司惴惴奉行，豪有力者至窜他郡以避。[④]

布政使刘浑成弟灿成助妾杀妻，（陈幼学）治如律。行太仆卿陈耀文家人犯法，立捕治之。[⑤]

其实，这些在司法领域为民做主的廉吏，也往往有“富民”的辉煌业绩。如陈幼学做确山县令时，“政务惠民，积粟万二千石以备荒，垦莱田八百余顷，给贫民牛五百余头，核黄河退地百三十余顷以赋民。里妇不能纺者，授纺车八百余辆。置屋千二百余间，分处贫民。建公廨八十间，以居六曹吏，俾食宿其中。节公费六百余两，代正赋之无征者。栽桑榆诸树三万八千余株，开河渠百九十八道”。后任湖州知府，“霪雨连月，禾尽死。幼学大举荒政，活饥民三十四万有奇”。[⑥] 堪称“爱民如子，造福一方”的典型。

还应注意的是，廉吏也是人，也有自己的亲人、友朋，他们也常常遇到“私情”与“公法”的冲突。难得的是，面对这种两难选择时，他们一无例外地倾向后者。身为吏部尚书的王翱，掌握着朝廷所有官员的升降任免大权，他的女婿贾杰想调回京师，转托丈母娘说情，结果“翱怒，推案，击夫人伤面。杰卒不得调”[⑦]。因此，为民做主，不仅仅要面对强权，还得过亲情关。没有至高的修身功

---

① 《后汉书》，中华书局1965年版，第2490页。

② [元]脱脱等《宋史》，中华书局1977年版，第10317页。

③ [明]张廷玉《明史》，中华书局1974年版，第4373页。

④ [明]张廷玉《明史》，中华书局1974年版，第5931页。

⑤ [明]张廷玉《明史》，中华书局1974年版，第7217页。

⑥ [明]张廷玉《明史》，中华书局1974年版，第7217、7218页。

⑦ [明]张廷玉《明史》，中华书局1974年版，第4702页。

夫，显然也是做不到的。

廉吏的仕途大多不顺，几乎都有被诬陷、被贬谪的经历。朱云受到排挤，晚年不再做官；杨震被逼自杀；六十三岁的徐九思在为国事尽心尽力二十多年后被罢官；刘宗周身逢末世，多次被罢，最后绝食而死；郑板桥晚年不得不辞官还乡。更有甚者，狄仁杰被诬陷入狱，险些丧命；周新则被冤杀。

行文至此，我们不能不思考这样的问题：一个真正的廉吏，需要经受许多的考验：和家人过着清苦的生活，可能还会被人指为矫情；有时不得不面对亲人的指责乃至大义灭亲的痛苦抉择；在爱民与强权的干涉之间，留给自己的也许是降职、贬谪、打击报复，甚至是死亡的威胁……到底是什么样的信念支撑着他们，使他们能将“清廉自律，公而忘私”“爱民如子，造福一方”和“为民执法，不畏强权”这三大品格，内化为自我德行的有机组成部分，并将这样的内在品德坚定不移地转化为实际的爱民、富民行为？

史称吴隐之“晋代良能，此焉为最”[①]，包拯是“真御史中丞”[②]，于成龙为“清官第一”[③]……也许百姓的普遍认可和身后的声名，是廉吏们能够坚持的动力之一。但是从文化的角度，我们看到的却是儒家人格理想的光辉，犹如在人性幽暗的旷野，燃起的一盏明灯，不仅驱散了那个时代的黑暗，也照亮了通往未来的道路。从这个意义上来说，廉吏让我们看到的是希望，是在这个贪腐再度盛行的时代，中华民族复兴的希望。

---

① ［唐］房玄龄《晋书》，中华书局1974年版，第2343页。

② 宋仁宗嘉祐年间（1056—1063），富弼任宰相，欧阳修在翰林院，包拯任御史中丞，胡瑗在太学。当时人谓他们是真宰相、真翰林学士、真御史中丞、真太学先生，号为“四真”。合肥市包孝肃公祠正殿之左“东廊屋”（又称“东轩”或“东回澜轩”）有清人王尚辰所撰楹联曰：“直道古犹行，嘉祐四真，姓氏独有天下望；公墩今已改，香花一曲，溯游宛在水中央。”

③ ［民国］赵尔巽《清史稿》，中华书局1977年版，第10086页。

中国古代廉吏与儒家伦理*

在中国古代社会，儒家伦理有着非常深刻的影响。汉代以来的历朝历代，以儒家伦理作为自己的行为准则和立身规范，不仅将之内化为个人操守品格，而且将之贯彻于为官做人的实践活动者，可谓代不乏人。廉吏即是其中非常典型的一个特殊群体，他们既是儒家伦理身体力行的实践者，也是儒家文化的传播者和弘扬者。在以儒家政治理想治理国家或管理地方事务的同时，还自觉地担负起儒学教化和儒学传播的重任。其以儒学文化传人自任的品格，使得廉吏在中国古代别具风采。反之，儒学则因廉吏的存在而获得了渗透到百姓心灵深处的机会。二者相得益彰，共同促成了伦理性极为突出的中国古代社会文化特征。学术界对此已经做过不少研究，但在概念的使用方面，或用“循吏”，或用“清官”，或用“廉吏”，诸家各不相同，对于廉吏伦理品格的关注也不够。[①] 本文拟以“廉吏”作为古代优秀官员的统称，就廉吏概念、正史中所见之廉吏、廉吏的儒学伦理品格及儒家伦理与廉吏的文化功能等问题，做一初步的探讨。

一、“廉吏”的概念辨析

在中国古代，“廉吏”在正史列传中有着多种不同的称谓，如“循吏”“良吏”“能吏”“清官”。这些名称，除“清官”外，大都在汉代均已出现，其侧重点或有不同，如《史记》卷一百一十九《循吏传》这样说明“循吏”的特点：“奉职循理，亦可以为治，何必威严哉?”重视的是官吏“奉职循理”，这是司马迁从黄老思想出发，针对汉代酷吏而提出的吏治理想。班固在《汉书》卷八十九《循吏传》中也说：“至于文、景，遂移风易俗。是时，循吏如河南守吴公、蜀守文翁之属，皆谨身帅先，居以廉平，不至于严，而民从化……所居民富，所取见思”，已在司马迁所说“循吏”的基础上特别提出了“谨身”“廉平”的品德和富民的特点。当时对“能

---

* 本文原刊于《东南大学学报》(哲学社会科学版)2013 年第 5 期。

① 代表性的论著如余英时《士与中国文化》中的“四、汉代循吏与文化传播”，上海人民出版社 1987 年版，第 129～216 页；魏琼《中国传统清官文化研究》，法律出版社 2009 年版；徐忠明《情感、循吏与明清时期司法实践》，上海三联书店 2009 年版；彭勃《中华廉吏传》，中国方正出版社 2006 年版等。

吏”的评价不是太高,《汉书》卷二十三《刑法志》说:“故俗之能吏,公以杀盗为威,专杀者胜任,奉法者不治,乱名伤制,不可胜条。是以罔密而奸不塞,刑蕃而民愈嫚。”其中所说的“能吏”与汉代所谓的酷吏相似。因此正史中只有《辽史》有《能吏列传》。其他史书使用较多的是良吏,其次是循吏和廉吏。[①] 在正史中,列传名称没有使用“廉吏”和“清官”的。但我们认为,“廉吏”才是最能反映中国历史上吏治理想的名称。这主要有如下的两个理由。

其一,“廉”作为考核官吏的重要标准,最早出现于西周时代,此后在整个封建社会几乎贯彻始终。《周礼·天官冢宰》中在谈到“小宰之职”时说:

小宰之职,掌建邦之宫刑,以治王宫之政令。……以听官府之六计弊群吏之治:一曰廉善,二曰廉能,三曰廉敬,四曰廉正,五曰廉法,六曰廉辨。

这里的“听”,是“治理”的意思,“弊”即“裁断,判定”。也就是说,小宰作为西周天官的属官,其职责之一是以治理官府的“六计”,裁定官吏的政绩,也就是以“廉善、廉能、廉敬、廉正、廉法、廉辨”这六项标准来考察群吏的政绩,判定他们的高下优劣。这六项标准后世又称“六廉”。古今多数学者据此认为,中国古代廉德可追溯自西周时代。如宋代大文豪苏轼在《六事廉为本赋》中就说:“事有六者,本归一焉。各以廉而为首,盖尚德以求全……善者善立事,能者能制宜。或靖恭而不懈,或正直而不随。法则不失,辨别不疑。第其课兮,事区别矣;举其要兮,廉一贯之。”又说:“此盖周公差次之,小宰分掌者。考课则以是黜陟,大比则用为取舍……始于善而迄于辨,皆以廉而为初。念厥德之至贵,故他功之莫如。”[②]明确认定,这种官吏考课制度始于周公。苏轼的这一看法,也得到了多数现代学者的认可。[③] 虽然也有个别学者从《周礼》成书于战国时代及包括“廉”在内的具体伦理德目是春秋战国时期才出现的两个方面,对廉德起于西周初年持有疑义,[④]但是一种伦理观念的定型,及其在文献中被明确表述出来,必然会

---

① 在包括《新元史》和《清史稿》在内的“二十六史”中,这些词语出现的次数依次为:良吏 157 次,循吏 102 次,廉吏 93 次,能吏 82 次,清官 68 次。

② 苏轼《苏轼文集》,孔凡礼点校,中华书局 1986 年版,第 28 页。又如明代的王文禄在《廉矩·试廉精别章》中说:“《周官》小宰六计,弊群吏之治,而贯以一廉。廉也者,吏之本也,故曰廉善、廉政、廉能、廉敬、廉辨、廉法。甚矣,成周重廉也!”(商务印书馆 1937 年版,第 10～11 页)

③ 如皮剑龙、姬秦兰说:“早在西周时期,著名政治家周公旦便大声疾呼,要以廉政、廉法‘弊群巨之治’。可以说,‘以廉为本‘的廉政思想在中国已经发展了 3000 多年。”(皮剑龙、姬秦兰《中国古代的廉政和清官》,中共中央党校出版社 1991 年版,第 1 页)

④ 杨昶《“廉”德探源及古代廉吏标准》,《华中师范大学学报》(哲学社会科学版)1996 年第 4 期。

经历长期的社会政治实践，这个过程也许是非常漫长的。因此仅从文献出发去考定廉德的产生年代，其实是不可取的。①

德治是儒家政治的核心，也是中国古代政治的最高理想。而其源头其实也可追溯到西周初年，正如中国古代政治在很多方面受到西周政治文明的影响一样，《周礼》中的"六廉"在中国封建时代也一直被继承了下来。对廉德产生于西周持有疑义的杨昶先生也认为：

> 封建帝王为了使国家机器最大限度地发挥其统治功能，往往用"六廉"规范从中央到地方的各级官员，他们当中既有权倾朝野的重臣，也包括位卑职微的州县属僚佐吏。历朝在推行实施"六廉"标准的过程中，其内容或有增损，其形式或有更易，其名称亦有所变化，或称"循吏""良吏""能吏"，明清两朝则以"清官"为主要称谓；但是《周礼》所规范的"廉吏"的原始含义和原则精神，基本上是没有改变而贯穿始终的。②

因此，用"廉吏"来指称包括循吏、良吏等在内的各类官员，具有悠久而深厚的历史基础。

其二，"廉吏"不仅符合周代"六廉"的标准，也最能体现一位优秀官员必备的内在品格。如果说"循吏"之"奉职循理"过于狭窄，甚至有开拓创新不足之嫌，"良吏"又失于宽泛，"能吏"似乎只重才不重德，那么"廉吏"也许更能切中这一类官员的本质特点。晚出的"清官"之所以能在明清以来流行开来，恐怕也与它同"廉吏"基本相近有关。鉴于这两点，我们更倾向于将中国古代各类优秀官员统称为"廉吏"。③

二、正史中所见之廉吏

中国古代到底有多少廉吏呢？要回答这个问题，我们今天只能从正史来进行数据统计。但这个统计很难做到准确，因为史家所认定的廉吏只是古代廉吏的一部分。即使是在正史中，也有相当一部分廉吏并没有出现在相关的《循吏传》或《良吏传》里。一般来说，官位较高，影响较大的官员，在正史中大都有独立的传记，或者与其他同类官员的合传。进入循吏或良吏传的大都是职位不高

---

① 关于这个问题，已有学者做过认真的辨析，读者可参考唐贤秋《中国古代廉政思想源流辨——兼与杨昶先生商榷》，《陕西师范大学》（哲学社会科学版）2006 年第 6 期。

② 杨昶《"廉"德探源及古代廉吏标准》，《华中师范大学学报》（哲学社会科学版）1996 年第 4 期。

③ 故本文中除相关的原文引用外，凡涉及古代各类称谓不同的优秀官员时，统一使用"廉吏"一词。

的官员。不过，正史中的这类传记，也是能够说明问题的。如以包括《清史稿》和《新元史》在内的“二十六史”来看，其中有《史记》《汉书》《后汉书》《北齐书》《南史》《北史》《隋书》《新唐书》《宋史》《金史》《明史》《清史稿》《新元史》等13部史书都有《循吏列传》；《晋书》《魏书》《宋书》《梁书》《旧唐书》《元史》等6部史书都有《良吏列传》；另有《南齐书》有《良政列传》，《辽史》有《能吏列传》。实际上，以上21部正史的这些列传，虽然名称不同，但并无本质的差别。如果去掉诸史中重复的人物，21部正史中的廉吏约407人。①

这当然不是廉吏的全部，因为即使在不为廉吏专门立传的《三国志》《陈书》《周书》《旧五代史》《新五代史》等5部史书中，也还是在不同的地方不止一次地提到廉吏。如《三国志》卷二十八《毌丘俭传》引裴注就提到，雍州刺史张既给朝廷的上表中称毌丘俭的父亲毌丘兴“每所历，尽竭心力，诚国之良吏”。《陈书》卷二十四《周弘直传》也说周弘直“为政平允，称为良吏”。但类似这样的人物传记，往往对传主廉洁奉公、为民做主等方面的事迹只是点到为止，而不作详细记载。另外，还有一部分廉吏，在当时官位较高，影响较大，在正史中有自己专门的传记，如《宋史》中苏轼有专门的传记；或者与其他人有合传，如新旧《唐书》中白居易与元稹有合传。像苏轼、白居易这样，在当时官位较高，虽是廉吏但不入专门的廉吏传中的人物其实还有很多。因此，古代堪称廉吏的官员，实际上远不止407位。

从古代官员的总数来看，不仅407位廉吏显得微不足道，即使把那些正史中不入《廉吏传》，甚至不见于正史的廉吏加上，廉吏在古代所有官员中大约也是九牛一毛。据徐忠明先生统计：“明代地方官共有3万人，而《明史》所载‘清官’只有250人，明代275年，平均每年不到一人。所以，‘清官’作为理想中的官吏，对于制度化的廉政建设并无多少补益，根本无法说明政治现实。”②徐先生统计的只是明朝一代的情况，但在其他朝代，廉吏其实也不可能有很多。从制度化的廉政建设来说，廉吏也许确如徐先生所说，“对于制度化的廉政建设并无

① 据程遂营先生《“二十四史”〈循吏〉〈酷吏〉列传与中国古代监察官的选任》一文统计：“‘二十四史’中有《史记》《汉书》《后汉书》等19史为循吏创制列传，除去诸史中相互重复的人物，共涉及循吏240人左右”（《北方论丛》2001年第1期）；而《清史稿·循吏传》有116人；《新元史·循吏列传》有59人，其中13人与《元史》重复。此外，《元史·良吏传》中有5人在《新元史》中被转入其他列传，分别是谭澄（《新元史》作覃澄）、许楫、卜天璋，段直、王艮。故新旧《元史》去其重复，实为51人。三项合计共407人。

② 徐忠明《试论中国古代廉政法制及其成败原因》，《学术研究》1999年第1期。

多少补益”，但是，我们同时也应该看到，在中国古代历史上，与其他官员相比，正是为数不多的廉吏给人们留下了深刻的印象。

三、廉吏的儒学伦理品格

“廉吏”是儒家道德文明传统身体力行的实践者，与中国德治政治和伦理文化具有高度一致性。因此，廉吏的品格也具有典型的儒家文化和伦理学特征。对此，张纯明曾有研究自汉代至清代循吏的专书，据他的分析，正史中的循吏有三个主要特征：“一、改善人民的经济生活；二、教育；三、理讼。”[①]余英时先生指出：“（张纯阳）所归纳出来的三大特征正是孔子所重视的‘富之’、‘教之’和‘无讼’。这可以旁证我们关于循吏有意识地推行儒教的推断。”[②]不过在概念的使用上，国内学术界的学者们似乎更喜欢使用“清官”的名称，或把清官、廉吏合在一起使用。如王岸茂认为：“清官廉吏之所以具有爱民重农思想和为民兴利的务实作风，是由于他们自小受到良好的教育，培养了从严自律、洁己爱民的思想品质。”[③]阎廷琛等人认为，中国古代清官的特点，可以归纳为爱国、忠君、廉洁、俭朴、勤奋、性格刚直、执法严厉、敢于为民请命等八个方面。[④] 朋星也说：“清官一般都具有这样的特点：政治上忠君，经济上廉洁，生活上俭朴，工作上勤奋，性格刚直，执法严厉，敢于为民请命。”[⑤]而魏琼则把清官的特点归纳为十个方面：①执政廉洁；②清贫节俭；③正气爱国；④勤奋敬业、公而忘私、鞠躬尽瘁、死而后已；⑤秉公执法、明察案件、平反冤案、伸张正义；⑥不畏权贵；⑦惩恶扬善；⑧爱民为民；⑨犯颜直谏；⑩民众拥护。这大约是各种说法中最为全面的。[⑥]

实际上，学者们的这些归纳总结，有不少是重复的。其实，既然多数人都承认后来历朝历代对官吏的考评，大致不出《周礼》“六廉”的范围，从“六廉”入手来总结清官廉吏的特点就是完全可行。杨昶先生指出：“由于政治、经济的发展不平衡，在相应的各个历史阶段，会出现一些各具有不同色彩的清官廉吏。他们根据形势的需要，往往侧重于‘六廉’的一条或某几条，或表现出宽和为政，勤谨奉公；或兴利除弊，爱民惠众；或惩治贪腐，倡廉导化；或执法严明，刚直不阿；

---

① 转引自余英时《士与中国文化》，上海人民出版社 1987 年版，第 183 页。

② 余英时《士与中国文化》，上海人民出版社 1987 年版，第 184 页。

③ 王岸茂《论古代清官的重民思想和务实作风》，《史学月刊》1997 年第 1 期。

④ 阎廷琛、杜九西、张辉《中国历代清官廉吏》（先秦两汉卷），中国文史出版社 2001 年版，前言。

⑤ 朋星《大结局：中国清官的归宿・绪论》，齐鲁书社 1999 年版，第 1 页。

⑥ 魏琼《清官论考》，《中国法学》2008 年第 6 期。

或励修志节，清廉不苟；或干练明达，恪尽职守。归纳起来，可划入品廉、政廉、法廉三个范畴，就是在道德修养、政绩表现和法纪素质三方面的清廉。”[①]我们认为，这一说法比上述那些总结更具有概括性。因此，“清廉自律，公而忘私”“爱民如子，造福一方”和“为民执法，不畏强权”可以看作是廉吏最主要的三大品格。当然，具体到历史上某一位廉吏，其个人廉明的品格或在某一个方面特别突出，或同时兼备几个方面的特点，但“清廉自律，公而忘私”的伦理德行却是每一位廉吏最基本的品格。如果说“清廉自律，公而忘私”是廉吏最核心、最本质的内在素质，也是其最具儒家情怀和伦理色彩的特点，那么，在政治实践中，也只有具备了这种道德上的凛然正气和伦理上的深厚底蕴，他才有可能去完成“爱民如子，造福一方”和“为民执法，不畏强权”的伟业。正如林存光先生所说：“就为官之道来讲，仅仅具有仁爱之心也许是远远不够的，或者说仁爱之心并不是万能的，但如果治政理民者完全缺乏仁爱之心的话，那么一切有利于民生且见诸实效的政治措施都将是不可能付诸实行的。”[②]

四、儒家伦理与廉吏的文化功能

就历史发展的实际而言，廉吏作为儒家伦理身体力行的实践者，其文化功能主要表现在如下几个方面。

一是将儒家伦理内化为个人品格，为我们展示了独特的人格魅力。历代的廉吏，在修身方面均有过人之处，大多具有完美的道德品格。如东汉的杨震不纳王密所送的黄金，自称“天知，神知，我知，子知。何谓无知！”[③]晋代的吴隐之清廉自守，被史家称为“晋代良能，此焉为最”，推为廉吏第一；[④]郑板桥甘冒被罢的风险，开仓济民，“活万余人”。[⑤] 这些廉吏的出现，与儒学文化理想的感召是密不可分的。孟祥才先生指出：“儒学以自己的政治理想和道德观念哺育了两汉为数甚少但足可做历代官吏楷模的循吏，循吏则以自己的行政实践和人格魅力展示了儒学精华的光辉。二者良性互动，相得益彰，共同绘制出两汉官场的

① 杨昶《“廉”德探源及古代廉吏标准》，《华中师范大学学报》（哲学社会科学版）1996 年第 4 期。

② 林存光《儒家的仁爱政治观与循吏文化》，《孔子研究》2008 年第 5 期。

③ 《后汉书・杨震传》，中华书局 1965 年版，第 1760 页。

④ ［唐］房玄龄《晋书》，中华书局 1974 年版，第 2343 页。

⑤ ［清］刘熙载等《重修兴化县志・人物志・仁迹》，曹惠民、李红权编注《郑板桥诗文书画全集・附录》，中国言实出版社 2006 年版，第 388 页。

一抹亮色。”[①]又说：“儒家坚持‘修身、齐家、治国、平天下’的人生理想，坚信‘身正令行’的为政之道。两汉循吏大都具有严格、强烈、自觉的自律意识，追求道德的自我完善，努力塑造道德完人的形象。他们忠于君王，忠于职守，忠于国家的各项政纪法规，公正执法，清正廉明，自奉简约，生活清苦。”[②]所论虽为两汉廉吏的特点，实际上也是历代廉吏的共性。

二是以独特的人格力量，共同确立了一种中国文化特有的价值观。余英时先生指出：“循吏本身所产生的直接社会影响也许是微弱的，他们所树立的价值标准则逐渐变成判断‘良吏’或‘恶吏’的根据。……‘酷吏’究竟是见不得人的”[③]林存光先生也说：“在中国历史上，循吏，有时又被称为‘良吏’，他们树立了一种品德和政绩均优良的官员的典范，一种用以评判官员的善恶、功过与是非的价值标准……循吏是在孔孟儒家的仁爱政治观及其治政为民的政治价值信念的基础上发展出来的一种官员类型，它承载着儒家政治文化或政治价值观念的丰富信息。”[④]这种独特的价值观的确立，当然不是靠一两个甚至一两代廉吏就能够完成，而是在儒学的影响下，经过历代廉吏共同实现的。其间既见证了儒学的文化力量，也可看出历代廉吏践行这一伦理价值观的执着和勇气。

三是影响了中国古代行政伦理的发展方向。一种美好的人类文化理想，总会吸引很多人为之努力奋斗。廉吏文化传统实际上构成了中国古代清明政治的一个标志，虽然多数朝代的多数时期，在政治上很难全面、持久地做到清正廉明，也很难改变廉吏曲高和寡的现实状况。但廉吏毕竟为古代行政提出了一个值得向往的目标和发展方向，杨建祥先生说：“中国历史中有一个循吏传统。循吏开辟出中国古代行政伦理的一个发展方向。在中国漫长的社会变迁和文化传承里，由于中国历史和政治的特定传统，循吏既肩负了一种特定的‘官’之职责，又扮演着一种独特的‘师’之角色，历代正史中记载的循吏作业和事迹基本上与原始儒家的教义相一致，循吏的教化努力确是出于实践儒家的政治道德理想，即建立礼治或德治的社会秩序。因而在地方行政活动中，循吏通过其‘吏’与‘师’的角色互动，积极推进了地方风化，它构成了中国古代行政伦理发展的

① 孟祥才《论两汉循吏的儒学情结》，郑州大学历史学院编《高敏先生八十华诞纪念文集》，线装书局2006年版。

② 孟祥才《论两汉循吏的儒学情结》，郑州大学历史学院编《高敏先生八十华诞纪念文集》，线装书局2006年版。

③ 余英时《士与中国文化》，上海人民出版社1987年版，第213页。

④ 林存光《儒家的仁爱政治观与循吏文化》，《孔子研究》2008年第5期。

一个特定向度。”[①]这样的行政伦理发展理想，即使在今天仍然是有其现实意义的。

《汉书》卷四《文帝纪》说：“廉吏，民之表也。”意思是说，廉吏是老百姓的表率。这从另一侧面反映出中国古代儒家思想对吏治的理想追求。从历史发展的实际来看，自上古三代以来，吏治也始终是历朝历代统治者非常关注的重大政治问题。而廉吏作为清明政治的具体实施者，不仅为统治者和史家所重视，也受到下层百姓的普遍爱戴。虽然也有不少廉吏不为最高统治者所欣赏，甚至相当一部分廉吏在官场上受到排挤，蹭蹬下僚，才智难以施展，甚至失意困顿，郁郁而终。但是，由于儒家思想的深入人心、朝廷的提倡以及百姓需求的推动等客观原因，中国古代的廉吏可谓代有其人，即使在某些朝代政治黑暗时期，如明代末期，也不乏“众人皆醉我独醒”式的廉吏榜样。《汉书·循吏传》说：“王成、黄霸、朱邑、龚遂、郑弘、召信臣等，所居民富，所去见思，生有荣号，死见奉祀。”[②]《汉书·叙传》也说：“淑人君子，时同功异。没世遗爱，民有余思。”[③]讲的虽是汉代循吏的情况，实际上把这两段话作为整个古代廉吏的写照来看，也未尝不可。因此，无论我们今天持怎样的态度，廉吏作为中国吏治史上的伦理典范，对中国社会、政治、文化所产生的影响，都是不可回避的。追怀古代廉吏中的佼佼者，总结其伦理品格与治世特点，温故知新，不为无益。

---

① 杨建祥《循吏与地方风化》，《上海行政学院学报》2006 年第 3 期。

② 《汉书·循吏传》，中华书局 1962 年版，第 3624 页。

③ 《汉书·叙传》，中华书局 1962 年版，第 4266 页。

中国古代廉吏伦理人格的心理解读*

廉吏是儒家伦理文明传统身体力行的实践者，受儒家思想的长久浸润和熏陶，这一特殊群体不仅具有鲜明的伦理品格，在中国文化史上发挥了独特的文化功能[①]，而且在心理上也具备了超乎常人的意志力量。在其人格系统中，超我占据着绝对的主导地位。因此，他们不仅能在污浊的官场中保持一颗清明之心，也能在个人低级需要没有满足的前提下，为更高级的需要而奋斗。他们以近似苦行的方式与超越自我的至善行为，体现了超凡脱俗的神圣性，是特殊的自我实现者。其伦理人格在心理学上所体现的显著的民族性特点，在很大程度上打破了心理学界的常规，刷新了心理学理论，为这门学科的发展和完善提供了鲜活的实例，也为心理学的中国化开辟了新的道路，在心理学史上创造了罕见的奇迹。在中华文化复兴的呼声日益高涨的今天，对这一特殊群体的伦理人格和心理机制进行探讨，不仅具有重要的学术意义，也具有积极的现实意义。

一、廉吏主导性的超我人格

在廉吏的人格系统中，超我占据着绝对的主导地位。从理论上讲，如果不有意识地进行监控，人的自律系统只能逐渐变得更加松懈，自觉性也会变得更差。也就是说，要是没有一个强大的心理动力做支撑的话，超我的监督作用会逐渐减弱，这也是堕落比向上要容易许多的原因。弗洛伊德认为人主要被本我人格所主导，压抑本我的本能会导致焦虑的产生，而埃里克森认为自我是主导我们行为的人格。但至今没有一个心理学家认为，超我在人格系统中可以占据主导的地位，因为长久的自我监控，是非常耗费心理能量的。

而中国古代的廉吏，则是突破了这一心理学规律的一个特殊群体。在此，我们可以举出很多典型的例证。如南齐的虞愿，多年在明帝身边做事，从太常丞做到中书郎，又因为明帝生病时一直在身边服侍，升为了正员郎，可以算是帝

---

* 本文与刘廷舒合作，原刊于《东方论坛》2014年第2期。

① 苑秀丽《中国古代廉吏与儒家伦理浅论》，《东南大学学报》(哲学社会科学版)2013年第5期。

王的亲信了。但他并没有恃宠而骄，反而直言进谏，批评明帝修建寺庙时过于奢侈，而且自己也常年保持俭朴的生活习惯，朋友到他家去拜访，碰巧他不在，看见他睡觉的床上除了几本书，就是厚厚的一层灰尘，不禁感慨他的清廉朴素。[①] 庾荜在齐代两次出任荆州别驾等地方官，“前后纲纪，皆致富饶……清身率下，杜绝请托”，地方经济得到了发展，百姓富足了，他自己却“布被蔬食，妻子不免饥寒”。[②] 唐朝的贾敦颐，贞观年间做了数次州刺史，史书说他“在职清洁，每入朝，尽室而行，唯弊车一乘，羸马数匹；羁勒有阙，以绳为之，见者不知其刺史也”[③]。意思是说，他在任时洁身自好，非常清廉，每次入朝都会带着全家一起出行，但只用一匹瘦马驾一辆破旧的车子，没有马笼头，就用绳子代替，路人根本看不出他是刺史。这些人若是致力于累积家产，凭借他们的官位，应当不是一件难事，但他们却能在污浊的官场之中保持一颗清明之心，时刻监督自己不受到诱惑，实属难得。

这些例子说明，并不是在任何情况下都是本我或自我长时间地控制人的心性与行为。其实除了中国历史上各朝代的廉吏，超我主导型人格还存在于极少数的人身上，这些人以极大的毅力常年甚至终生以某种动机鞭策着自己的态度与行为，若出发点是积极的，往往能成大器。这对于弗洛伊德的人格理论，无疑是一种补充。

二、廉吏对需要层次的超越

美国心理学家亚伯拉罕·马斯洛(Abraham H. Maslow)的需要层次理论，将人类的需要分为几个不同层次，呈现金字塔状的排列，从下至上分别是生理需要、安全需要、爱与归属的需要、尊重需要和自我实现需要，金字塔顶端的自我实现需要是最高级需要。马斯洛认为，高级需要通常更有价值，但越低级的需要越迫切，只有在满足了低层次的需要后，才能满足高级需要。但他又说："也可能有这种情况，高级需要偶尔并不是在低级需要满足后出现，而是在强行或有意剥夺、放弃以及压抑低级需要及其满足后出现……据说这些情况在东方文化中是普遍的，但是我们对其性质以及发生的频率了解甚少。”[④]

马斯洛“了解甚少”的这种情况，在中国文化中的确比较普遍。其中廉吏就

---

① [南朝梁]萧子显《南齐书》，中华书局1972年版，第915～917页。

② [唐]姚思廉《梁书》，中华书局1973年版，第766页。

③ [后晋]刘昫等《旧唐书》，中华书局1975年版，第4788页。

④ 〔美〕马斯洛《自我实现的人》，许金声、刘锋等译，三联书店1987年版，第153页。

是这样的一个特殊的群体，他们中的很多人，不仅自己的低级需要没有得到满足，而且家人也都过着非常清贫的生活，但是为了百姓的生活、利益，却能够全力以赴，不遗余力。

北魏的窦瑗，做过很多州郡的刺史，大宗正卿、廷尉卿，其中，后两个职位都是二品大员。但《魏书》说他“官虽通显，贫窘如初，清尚之操，为时所重”[①]。意思是说，他官虽然做得很高，但家产却并没有增加，依然清贫如初，因此受到时人的敬重。生活年代早于窦瑗的张恂，在北魏初就做到了四品的中书侍郎，后做过广平太守、常山太守等地方“一把手”，官至三品的太中大夫。《魏书》说他做常山太守时，“当官清白，仁恕临下，百姓亲爱之，其治为当时第一”，又说“性清俭，不营产业，身死之日，家无余财”。[②] 所谓“其治为当时第一”，说明他治理地方及为百姓谋福利的政绩在当时是极为突出的，但他却偏偏不为自己考虑，以至于“身死之日，家无余财”。像这样自己和家人生存需要还远远未能满足的情况，却能全身心地为国尽忠、为百姓出力的官员，在中国每一朝代都有不少，我们可以举出很多相类似的例子。

南朝宋代的陆徽，多次做过州郡太守，他治理的地方，寇盗静息，民物殷阜，百姓安乐，但他自己却“身亡之日，家无余财”[③]。

梁代的何远，曾做过东阳等几个州郡的太守，“清公实为天下第一。居数郡，见可欲终不变其心，妻子饥寒，如下贫者”[④]。

隋代的柳俭任邛州刺史十余年，深受百姓爱戴，“及还乡里，乘敝车羸马，妻子衣食不赡，见者咸叹服焉”。[⑤]

明代的方克勤任济宁知府三年，“户口增数倍，一郡饶足”；可他“自奉简素，一布袍十年不易，日不再肉食”。[⑥]

上面提到的这些廉吏，几乎都是在个人生理需要都未能得到很好满足的情况下，以舍己为公的精神，在为国为民谋福利的事业中，达到了他们那个年代所能达到的最高境界。从马斯洛的需要理论来看，实际是在低级需要没有满足的前提下，在为更高级的需要而奋斗。这个群体也构成了马斯洛心理学理论体

---

① [北齐]魏收《魏书》，中华书局 1974 年版，第 1912 页。
② [北齐]魏收《魏书》，中华书局 1974 年版，第 1900 页。
③ [南朝梁]沈约《宋书》，中华书局 1974 年版，第 2268 页。
④ [唐]姚思廉《梁书》，中华书局 1973 年版，第 779 页。
⑤ [唐]魏征等《隋书》，中华书局 1974 年版，第 1683 页。
⑥ [清]张廷玉等《明史》，中华书局 1974 年版，第 7187 页。

系中的一个特例，而且在中国古代可谓前后相承，代不乏人，这不能不令我们深思。

孔子早就说过："饭疏食，饮水，曲肱而枕之，乐亦在其中矣。不义而富且贵，于我如浮云。"(《论语·述而》)意思是说，有理想有抱负的士人，即便是粗茶淡饭也乐在其中。相反，如果抛却了高尚的追求，违背道义去换取荣华富贵，那是没有任何价值的。亚圣孟子"舍生取义"的思想也很好地体现了这一点。儒家重义轻利，重精神而轻物质的思想，被廉吏内化到了自己的价值体系中，这当然是他们能够超越需要层次的最重要的原因。而从他们身上，我们也看到了马斯洛心理学理论在面对中国文化时的缺陷。

三、廉吏：特殊的自我实现者

超越了需要层次的廉吏们，是否能够达到马斯洛所谓的自我实现的层次呢？在我们看来，答案是肯定的。与中国古代廉吏普遍放弃低级需要满足而追求更高的需要相一致，廉吏向自我实现者迈进，几乎是必然的。

马斯洛在把自我实现当作最高级需要的同时，还提出了"高峰体验"的概念。要更好地理解这个概念，我们还应该联系到前文曾提到过的埃里克森的"同一性的自我"的感觉，即自我认同感的问题。在马斯洛看来："处于高峰体验中的人具有最高程度的认同，最接近其真实的自我，最富有个人特色。"[①]要讨论廉吏是否向自我实现者迈进，先要看看自我实现者的高峰体验具有哪些特点。因为马斯洛对高峰体验的描述极为复杂琐细，我们在此不准备做全面的讨论，只想拈出高峰体验最重要的一些特点，来作为对廉吏进行心理学分析的一个基本参照。为了讨论方便，我们在这里引几段马斯洛的原话：

> 处于高峰体验中的人比其他任何时候更富有责任心，更富有主动精神和创造力……他充分体会到自己的'自由意志'，他既感到重任在肩、责无旁贷，又感到信心百倍、无坚不摧。[②]

> 处于高峰体验中的人已不完全是受世界法则支配的尘世之物，更多的是一种纯粹的精神。就内在精神规律与外在现实规律的区别而言，他更受前者而不

---

① 〔美〕马斯洛《自我实现的人》，许金声、刘锋等译，三联书店1987年版，第256页。

② 〔美〕马斯洛《自我实现的人》，许金声、刘锋等译，三联书店1987年版，第259～260页。

是后者的支配。[①]

在自我实现者的正常感知中,在普通人中间达到的高峰体验中,感知相对而言可以是超越自我、忘却自我、没有自我的。它可以是不受任何动机驱动,不受任何感情影响,不夹杂任何欲念,一无所需和超脱自我的。[②]

高峰体验只能是善的,是人们求之不得的,从来不会被体验成恶的和人们不希求的。……'神圣'一词间或也用来描绘一个人对这种体验的反应。它在存在的意义上是愉悦的和'娱人的'。[③]

正常的体验植根于历史和文化之中,同样也植根于人的不断变化和相对的需要之中。它是在时空中组织起来的,是一些更大的整体的一个组成部分,因此是与这些更大的整体和参照系相关的。[④]

我在这里描绘的一切都可以看成是一种自我、本我、超我和自我理想的融合,一种意识、前意识、无意识的融合,一种原发性过程与续发性过程的融合,一种快乐原则与现实原则的融合,一种毫无恐惧的、能够使人达到最高度成熟的健康回归,一种人在所有水平上的真正的整合。[⑤]

马斯洛的这些论述,可以概括为如下的几点:①更富有责任心;②行事超越世俗法则;③超越自我,一无所需;④善的,"神圣"的,愉悦的和"娱人的";⑤植根于历史和文化之中;⑥"自我、本我、超我和自我理想的融合""意识、前意识、无意识的融合""快乐原则与现实原则的融合"。如果把这些特点与廉吏们的生平行事相对照,我们可以发现,二者有很多的相同点。可以肯定地说,没有一位廉吏是不富有责任心的。他们做官、做事、做人的原则,也大多具备无私、超越自我的特点。因而,无论就他们个人的体验,还是给予他人的感受,都显示出鲜明的"善的""神圣"的品格,让人产生敬仰乃至膜拜。而那些不待朝廷之命就开

---

① 〔美〕马斯洛《自我实现的人》,许金声、刘锋等译,三联书店 1987 年版,第 263 页。
② 〔美〕马斯洛《自我实现的人》,许金声、刘锋等译,三联书店 1987 年版,第 286 页。
③ 〔美〕马斯洛《自我实现的人》,许金声、刘锋等译,三联书店 1987 年版,第 290 页。
④ 〔美〕马斯洛《自我实现的人》,许金声、刘锋等译,三联书店 1987 年版,第 296 页。
⑤ 〔美〕马斯洛《自我实现的人》,许金声、刘锋等译,三联书店 1987 年版,第 315 页。

仓济民、救民于水火的廉吏,非常典型地体现出其超越世俗的行事法则。这些特点,在本书及本文前面提到的廉吏身上都有所体现。我们在此只想就上述第5、6两点,再举几位廉吏,以资说明。

金代的王政曾做过多任大官,后任侍卫亲军都指挥使,兼掌军资。当时,军中仓库管理的办法没有制定出来,官吏多乘机贪污。王政接管之后,加强管理,严明纪律,军资堆积如山,却没有丝毫失误。吴王完颜安国和他开玩笑说:"汝为官久矣,而贫不加富何也?"王政回答说:"政以杨震四知自守,安得不贫。"①一位少数民族的官员,居然自觉地以杨震为榜样,面对堆积如山的军资,却能保持贫穷的本色,尤其能看出"植根于历史和文化之中"的传统的影响力。

前面我们已经提到过弗洛伊德关于本我、自我和超我的理论,马斯洛所谓"自我、本我、超我和自我理想的融合""意识、前意识、无意识的融合""快乐原则与现实原则的融合",其实正是针对弗洛伊德的说法提出来的。类似的说法还有:"自我实现者既是自私的又是无私的……既是个人的又是社会的。"②都是讲自我实现者从心理上达到了消除这些矛盾和差别的境界,因此,按照至善原则行事的超我,与按照快乐原则行事的本我,以及按照现实原则行事的自我之间,不再存在对立、冲突,而可以完全一致。南朝宋代的江秉,为官多年,"妻子常饥寒。人有劝其营田者,秉之正色曰:'食禄之家,岂可与农人竞利!'"③南齐的裴昭明终身不治产业,他有名言说:"人生何事须聚蓄,一身之外,亦复何须?子孙若不才,我聚彼散;若能自立,则不如一经。"④他们的做法及想法,完全发自内心,应该说达到了马斯洛所说的几个融合。仅从这一侧面也可看到廉吏与自我实现者的共性。

这样的境界,其实也是中国古代所谓的圣贤境界。清代廉吏张沐,"自幼励志为圣贤"⑤,事实上,其他廉吏也许没有说过这样的豪言壮语,但张沐的志向,在廉吏这个独特的群体中,还是很有代表性的。马斯洛还说过:"高级需要的追求与满足具有有益于公众和社会的效果。在一定程度上,需要越高级,就越少自私。"⑥"高级需要的追求与满足导致更伟大、更坚强以及更真实的个性。……

① [元]脱脱等《金史》,中华书局1975年版,第2760页。

② 〔美〕马斯洛《自我实现的人》,许金声、刘锋等译,三联书店1987年版,第306页。

③ [南朝梁]沈约《宋书》,中华书局1974年版,第2270页。

④ [南朝梁]萧子显《南齐书》,中华书局1972年版,第919页。

⑤ 柯劭忞等《清史稿》,中华书局1977年版,第12973页。

⑥ 〔美〕马斯洛《自我实现的人》,许金声、刘锋等译,三联书店1987年版,第163~164页。

实际上，生活在自我实现层面的人既是最爱人类的，又是个人特质发展得最充分的人。”[①]把这些话移过来作为对廉吏的评语，也是完全合适的。

马斯洛曾经疑惑：“通过苦行、通过克制基本需要、通过约束、通过挫折、悲剧和不幸的火焰的煅烧而获得健康的实例究竟有多少？”[②]如果他了解中国古代廉吏，相信他会对自己的理论做出修改。许金声先生指出：“在非良好条件下，东方自我实现人格能够忍受中级需要甚至低级需要的满足的匮乏，而向自我实现需要的满足方向发展。”[③]廉吏确实是这样的一个群体，他们以近似苦行的方式，在为国家百姓无私奉献的为官生涯中，自己乃至家人却常常一无所求。这种超越自我的至善行为，与他们周围的其他官员形成了鲜明的对比，是一般人所难以企及的。因此，说他们已具备超凡脱俗的神圣性，恐怕并不为过。

明代的孔公朝，永乐年间（1403—1424 年）曾为宁阳县令，后因事被罢，二十多年后，有人把他推荐到朝廷，宁阳人听到这个消息，不约而同地请求朝廷把他再派到宁阳去。这件事连明宣宗都深受感动。[④] 还有的廉吏在死后，长期受到百姓的祭祀。在《汉书·循吏传》中记载了六位廉吏，其中就有三位在死后被百姓长期祭祀。“文翁终于蜀，吏民为立祠堂，岁时祭祀不绝”[⑤]；朱邑死后，“其子葬之桐乡西郭外，民果共为邑起冢立祠，岁时祠祭，至今不绝”[⑥]；召信臣曾任南阳太守，死后“岁时郡二千石率官属行礼，奉祠信臣冢，而南阳亦为立祠”[⑦]。如果说孔公朝生前的事迹，已经具备了一定的神圣性，文翁等三位身后得到“岁时祭祀不绝”的待遇，就更是绝对具备神圣性。这样的例子足可说明廉吏在中国民众心目中近于神的地位，当然，类似的廉吏并非绝少数人，而是有一大批。

总的来看，中国古代的廉吏为我们留下了丰富的精神遗产，作为一个在中国历史上做出贡献的群体，值得我们去探索、研究，回顾他们的行为，分析他们的心理，思考他们对现代社会的启示。从心理学的角度来看，他们之所以能成为廉吏，并被载入史册，可能并不只是由于自身人格的完美，社会文化、社会规范、朝廷的褒奖与鼓励、百姓的期望等各种因素，在其中所发挥的作用也同样是

---

① 〔美〕马斯洛《自我实现的人》，许金声、刘锋等译，三联书店 1987 年版，第 164 页。

② 〔美〕马斯洛《自我实现的人》，许金声、刘锋等译，三联书店 1987 年版，第 157 页。

③ 许金声《走向人格新大陆——健康人格探索》，工人出版社 1988 年版，第 341 页。

④ ［清］张廷玉等《明史》，中华书局 1974 年版，第 7199～7200 页。

⑤ 《汉书》，中华书局 1962 年版，第 3627 页。

⑥ 《汉书》，中华书局 1962 年版，第 3637 页。

⑦ 《汉书》，中华书局 1962 年版，第 3643 页。

非常重要，缺一不可的。尽管如此，重温他们的生平事迹，仍然让我们感到巨大的心灵震撼。

弗洛伊德的人格理论和马斯洛的需求层次理论，都是心理学史上非常经典的理论。中国古代廉吏这个群体，不仅为这些心理学研究提供了典型的新个案，也使我们更清楚地看到，西方的心理学理论并不完全适用于中国文化和社会的实际。因此，从心理学研究的角度来看，对廉吏的心理学探讨既可以看作是西方心理学本土化的一个重要的突破口，对西方心理学的发展和完善而言，也有其重要的补充、借鉴意义。

中国古代廉吏严格的自我要求和坚忍的品质，不只在古代社会令人敬仰，在当今社会也依然是难能可贵的。他们对自我价值观和理想的执着坚守，也是大多数人做不到，因而值得当代人学习的。中国社会目前正处在改革开放的关键时期，中华文化复兴的呼声也日益高涨，实现这一宏伟目标，更需要一大批有中国特色的当代廉吏。所以我们追怀廉吏、探讨他们心理机制，就不仅有学术意义，也有重要的现实意义。

中国古代的廉德与廉吏*

廉德是中国传统美德中重要的德目之一，是主要针对官员提出的道德规范。先秦时代，廉德已是官吏考核的重要标准，并为诸子百家所共同提倡。故当时已有不少以践行廉德知名的人物。儒术独尊以来，随着儒学的传播，汉代出现了一批以践行廉德著称的官员，《史记》《汉书》称之为“循吏”，他们的事功德行，为后代官员树立了良好的榜样。汉代以后的历朝历代都不乏这样的官员。正史多以良吏、能吏、廉吏、清官等来指称，名称虽不尽相同，但能切实践行廉德，却是这一特殊群体的共性。因此本文即以“廉吏”作为这一群体的统称，对廉德的产生、特点与廉吏德行及其在文化史上的意义，做一简要的考察。

一、廉德：临大利而不易其义

我国是农业文明古国，长期以农业立国。在漫长的古代社会，旱涝雹蝗等各种自然灾害是人们无法左右的，因此靠天吃饭是常态。孟子把“无冻馁之老”（《孟子·尽心上》）作为周文王仁政的标志，又以“数口之家，可以无饥”“黎民不饥不寒”（《孟子·梁惠王上》），即解决全社会温饱问题作为“王道”理想的重要内容。由此不难看出，古代社会衣食资源的匮乏程度。加之战争频繁，乱世多而太平年月少，真正能够实现“黎民不饥不寒”的时期并不多。

而早在龙山文化时代，宗族制度已“和财富的分化结合起来”，并逐渐“成为政治权力的基础”。[①] 因此，与生存资源长期匮乏的现实相对，有限的财富主要集中于宗族中的大宗或政权执掌者之手。这不仅会激化宗族内部矛盾，在宗族“成为政治权力的基础”之后，还会进而影响到政权的稳定。

以上两点，即资源匮乏和财富分化集中，是廉德产生的重要现实前提。因此，廉德是通过约束和抑制个人欲望而化解人际矛盾、维护宗族乃至社会稳定的伦理德目。其最基本的内涵，与“财”“利”密切相关。古代典籍中对此多有论

---

* 本文原刊于《博览群书》2020年第3期。

① 张光直《中国青铜时代（二集）》，三联书店1990年版，第122页。

述。《晏子春秋》卷四说:“不持利以伤廉,可谓不失行。”《韩非子·忠孝》称“毁廉求财。”都认为“持利”“求财”会妨害廉德。《吕氏春秋·仲冬季·忠廉》则从正面指出:“临大利而不易其义,可谓廉矣。”《庄子·让王》也说:“人犯其难,我享其利,非廉也。”都把面临“利”的诱惑而能坚守道义看作是“廉”。这也决定了有廉德者,往往多“贫”。“君子之道也,贫则见廉”(《墨子·修身》)。“所谓廉者……轻资财也。”(《韩非子·解老》)“凡为名者必廉,廉斯贫”(《列子·杨朱》)。

由于在上位者是各级权力的执掌者,廉德也被视为朝政之本。晏子说:“廉者,政之本也。”(《晏子春秋·内篇杂下》)早在《周礼·天官冢宰》中,已有以“廉善、廉能、廉敬、廉正、廉法、廉辨”考察群吏政绩、判定其高下优劣的记载。《睡虎地秦墓竹简》中的“为吏之道”,也把“清廉毋谤”作为官吏的“五善”之一。周秦时代的这种做法,不仅开创了将廉德作为重要标准考核官吏的先河,也使廉德的传承发展获得了制度保障,对后世产生了深远的影响。

二、廉吏:以不贪为宝

先秦时代就不乏以廉德著称的官员。汉代以来,成为主流思想的儒家,对诸子百家共同推重的廉德,以更积极的态度加以倡导弘扬,历代朝廷无不大力提倡,廉德的践行者不仅生前得到重用,而且身后被列入正史,荣及子孙,名垂千古,获得了社会和文化的高度认可。因而廉吏成为中国古代官场一个非常特殊的群体,他们具有高度的自律能力,廉洁无私,能受常人受不了的穷,吃常人吃不了的苦。不贪是他们最大的共性。

《逸周书·官人解》中的“观人六征法”中,就有“临之以利,以观其不贪”[①]的“观人”之法,即考察官员的办法。说明古人很早就把“不贪”作为官员的重要品质,“不贪”其实也是廉德最基本的特征。《左传·襄公十五年》所载子罕“不贪”的故事,就很典型。春秋时期,宋国有人把自己得到的一块宝玉,献给时任宋国司城的子罕,但子罕不接受。献玉者告诉子罕,我已经让玉工检查过,认为确实是宝玉,所以才敢献给您。子罕说:“我以不贪为宝,尔以玉为宝。若以与我,皆丧宝也,不若人有其宝也。”[②]意思是说,我以“不贪”为宝,你以玉为宝。如果你把宝玉给了我,我们就都失去了“宝”。子罕的话是出自内心的,他不仅没有接

---

① 黄怀信《逸周书校补注译(修订本)》,三秦出版社 2006 年版,第 305 页。

② 杨伯峻《春秋左传注(修订本)》,中华书局 1990 年版,第 1024 页。

受宝玉，因献玉人拿着宝玉处境危险，他还“置诸其里，使玉人为之攻之，富而后使复其所”。把献玉人安置在他居住的一带，确保他的安全，又请玉工为之治玉。直到将玉出售后，才把献玉人送回其家乡。

在中国古代，像子罕这样以“不贪”为宝的官员，历代都有。西汉的朱邑，年轻时任桐乡啬夫，为官“廉平不苛”，受到“所部吏民爱敬”。后迁北海太守，“以治行第一入为大司农”，深得朝廷敬重，但他自己“居处俭节”“家无余财”。[①] 东汉的杜诗任南阳太守时，“修治陂池，广拓土田，郡内比室殷足”。被当地百姓尊为“杜母”，他死后竟“贫困无田宅，丧无所归”[②]。晋代的吴隐之任广州刺史期间，“清操逾厉，常食不过菜及干鱼而已”，有人说他矫情作秀，但他始终不改初衷。后奉命返京，“归舟之日，装无余资”，回到京城后，“数亩小宅，篱垣仄陋，内外茅屋六间，不容妻子……家人绩纺以供朝夕。时有困绝，或并日而食，身恒布衣不完，妻子不沾寸禄”。[③] 南齐的庾荜在齐代两次出任荆州别驾等地方官，“前后纲纪，皆致富饶”，治下的百姓富裕了，而他自己却“布被蔬食，妻子不免饥寒”。[④] 又如北魏的张恂，曾任四品的中书侍郎及常山太守等地方长官，官至三品的太中大夫，但他在任常山太守时，“当官清白，仁恕临下”“性清俭，不营产业，身死之日，家无余财”。[⑤]

“治行第一”，深受百姓爱戴，“不营产业”，“家无余财”，是这些廉吏共同的特点。他们是朝廷的良臣，百姓的父母官，却未必是好儿子、好丈夫和好父亲。因为他们从不利用手中的权力，为家人谋福利，所以不仅自己过着清苦的生活，连家人也“不免饥寒”。像这样“当官清白”、公而忘私的官员，虽然在历代官员总数中所占的比例并不大，甚至是比较小，但历朝历代都不乏其人。他们的精神品格，直至今日仍不能不令我们深深地敬仰。

三、廉吏的神圣性及文化光辉

廉吏在每一朝代人数虽然不多，但整个中国古代社会，他们构成了一个非常特殊的群体。不谋私利、一心为民为国的为官立身原则，近似“苦行僧”的生活方式，超越常人、令人仰视的人格境界，让他们成为历代官场的异类和特立独

---

① 《汉书·循吏传》，中华书局1962年版，第3635～3636页。

② 《后汉书·杜诗传》，中华书局1965年版，第1094、1097页。

③ [唐]房玄龄《晋书》，中华书局1974年版，第2342页。

④ [唐]姚思廉《梁书》，中华书局1973年版，第766页。

⑤ [北齐]魏收《魏书》，中华书局1974年版，第1900页。

行者。在漫长的中国历史上，他们不仅具备了超越凡俗的神圣魅力，也在践行传统廉德的人生实践中，使中华文化散发出耀眼的光辉。

历代廉吏中，有不少受到百姓的祭拜。如汉景帝时，文翁为蜀郡太守，仁政爱民，兴办学官，重视教化，后死于任所，“吏民为立祠堂，岁时祭祀不绝”[①]。前文提到的朱邑去世后，他儿子遵照他的遗嘱，把他葬于桐乡城外，桐乡百姓“共为邑起冢立祠，岁时祠祭，至今不绝”[②]。还有曾任南阳太守的召信臣，死后“岁时郡二千石率官属行礼，奉祠信臣冢，而南阳亦为立祠”[③]。百姓之所以对他们“岁时祭祀不绝”，正是因为他们在位时一心为民而不谋私利，在老百姓的心目中，已经不仅仅是父母官，也具备了神圣的地位。

北宋的包拯，宋仁宗在位时，先后任监察御史、三司户部副使、天章阁待制、龙图阁直学士、知开封府、枢密副使等官职。《宋史》本传说他“立朝刚毅，贵戚宦官为之敛手，闻者皆惮之……童稚妇女，亦知其名，呼曰‘包待制’，京师为之语曰：‘关节不到，有阎罗包老。’”[④]意思是说，包拯为官廉洁，不畏权贵，妇女儿童都知道他的名字，京城民谣称赞他像阎罗王一样，使暗中行贿串通关系的事情无法进行。对他的廉洁无私，《宋史》本传称赞说：“平居无私书，故人、亲党皆绝之。虽贵，衣服、器用、饮食如布衣时。尝曰：‘后世子孙仕宦，有犯赃者，不得放归本家，死不得葬大茔中。不从吾志，非吾子若孙也。’”[⑤]平常没有私人信件，连朋友、亲戚都断绝往来。虽然位高权重，但衣服、物器、饮食仍和未做官时一样。还严令后世子孙不得干贪赃枉法的事，否则逐出家门，死后也不得葬入祖坟。

包拯的政绩和品行受到朝野广泛的爱戴，他去世后，“其县邑公卿忠党之士，哭之尽哀。京师吏民，莫不感伤，叹息之声，闻于衢路，相属也”（吴奎《宋枢密副使赠礼部尚书孝肃包公墓铭》）。此后的历代，不仅民间有关“包公”的传说颇为盛行，元代戏曲兴起后，还产生了一大批包公戏，如关汉卿的《包待制三勘蝴蝶梦》《包待制智斩鲁斋郎》、吴汉臣《包待制智赚生金阁》、无名氏《包待制陈州粜米》等。清人石玉昆的长篇侠义公案小说《三侠五义》，则在民间传说和戏曲的基础上，讲述了包拯在众侠士的帮助下审案断狱、为民做主的故事，塑造了

① 《汉书·循吏传·文翁传》，中华书局1962年版，第3627页。
② 《汉书·循吏传·朱邑传》，中华书局1962年版，第3637页。
③ 《汉书·循吏传·召信臣传》，中华书局1962年版，第3643页。
④ [元]脱脱《宋史·包拯传》，中华书局1977年版，第10317页。
⑤ [元]脱脱《宋史·包拯传》，中华书局1977年版，第10318页。

一位铁面无私、不畏权势的清官形象。这些传说和文学作品中有关包拯破案的故事,多数出于虚构,但清廉刚正的"包公"却无疑是后人纪念历史人物包拯的一种特殊方式,体现了民心所在。这与文翁等廉吏死后长期受到百姓祭祀一样,是中国文化史上廉吏神圣性的又一突出表现。

孔子曾把"欲而不贪"(《论语·尧曰》)作为从政的必备条件之一,后世则将廉德提到了更重要的地位,以为"吏不廉平则治道衰"(《汉书·宣帝纪》),进一步强调了廉德在政治生活中的重要性。《管子·牧民》中更强调:"礼义廉耻,国之四维,四维不张,国乃灭亡。"清代大儒顾炎武对此进一步发挥说:"礼义,治人之大法;廉耻,立人之大节,盖不廉则无所不取,不耻则无所不为。"又说:"士人有廉耻,则天下有风俗。"[①]将廉德与国家存亡、风俗厚薄直接挂钩,颇能代表中国古代对廉德重要地位的认识。

从文化人类学的角度来看,中国古代的廉吏群体,不仅是百姓的表率,也是国家的柱石。其超凡脱俗的神圣性,固然与个体修身律己的道德境界有关,展示了个体德行可能达到的高度;也离不开伦理规范的引导、历代朝廷的褒奖与全社会的高度认可;但更重要的则是与优秀传统文化沃土的滋养分不开,因而也为我们展示了儒家美德和民族文化理想所能达到的高度。可以说,历朝历代传承发展廉德的廉吏,犹如暗夜中的明灯,照亮了中华民族前行的长途,温暖了无数人的心灵。

---

① [清]顾炎武著,黄汝成集释《日知录集释》,上海古籍出版社 2013 年版,第 772～773 页。

儒家公私观的基本特点*

儒家公私观在孔孟荀时代已经成型，它的基本特点有三：一是浓厚的道义性，二是持久的崇公抑私，三是非此即彼的对立性。尽管在不同的时代"公""私"内容不尽相同，但这三个特点始终没有改变。这些特点决定了中国公私观的基本格局和走向，对中国文化、经济及社会发展也都有很深的影响。作为中国思想史上一对重要范畴，"公私问题是中国历史过程全局性问题之一"①。国内学术界的相关研究已经涉及传统公私观的历史演变②、缺陷反思③、个体公私观④、价值判断⑤等许多方面，从内容上讲，对崇公抑私的探讨比较多，公私道义性问题也有涉及，但专论较少。系统地阐述儒家公私观发生、发展的脉络，总结其基本特征的文论并未见到。

一、先秦儒家的公私观

"公"最早出现在甲骨文中，意义比较简单，仅指"先公"或地名。"私"字没有出现。西周时期，"公"的使用逐渐广泛，开始有了政治公共性的含义。"私"表示身份或个人所有。春秋战国时期，"公""私"的含义大大扩张，刘泽华先生认为，中国的公私观念成型于这个时期。⑥

儒家学说的创始人孔子从仁爱的思想原则出发，提出了"天下为公"的社会道德理想。《礼记·礼运》说："大道之行也，天下为公。"汉代学者郑玄注曰："公

---

* 本文原刊于《东方论坛》2016 年第 2 期。

① 刘泽华《春秋战国的"立公灭私"观念与社会整合（上）》，《南开学报》（哲学社会科学版）2003 年第 4 期。

② 如杜振吉、郭鲁兵《儒家公私观述论》，《道德与文明》2009 年第 6 期；王四达《从"天下为公"到"天下徇君"——中国古代私观念的演变及其社会后果》，《人文杂志》2003 年第 6 期；等。

③ 如刘中建《对中国传统公私关系文化的反思》，《中州学刊》2004 年第 3 期；杨义芹《中国传统公私观及其缺陷》，《上海师范大学学报》（哲学社会科学版）2010 年第 2 期；等。

④ 如那瑛《梁启超的公私观》，《史学集刊》2007 年第 5 期；朱瑞熙《论朱熹的公私观》，《上海师范大学学报》（哲学社会科学版）1995 年第 4 期；等。

⑤ 如葛荃、张长虹《"公私观"三境界析论》，《天津社会科学》2003 年第 5 期等。

⑥ 刘泽华《春秋战国的"立公灭私"观念与社会整合（上）》，《南开学报》2003 年第 4 期。

犹共也，禅位授圣，不家之睦亲也。”唐代孔颖达疏：“天下为公谓天子位也，为公谓揖让而授圣德，不私传子孙，而用尧舜是也。”孙希旦的《礼记集解》讲得更为明了：“天下为公者，天下之位传贤而不传子也。”①

日本学者沟口雄三有不同的看法，他认为：“（郑玄）虽然强调‘公犹共’，但并不主张天下为公，而解释为对天下而言君主为公。简而言之，是把公集中于身为统治者的君主一人之德性。”②虽然沟口雄三的解释不同，但“公”为君主的意思还是很明了的。

《礼运》在“天下为公”之后紧接着说：“选贤与能，讲信修睦”。所以说“天下为公”并不是现代词语的含义。对此，侯外庐先生也有类似的论述，他认为：“（春秋时代的）‘公’是指的大氏族所有者，‘私’是指小宗长所有者，‘公’是指国君以至国事，‘私’指大夫以至家事，所谓‘私肥于公’，是政在大夫或‘政将在家’的意思，私并不是私有土地的私，孔子‘张公室’，‘抑私室’，就是为国君争权。”③侯先生对“张公室”“抑私室”的解释从另一个方面论证了孔子“公”的含义。

可见，孔子的“天下为公”是有特定含义的，其中的“公”是指君主或国事。在《论语》中出现的“公”，也更多地是指君主称号，除此之外，“公”字共出现了五次，其中四次是指国家朝廷，另外一次是“公则悦”。具体的说法是：“宽则得众，信则民任焉，敏则有功，公则悦。”（《论语·尧曰》）这里的“公”是公平的意思，处事公平公正，百姓就会心悦诚服。

对于与“公”对应的“私”，孔子是在“不平均”的意义上使用的：“天无私覆，地无私载，日月无私照。奉斯三者，以劳天下，此之谓三无私。”（《礼记·孔子闲居》）天地、日月对每一个人都是一样的，没有远近亲疏之别，所以是“无私”的。但在孔子这里，“公”与“私”并没有明显地对立起来。春秋时期的“公”与“私”还有一个特点，其争论是围绕着“公室”与“私门”的争斗展开的。“他们讲公私问题仅仅涉及不同等级的贵族之间的权益分配，广大民众的权益根本不在视野之内。”④这个结论与侯外庐先生的论述也是一致的，就是说，最初的公私问题并不涉及普通百姓。

---

① ［清］孙希旦《礼记集解》卷二十一，沈啸寰、王星贤点校，中华书局1989年版，第582页。

② 〔日〕沟口雄三《中国公私概念的发展》，汪婉译，《国外社会科学》1998年第1期。

③ 侯外庐《中国古代社会史论》，河北教育出版社2000年版，第81页。

④ 王长坤、刘宝才《先秦儒法公私观简论》，《齐鲁学刊》2004年第1期。

战国时代，国民阶级出现①，私有财产有所发展，公私含义也有所变化。“公指的是战国各国及其国君，而私指的是国家、君主以外的一切人与事。”②孟子的公私观是从他对义利的论述中表现出来的，他所说的“义”主要指“公义”，“利”主要指“私利”，从这个角度讲，义利问题就是公私问题。“义与利，只是个公与私也。”（《二程集·河南程氏遗书》卷十七）孟子主张重义轻利，以义制利，两者冲突时舍私利而取公义（鱼与熊掌论），但他并没有把公义与私利对立起来，反而很重视老百姓的私利。他主张让老百姓都拥有财产：“是故明君制民之产，必使仰足以事父母，俯足以畜妻子，乐岁终身饱，凶年免于死亡。”（《孟子·梁惠王上》）继而还提出了“老吾老以及人之老，幼吾幼以及人之幼”（《孟子·梁惠王上》）的道德构想。

荀子继承了孔孟的公私观，并且把它上升到“道”的境界。《荀子·强国》中说：“并己之私欲，必以道。”“至道大形，隆礼至法则国有常，尚贤使能则民知方，纂论公察则民不疑，赏免罚偷则民不怠，兼听齐明则天下归之。然后明分职，序事业，材技官能，莫不治理，则公道达而私门塞矣，公义明而私事息矣。”（《荀子·君道》）这里的公指社会公认的一般标准，它是面向全社会的，并上升为人们的一般行为规范。个人的欲望要服从公法，否则即是私。人的行为若能遵行这样的规范，也就达到了公正。“当公被视为社会政治的普遍行为标准的时候，公就具有了一般道德规范的意义。”③正是从这个角度讲，荀子的公私观向前迈进了一步。但是，“道德规范”仍属于“道义制衡”的范围，跟“法”是不同的。（荀子的学生韩非沿着荀子“道”的思路向前走了一步，创立了法家思想。）

还要说的一点是，从“公道达而私门塞”“公义明而私事息”可以看出，荀子把“公”和“私”这两个概念明显地对立起来。类似的论述还有很多：“君子之能，以公义灭私欲也”（《荀子·修身》）“志忍私，然后能公”（《荀子·儒效》）。君子之所以是君子，就是用公义战胜私欲，只有忍住私欲，才能到达公。公私就像一把尺子的两端，舍弃一端才能到达另一端，两端不可能重合。后时代的儒家学派继承了公私对立这一点。

---

① 关于国民阶级，参见何兆武《释“国民”和“国民阶级”》，西北大学中国思想文化研究所、中国社会科学院历史研究所思想史研究室编《纪念侯外庐文集》，陕西人民教育出版社 1991 年版，第 100 页。

② 王长坤、刘宝才《先秦儒法公私观简论》，《齐鲁学刊》2004 年第 1 期。

③ 葛荃、张长虹《“公私观”三境界析论》，《天津社会科学》2003 年第 5 期。

二、公善私恶

从孔子的“公则悦”“日月无私照”，到孟子的“公义”与“私利”，再到荀子的“道”，他们都是从道德的角度来阐释公私概念的，这一点形成了儒家公私观最重要的特点，即道义性。尤其是荀子对“道”的阐释，使公私从属于道德范畴，公善私恶、公正私邪的道义性特征逐步彰显出来。这一点与日本的公私概念相比较，能看得更清楚。日本的公私“是显露与隐藏，公开与私下，相对于公事、官方身份的私事、私人之意。进入近代以后，乃是与国家、社会、全体相对的个人、个体，不涉及任何道义性。虽然有公私纠葛和矛盾，但这是人情问题，绝非善、恶、正、邪之对立”①。相对于国家来讲，某集团的事情就是这个集团的私事，但对于集团内部来讲，这件事情就是公事。公私之间是可以转化的，不存在道义的普遍性、恒定性。儒家的公私具有善与恶、正与不正的普遍性，无论何时何地，善行都是受到褒奖、赞扬的行为，反之，恶行是永远遭到唾弃的。如同岳飞的忠和秦桧的奸。

陆九渊（宋代著名理学家）直白地把“公”与善、“私”与恶相提并论：“为善为公，心之正也。为恶为私，心之邪也。为善为公，则有和协辑睦之风，是之谓福。为恶为私，则有乖争陵犯之风，是谓之祸。”（《陆九渊集·序赠·赠金谿砌街者》）既然公就是善，私就是恶，那么对公与私应持有的态度就是非常明确的了。如李觏甚至说：“天下至公也，一身至私也，循公而灭私，是五尺竖子咸知之也。”（《李觏集·上富舍人书》）在过去，竖子是对人的蔑称。连不懂道理的“竖子”都明白要“循公而灭私”，更何况一般人呢？在李觏看来，这是跟饿了要吃饭、渴了要喝水一样的常理。

朱熹把公私与君子小人等同：“君子公，小人私。”②君子当然是有德之士，小人只能是碌碌之辈。朱熹进一步解释说：“君子之心公而恕，小人之心私而刻。”③（《四书章句集注·论语集注》卷七）君子因为公正而待人宽恕，小人因为自私而待人刻薄。朱熹还把君子小人比喻为阴阳昼夜：“君子小人所为不同，如阴阳昼夜，每每相反。然究其所以分，则在公私之际，毫厘之差耳。”（《四书章句集注·论语集注》卷一）然而，差之毫厘，失之千里，就这“公私”一点之差，造就

---

① 〔日〕沟口雄三《中国公私概念的发展》，汪婉译，《国外社会科学》1998年第1期。

② [宋]黎靖德编《朱子语类》卷二十四，王星贤点校，中华书局1985年版，第583页。下引此书皆只注卷数。

③ [宋]朱熹《四书章句集注·论语集注》卷七，中华书局1983年版，第148页。下引此书皆只注卷数。

了或高尚或低劣的人格。

以上叙述可以清楚地看出，儒家的“公”是值得推崇、追求的“善”，“私”是应该遭到贬斥、抛弃的“恶”，儒家公私观的道义性是浓厚而强烈的，对后世的影响也是深长而久远的。

三、崇公抑私

儒家公私的道义性决定了崇公抑私的格局，因为弃恶扬善是人类共同的道德准则。只是，儒家的公、私的含义在不同的历史阶段又有不同的含义。同时，对公的崇尚程度和对私的抑制程度也不尽相同。

如前所述，儒家的“公”在春秋时期多指君主、国事，战国时期荀子把它上升为“道”，指一般道德规范。“私”在春秋时期指大夫及其家事，并不包含普通百姓；战国时期“私”则包含了一般百姓，但也仅是生命和财产层面的，没有现代意义上社会权利的含义。《论语・乡党》载：“厩焚。子退朝，曰：‘伤人乎？’不问马。”马厩起火，孔子首先关心的是有没有人受伤，这说明孔子对百姓生命的重视。孟子主张行仁政，“行一不义、杀一不辜而得天下，皆不为也。”（《孟子・公孙丑上》）干一件不合“公义”的事或杀一个无辜的人就能得到天下，也是不值得的。可见，“公义”和人的生命比君主的位子更重要。但是，“公义”和生命、财产（即私）比，哪个更重要呢？答案是明确的：“二者不可得兼，舍生而取义者也。”（《孟子・告子上》）

程朱理学把“公”视为自然天理，“私”视为人之私欲，其基本观点是“存天理，灭人欲”。且看这一段：“夫天地之常，以其心普万物而无心，圣人之常，以其情顺万物而无情。故君子之学莫若廓然大公，物来而顺。……人之情，各有所蔽，故不能适道，大率患在于自私而用智。”（程明道《定性书》）人被自私蒙蔽了心性，就不能适应天道，如果能用“廓然大公”的天地自然之心，来取代自己的私心，就能“物来而顺”。朱子进一步说：“无私意间隔，便自见得人与己一，物与己一，公道自流行。”（《朱子语类》卷六）这里有天人合一的意思，私欲尽去，便能看到人、己、物的一致，即“天地生物之心”（《朱子语类》卷六），简言之，无私即公。“圣人千言万语，只是教人存天理，灭人欲……学者须是革尽人欲，复尽天理，方始为学。”（《朱子语类》卷四）在“存天理，灭人欲”的观点里，崇公抑私达到一个新的高度。

王阳明对“私”的否定上了一个台阶。当他的弟子陆澄问：“好色、好利、好名等心，固是私欲。如闲思杂虑，如何亦谓之私欲？”王的回答是：“毕竟从好色、好利、好名等根上起，自寻其根便见。如汝心中，决知是无有做劫盗的思虑，何也？以汝元无是心也。汝若于货色名利等心，一切皆如不做劫盗之心一般，都消灭了，光光只是心之本体。看有甚闲思虑？此便是'寂然不动'，便是'未发之中'，便是'廓然大公'！自然'感而遂通'，自然'发而中节'，自然'物来顺应'"。(《传习录》卷上)学生的问题是，好色、好利、好名是私欲还好理解，如果闲来无事只是想一想(闲思杂虑)，怎么也是私欲呢？老师的回答是，你那点想法就是色、利、名的根源。比如你根本没有做盗贼的想法，那你会去偷盗吗？所以，想要从根本上消灭色、利、名这样的私欲，就得灭掉这样的念头。连想法都没有了，你还会去做吗？而消灭"私"之念头的目的，就是要恢复心之本体。"故夫为大人之学者，亦唯去其私欲之蔽，以自明其明德，复其天地万物一体之本然而已耳。"(《王文成公全书》卷二十六)在王阳明看来，人心本来就是大公的，只是被私欲蒙蔽了心智，去掉私欲，就能够恢复人心的本色。在他这里，"去私致公"的意思非常明显。

明朝中期，随着商品经济的发展，资本主义萌芽出现，传统的公私观受到冲击和质疑，首先对崇公抑私提出不同看法的是李贽，他从人性的角度肯定了"私"的合理性："夫私者，人之心也。人必有私，而后其心乃见。若无私则无心矣。如服田者，私有秋之获，而后治田必力；居家者，私积仓之获，而后治家必力……"(《藏书·德业儒臣后论》)

顾炎武也认为"私"是人之常情："人之有私，固情之不能免矣。""天下之人各怀其家，各私其子，其常情也。"(《亭林文集》卷一)并且认为"公而无私"只是人们的理想而已，实际上是做不到的："世之君子，必曰有公而无私，此后代之美言，非先王之至训也。"(《日知录》卷三)顾炎武对"私"的肯定为他的公私观做了铺垫，他将公私统一起来，提出了"公寓于私"的观点。他说："天下之人，为天子为百姓之心，必不如其自为……圣人者因而用之，用天下之私，以成一人之公而天下治。"(《日知录》卷一)就是说，天下之人说什么为皇上、为百姓都是蒙人的，其实都是为自己。圣人也清楚这一点，并利用人们的私心反而实现了治理天下的"公心"，这就是"公寓于私"。这一观点在下面的论述中表现得更为明确："夫使县令得私其百里之地……于是有效死勿去之守，于是有合纵缔交之拒，非为天子也，为其私也。为其私，所以为天子也。故天下之私，天子之公也。"(《亭林文集》卷一)当每个人都竭力保护自己的私产，天下的财产就得以保全，天下的公利也就得以实现了，这充分说明"私"不仅合理，而且还是"公"得以实现的原动力！可以看出，顾炎武为"私"的辩解并不是要抛弃"公"，而是要利用"私"达到“公”。

清朝中叶的戴震提出了以“天下人”为主要内容的“大公”思想。经过近两千年的发展，“公”的内容里终于包含了千千万万的普通百姓，这是封建时代对公私关系认识的最高水平。戴震是从批判程朱的禁欲思想入手的，他认为正统儒家的伦理思想并“非绝情欲以为仁”。“圣贤之道，无私非无欲，老庄释氏，无欲非无私，彼以无欲成其私者也，此以无私通天下之情，遂天下之欲者也。”（《孟子字义疏证·权》）就是说儒家的“无私”（即“大公”），是以了解天下人的思想感情、满足天下人的基本欲望为基础的，即“通天下之情，遂天下之欲”。这跟黄宗羲“天下为主，君为客”的思路是一致的：“古者以天下为主，君为客，凡君之毕世而经营者，为天下也。”（《明夷待访录·原君》）设立君主的本来目的是为了“使天下受其利”“使天下释其害”（《明夷待访录·原君》），君主只是为天下人服务的公仆而已。“在阶级社会里，能够提出以‘天下人’的利益为主要内容的‘大公’思想，显然有其虚幻的一面，而且它主要还是在‘为民作主’的传统意识支配下，把人民群众看成恩赐的对象，这是时代所加给的局限。尽管如此，它的提出，也是难能可贵的，有重大历史意义的，正是在这种思想意识的感召下，历史上涌现了许多为民请命、毁家纾难、舍身求法、杀身成仁，足以彪炳史册，堪称‘大公无私’的英雄人物，永远为人民所怀念。”[①]从君主到“天下人”，尽管“公”的内容有了变化，但崇公抑私的思路并没有改变。

梁启超的公私观有了近代启蒙思想的内容，他把公私的主体转化为“国家”（不是“家国”）与“国民”（不是天下人）。传统儒家“公”的概念里，朝廷代表国家，甚至朝廷即是国家，虽然早就有“天下之天下”（《吕氏春秋·贵公》）的思想，但一直没能撼动“家天下”的事实。梁启超的国家论把朝廷（政府）跟国家区别开来，在他看来，“朝也者，一家之私产也”，而“国也者，人民之公产也”。[②] 他所讲的国家，是近代意义上的概念，它属于全体国民，而不是中国传统文化里一家一姓的“家国”。梁启超明确提出：“君主之国为私，民族之国为公；建立在单个人或少数人意志基础上的政府为私，建立在公众意志基础上的国家为公；相对于国家利益，个人、家族、群体的利益为私。”[③]

对“私”的长期否定导致儒家（不仅仅是儒家）伦理观里严重缺乏个体独立，

---

① 陈启智《大公无私及其历史启示》，《伦理学与精神文明》1984 年第 5 期。

② 夏晓虹编《梁启超文选》（上集），中国广播电视出版社 1992 年版，第 252 页。

③ 那瑛《梁启超的公私观》，《史学集刊》2007 年第 5 期。

可以说在中国文化里，没有“我”。个体的存在只有依附于群体才有价值。梁漱溟说：“在中国没有个人观念，一个中国人似不为其自己而存在。”[①]“中国公私文化中的‘私’并不是指‘个体’之私，而是群体（一般而言这个群体指的是家族）之私，个人不存在独立的利益。个体被纳入家族之中，家族被纳入国家之中，所有个体通过‘家国同构’被编织在一起，成为安分守己的顺民、臣民。”[②]我们知道，个体独立是近代启蒙思想的重要内容，是民主思想得以成立和实现的基础，梁启超看到了这一点，他提出了富有近代意义的词语——国民，并对其进行了详尽阐释：“国民者，以国为人民之公产之称也……以一国之民，治一国之事，定一国之法，谋一国之利，捍一国之患，其民不可得而侮，其国不可得而亡，是谓之国民。”[③]梁启超对“私”的辩护更多地着眼于个体人格的独立和解放，甚至把它提到国家兴亡与否的高度：“然则苟有新民，何患无新制度，无新政府，无新国家。”[④]可以看出，梁启超国民论的目的非常清楚：“立人而立国”，[⑤]他对“私”的辩护仍然是为了国家这个“大公”——尽管国家的内容有了较大的变化。

虽然，梁启超完成了公私主体内容的转化：从家国到国家，从天下人到国民，他的公私观有了划时代的意义，但崇公抑私的思想是一以贯之的。

四、公私对立

在儒家思想中，公私一直是一对对立的范畴，这一点从荀子的“以公义灭私欲”（《荀子·修身》）就开始了，但到了后期，公与私进一步发展为非此即彼、不可调和的关系。

从内容来看，公私对立在政治（包括伦理道德）、经济等方面都有所表现，而以前者居多。西晋思想家傅玄对统治者提出劝诫：“政在去私，私不去则公道亡。”（《傅子·问政篇》）主持政务关键在于去掉私心，否则就没有公道可言了。西汉韩婴进一步说：“公道达而私门塞，公义立而私事息。”（《韩诗外传》卷六）公道盛行，那种为私人利益找门路找关系的事就杜绝了。公义昌明，那种只顾私人利益的事就少了。这是告诉人们，要守原则，存公道之心，行公平、公正之事。

---

① 梁漱溟《中国文化要义》，学林出版社 1987 年版，第 90 页。

② 那瑛《梁启超的公私观》，《史学集刊》2007 年第 5 期。

③ 李华兴、吴嘉勋编《梁启超选集》，上海人民出版社 1984 年版，第 217～218 页。

④ 夏晓虹编《梁启超文选》（上集），中国广播电视出版社 1992 年版，第 103 页。

⑤ 张宝明《国民性：沉郁的世纪关怀——从梁启超、陈独秀、鲁迅的思想个案出发》，《郑州大学学报》（哲学社会科学版）2000 年第 2 期。

东汉荀悦说得更详细，他对君主提出这样的要求："人主有公赋无私求，有公用无私费，有公役无私使，有公赐无私惠，有公怒无私怨。"（《申鉴·政体》）身为人主，可以征赋税、遣劳役，但都要用在公共事务上，可以赏罚臣子，但要出于公心，甚至让臣子抱怨也只能因为公事而不是私事。袁准则认为，公私选择对很多方面都有影响："一公则万事通，一私则万事闲。"（《袁子正论·论兵》）只要公正，所有事情都顺利；如果有私心，就会什么事情都做不成。

杨万里的观点颇具代表性："利于私，必不利于公，公与私不两胜，利与害不两能。"（《代萧岳英上宰相书》）对私事有利的，肯定不能同时对公事也有利，公与私不能同时兼顾。朱熹把公与私看作是分别根源于天理和人欲的两种根本对立的品质："仁义根于人心之固有，天理之公也。利心生于物我之相形，人欲之私也。循天理，则不求利而自无不利；殉人欲，则求利未得而害已随之。"（《四书章句集注·孟子集注》卷一）在他看来，这两种对立的品质是不能共存的："人之一心，天理存，则人欲亡；人欲胜，则天理灭，未有天理人欲夹杂者。"（《朱子语类》卷十三）

可以看出，在宋代之前人们只是从"道""心"的角度谈公私，虽然二者是对立的，但这种对立并没有明确否定二者统一的可能性。杨万里的"不两胜"明确否定了公私统一的可能性，朱熹为这种否定寻找到了理论根源：公来源于天理，私来源于人欲。它们是两条平行线，永远不可能相交，所谓"未有天理人欲夹杂者"就是这个意思。朱熹的"存天理，灭人欲"把公私对立推向单一化。这一时期，公私完全对立，形同水火，崇公抑私的观念也得到进一步的强化。王阳明对公私关系的理解则代有了绝对化的特点。"非至公无以绝天下之私，非至正无以息天下之邪，非至善无以化天下之恶。"（《王阳明全集》卷二十二《山东乡试录》）显然，他主张用绝对的"公""正""善"来化解和平息"私""邪""恶"。

也有少数学者从经济方面探讨公私之对立。如荀悦说："公禄贬则私利生，私利生则廉者匮而贪者丰。"（荀悦《申鉴·时事》）这里把"公禄"与"私利"相提并论，很明显是从利益的角度来讲的。刘向也有类似的说法："治官事则不营私家，在公门则不言货利。"（刘向《说苑·至公》）干公家的事，就不能再经营自己的那一亩三分地儿了。近代思想家梁启超也从经济方面论述了公私对立："团体之公益与个人之私利，时时枘凿而不可得兼也，则不可不牺牲个人之私利，以保持团体之公益。"（《饮冰室合集》十四《论中国国民之品德》）"枘凿"即两不相容，"公益"与"私利"经常不相容，只能牺牲"私利"以保"公益"。"不可不"包含有无奈的成分，有较强的主观倾向。

总体上看，儒家公私观是公私对立，具体到政治（包括伦理道德）和经济方面还是略有差异。从政治上看，公私对立比较抽象，属于形而上，所以从刚开始的对立不否定统一，发展到后来的绝对对立。从经济上看，公私涉及具体的、活生生的利益，属于形而下，公私边界常常不明确，所以对立是相对的。

经过两千多年的发展，儒家公私观有了突破性的进展，其中的"公"从君主、天理到国民，其内涵有比较大的变化，"私"的内涵主要是从个人欲向社会欲的发展。[①] 对个人欲，即便是主张"灭人欲"的朱子，也表示过肯定："饮食者，天理也，要求美味，人欲也。"（《朱子语类》第一册，卷十三）但戴震和梁启超所讲的就是社会欲了，尤其是后者更为明显。"有国家思想，能自布政治者，谓之国民。"[②] 无论公私内涵如何变化，它的三大基本特征始终没有改变，这些特征决定了中国公私观的基本格局和走向，对中国文化、经济及社会发展都有着很大的影响，甚至对市场经济的建设也有着不可忽视的正反两方面的作用。

---

① 关于个人欲和社会欲，参见〔日〕沟口雄三《中国公私概念的发展》，汪婉译，《国外社会科学》1998 年第 1 期。作者把人的生理、本能的欲望称为个人欲，把自然以外的、对物质等的追求称为社会欲。

② 梁启超《新民说》，辽宁人民出版社 1994 年版，第 68 页。

中西方道德的若干差异

——兼谈二者对中国当代道德重建的启示*

中西文化在关于道德的发生根源、存在基础、现实目的，以及道德的境界和理论体系等很多方面，都有着非常明显的差异。中国传统道德强调道德的内在性，认为道德是人的本性；西方市场道德强调道德的功利性，认为人们追求道德是为了得到利益。我们今天要建设与社会主义市场经济相适应的新道德体系，应当充分吸收两种道德观的精华，对道德的内在价值和功利基础都不可偏废。

一、发生根源之别

儒家文化是中国传统文化的主体，中国传统道德也主要是以儒家道德为主，由仁、义、礼、智等一系列道德规范组成。在原始儒家看来，道德是人性中与生俱来的，其根源在于人本身，而不是由外界强加于人的，具有明显的内在性；而近代西方伦理道德是随着市场经济的发展而逐步建立起来的，市场是它必不可少的生长土壤，对经济利益的追求则是它产生的根源，与中国传统道德相比，其发生根源是外在的，并具有鲜明的功利性。

孔子说："我欲仁，斯仁至矣。"(《论语·述而》)"为仁由己，而由人乎哉!"(《论语·颜渊》)。孟子的论述则更为明晰，他提出了"四端"说："无恻隐之心，非人也；无羞恶之心，非人也；无辞让之心，非人也；无是非之心，非人也。恻隐之心，仁之端也；羞恶之心，义之端也；辞让之心，礼之端也；是非之心，智之端也。人之有是四端也，犹其有四体也。"(《孟子·公孙丑上》)他不仅把"四端"作为道德的基础和人与非人的根本区别，而且认为这"四端"是人与生俱来的，就像人的四肢一样。他又说："恻隐之心，人皆有之；羞恶之心，人皆有之；恭敬之心，人皆有之；是非之心，人皆有之。恻隐之心，仁也；羞恶之心，义也；恭敬之心，礼也；是非之心，智也。仁义礼智，非由外铄我也，我固有之也。"(《孟子·告子上》)。在此，孟子更进一步把"恻隐""羞恶""恭敬""是非"等四种心性直接认

---

* 本文原刊于《齐鲁学刊》2012年第3期，发表时题为《传统道德的内在性与西方道德的功利性》。

定为“仁义礼智”四种德行，并更明确地指出，这些都是“非由外铄我也，我固有之也”，用孟子的另一句名言来概括即是“万物皆备於我”(《孟子·尽心上》)，因此，道德从根源和本质上来说，都是先天性地存在于人的内心深处的。

与此相反，西方道德的根源是经济利益。在市场经济发展初期，居西方经济理论主流地位的是古典政治经济学，其代表人物亚当·斯密在《道德情操论》中最早提出了颇具影响力的“看不见的手”的概念。十几年以后，他在《国民财富的性质和原因的研究》中重申了这一概念，他认为，在市场中经济人“受着一只看不见的手的指导，去尽力达到一个并非他本意想要达到的目的。他追求自己的利益，往往使他能比在真正出于本意的情况下更有效地促进社会的利益”[①]。“看不见的手”明确界定了经济人的基本内涵：经济人是自利的，他在市场中的所作所为——不管对社会有益还是无益——都首先是为了追求自己的私利。主观为自己，客观为他人正是亚当·斯密等古典经济学家所追求的理想境界。这跟我国古代追求圣人等理想人格的道德境界相去甚远。

揭示市场经济内在本质的还有法国的重农主义者魁奈。他在《关于手工业劳动》中指出：“我当然希望在花最少的支出下求得最多的享受；任何别的人也都是这样希望的。”“除了最少的支出和最大的享受以外，我还希望用最少的劳动强度。我认为这种愿望是一切的人所共同的；能够在不违反法律的情况下取得这种好处的人，甚至能不损害公共福利而得到更多的利益。”[②]魁奈“以最小的支出取得最大享受的原则”是将市场经济的道德要求具体化，这就是“每一个人都应当有可能在不侵犯别人的权利的条件下更好地安排自己的命运”[③]。普通人没有以最小支出取得最大享受的权利和自由，市场就不会发挥决定资源配置和收入分配的基础性作用，现代市场经济也不会建立起来。所以说，西方道德的外在性是与市场经济的本质特征密切相关的，而我国传统道德只能跟小农经济相辅相成。与亚当·斯密同时代的大卫·休谟，也认为“利己心才是正义法则的真正根源”，按照他的观点，“履行义务的原始动机，只是私利”。[④] 但在天性自私的人类社会中实行正义的原则是可能的，因为“一个人的利己心和其他人

---

① 〔英〕亚当·斯密《国民财富的性质和原因的研究》下卷，郭大力、王亚楠译，商务印书馆1974年版，第27页。

② 〔法〕弗朗斯瓦·魁奈《魁奈经济著作选集》，吴斐丹、张草纫译，商务印书馆1979年版，第376～377页。

③ 〔法〕弗朗斯瓦·魁奈《魁奈经济著作选集》，吴斐丹、张草纫译，商务印书馆1979年版，第393页。

④ 〔英〕大卫·休谟《人性论》，关文运译，商务印书馆1980年版，第584页。

的利己心既是自然地相反的，所以这些各自的计较利害的情感就不得不调整得符合于某种行为体系”[①]。也就是说，尽管人的天性自私，由于利害的驱使，人们在关心自己利益的同时不得不考虑到交换对方的利益，使交换必然惠及一方但并不损害另一方，否则自身也无利可图。这与亚当·斯密“看不见的手”这一思想是可以相互说明的。

二、存在基础之异

中国传统道德以修身为基础，把修身看作是做人的根本，修身又以对个体的主观心性改造为基点，是一个内向式的精神修炼过程；而西方近代道德则以经济利益为基础，但经济利益的获得只能在对外扩展的经济活动中来实现，与修身的内向式运行方式有着根本的不同，它的功利性远远强于精神性。

原始儒家认为，道德虽然先天地存在于每一个人的心灵深处，但是要将它激活，并使它焕发出应有的光彩，人的主观努力依然是不可少的。而激活的方式则是内向性的，它表现为一个由正心、诚意等组成的修身过程。这用曾子的话说即是“吾日而三省吾身”(《论语·学而》)；用孟子的话说，即是“求其放心”，“求则得之，舍则失之”(《孟子·告子上》)。荀子则把这一修身过程直接称为“养心”，并对它的功用做了极端的推崇：“君子养心莫善於诚，致诚则无它事矣。惟仁之为守，惟义之为行。诚心守仁则形，形则神，神则能化矣；诚心行义则理，理则明，明则能变矣。变化代兴，谓之天德。”(《荀子·不苟》)似乎“养心”的问题解决了，其他都可以迎刃而解。儒家学者之所以强调“内省”“养心”，还有一个重要原因，那就是道德虽内在于人的心灵深处，但它的光彩却常常会被物欲所遮蔽。正如朱熹所说的那样：“盖此心本自如此广大，但为物欲隔塞，故其广大有亏；本自高明，但为物欲系累，故於高明有蔽。若能常自省察警觉，则高明广大者常自若，非有所增损之也。”(《朱子语类》卷十二)依朱熹的说法，正是因物欲的“隔塞”“系累”，才使本来广大而高明的人心变得不够美好，因此，“常自省察警觉”的自我反省，就成了去掉物欲所必需的过程。用孟子的话来说就是“君子所以异於人者，以其存心也”(《孟子·离娄下》)。所以在传统文化中，道德的养成即修身实际表现为一个内修的过程。而后来的儒家学者则在此基础上进一步发展出了“内圣外王”之说，但在实际生活中，“内圣外王”说却形成了“内圣”说独领风骚，而“外王”说则不甚完整的局面。

---

① 〔英〕大卫·休谟《人性论》，关文运译，商务印书馆1980年版，第569页。

做人以修身为基点，这仅是从小处而言，从大处来讲，治理国家也必须以修身为基点。对此《大学》里的一段话讲得很明白："古之欲明明德于天下者，先治其国；欲治其国，先齐其家；欲齐其家者，先修其身……身修而后家齐，家齐而后国治，国治而后天下平。"修身竟然有如此重要的作用，以至于治国平天下都要靠它，所以"自天子以至於庶人，壹是以修身为本"[①]。修身被赋予如此神圣的使命，如此崇高的地位，正是传统道德内在性得以确立、巩固，得以流传千古而不变的根本原因。

而最大限度地追求利益是西方道德的本质特点，这既决定了它的外向性、功利性特征，也使它与中国传统道德形成了强烈的反差。18 世纪晚期，随着工业革命的发生，靠市场制度配置生产要素的市场机制逐步完善和建立起来，正如海尔布罗纳所说："实际上全世界在 16 或 17 世纪时代，靠市场制度配置生产的三大要素——土地、劳动力和资本还不存在……土地、劳动力和资本作为生产的要素，作为不具人格和人性的经济实体，就跟微积分一样，还是近代发生的概念。"[②]适应这一社会需要，英国的边沁提出了他的功利主义伦理学。在这一学说里，边沁把个人利益作为道德的基础："社会是一种虚构的团体，由被认作其成员的个人组成。那么社会利益又是什么呢？——它就是组成社会之所有单个成员的利益之总和。"边沁的这一思想在西方伦理学史上被称为"公益合成说"。"不了解个人利益是什么，而侈谈社会利益，是无益的。"[③]后来在《关于刑赏的学说》中，他又明确地批判了"个人利益必须服从社会利益"这一命题。"每个人不都是像其他一切人一样，构成了社会的一部分吗？你们所人格化了的这种社会利益只是一种抽象：它不过是个人利益的总和。""如果承认为了增进他人的幸福而牺牲一个人的幸福是一件好事，那么，为此而牺牲第二个人、第三个人，以至于无数人的幸福，那更是好事了。"因此，他得出了结论："个人利益是唯一现实的利益。"[④]这是标准的利己主义者的言行，与讲究仁义礼智的中国传统道德是对立的，甚至在某种程度上是相反的。

边沁的学生约翰·斯图亚特·穆勒批判地继承了边沁的功利主义。他不仅重视个人利益，而且也强调"最大多数人的最大幸福"和利他主义。他说："待

① ［清］阮元校刻《十三经注疏》，中华书局 1987 年版，第 1673 页。

② ［美］罗伯特·海尔布罗纳《几位著名经济思想家的生平、时代和思想》，蔡受百、马建堂、马君潞译，商务印书馆 1994 年版，第 19 页。

③ 转引自周辅成编《西方伦理学名著选辑》下卷，商务印书馆 1987 年版，第 212 页。

④ 转引自《马克思恩格斯全集》第二卷，人民出版社 1963 年版，第 170 页。

人像期望人待你一样，爱你的邻人像爱你自己，做到这两件，那就是功利主义的道德做到理想的完备了。”[①]这一点与中国传统的兼爱思想相似，与边沁反对自我牺牲相反。穆勒提倡自我牺牲：“功利主义者的道德观念，承认人类有能力为他人的好处而牺牲他们自己最大的好处。”这种自我牺牲之所以有必要，是因为有时为了多数人的利益，需要某些人做出牺牲。“只有在世界的安排很不完善的情况下，才会以绝对牺牲自己的幸福，作为有益于别人的幸福的最好方法；但这世界既然是这样不完善，我完全承认，打算行如此牺牲，是人间所能见到的最高美德。”[②]由此可见，穆勒虽然提倡自我牺牲，但他认为这是在极特殊情况下，发生在少数人身上的事，在正常情况下：“大多数的好行为不是要利益世界，不过要利益个人”[③]。这时，只要在谋个人利益时不损害他人和社会利益，就是有道德的了。因此，与个人经济利益无法分开的西方道德，它不可能仅仅停留在心性修养的层面上，而必然具有极度向外扩展的趋向，必然以功利性为最终目的。

三、其他不同特点

除了如上所述道德的根源和基础两大方面外，中西道德内在性与外在性的差别，在道德的目的、境界和道德价值体系等方面也有很大的不同。传统道德的目的是为了陶冶情操、涵养品性、追求理想人格等，这些都属于“精神”范畴；西方市场道德的目的非常明确：追求利益。无论是斯密“看不见的手”，还是魁恩“以最小的支出取得最大享受”，无论是休谟的道德同情论，还是边沁把个人利益作为道德的基础，在这些理论的字里行间我们都能读到两个字：功利。此其一。

其二，两种道德所达到的境界不同，传统道德排斥个人利益，一言以蔽之：君子义以为上。谋求私利是小人所做的见不得人的事，难登大雅之堂。只有大公无私的人，才是道德高尚的人；西方市场道德则大力提倡追求个人利益，把个人利益看作社会利益的基础。认为人们只要在追求私利时尽量不损害别人和社会的利益，那他就已经是一个高尚的人了。

其三，传统道德有自己的一整套体系，从道德修养的理论基础，如人性善、

---

① 〔英〕约翰·穆勒《功用主义》，唐钺译，商务印书馆 1957 年版，第 18 页。

② 转引自周辅成编《西方伦理学名著选辑》下卷，商务印书馆 1978 年版，第 252 页。

③ 〔英〕约翰·穆勒《功用主义》，唐钺译，商务印书馆 1957 年版，第 17 页。

性善情恶等，到道德修养的境界，如中庸、至善、慎独等，再到道德修养的核心内容以及道德修养的方法，如学以成性、责己成善、格物致知等，这些内容互相联系、互相衔接，一环紧扣一环，形成自己非常完整的体系；西方市场道德则紧紧地与利益联系在一起，离开了利益，它本身就失去了存在的基础和存在的必要。它没有从利益中独立出来，更不要说形成自己的理论体系了。

总之，传统道德是对人内心的感化、要求与束缚，重精神而轻功利；西方市场道德则用利益引导人们，是对人的一种外在强制，重功利而忽视内在的精神价值。我们知道，一种道德如果失去功利基础就容易成为形而上的东西，当社会发生重大变化时，这些形而上的东西就会因为没有坚实的根基而被撼动。但只注重功利引导也同样是不够的。马克思在《1844 年经济学哲学手稿》里对国民经济学的批判很深刻地说明了这个问题："如果我问国民经济学家：当我靠出卖自己的身体满足别人的淫欲来换取金钱时，我是不是遵从经济规律，而当我把自己的朋友出卖给摩洛哥人时，我是不是在按国民经济学行事呢……于是国民经济学家回答我：你的行为并不违反我的规律……"[①]如果只注重功利，卖淫、出卖朋友，甚至卖国等行为就可能公然泛滥，社会最终只能变成尔谀虞诈、弱肉强食的屠宰场。这是任何一个正常的人都不愿意看到的。

在建设社会主义市场经济的今天，道德体系的重建已是不可回避的当务之急，而传统道德和西方市场道德则是唯一可供借鉴的两大资源。我们应当对两种道德中的有益成分进行充分的吸收，并尽量发挥其互补的优势。诚然，市场经济能够把人们追求财富的欲望全面调动起来，激励人们去竞争、冒险和开拓，这是它的生机与活力所在。但我们在吸取市场经济唤醒个人利益的优点的同时，还应当清醒地认识到，市场经济并不包含淡化公众利益的意识。比如价值规律要求人们为满足社会需要而不能一味地按照个人喜好去生产，就表达了对公众利益的关注。我们承认和保护个人利益，但也必须树立起公众利益拥有无可争辩的至上性的观念。中国几千年道德发展的主流也体现出，人的生命存在的价值更在于精神品质的塑造。因此，充分吸收了西方市场道德的优点，又不放弃中国传统道德的精华，是我们进行道德重建应当遵循的基本原则。当然，完整的道德体系不是一朝一夕就能建立起来的，如何坚持继承优良传统与吸收外来精华相结合，如何建立起与社会主义市场经济相适应的道德观念和道德规范，还需要我们进行长期深入的探究。

---

① 《马克思恩格斯全集》第 42 卷，人民出版社 1979 年版，第 136～137 页。

中编

齐鲁文化的仙道本质

齐地方仙道发展的三次高峰

——兼谈齐地神仙文化的当代价值*

儒家文化本是齐鲁地域文化，后跃升为中国主流文化，对中华民族核心价值观和凝聚力的形成产生了极为重要的影响。对此学术界已有高度的重视。与此相对，先秦秦汉时期源于上古巫教的齐地神仙文化，则以神奇丰富的想象力，从另一个侧面完成了独特的文化创造，引领了中国人超世俗的精神世界和民族宗教信仰。但是，与对儒家文化的关注相比，我们对于齐地神仙文化，不仅明显重视不够，而且还有不少评价是负面的。因而，后者的文化价值和意义，也就难以得到很好的阐发。就历史发展的实际来看，战国秦汉时期兴起于燕齐滨海地带的方仙道，以齐地为大本营，在先秦秦汉时期有过三次发展高峰。齐地方士在方仙道方术和神仙理论的创造和传播过程中，发挥了领袖和主导的作用，其神仙理论和仙道活动构成了齐文化独具特色的重要组成部分。而方仙道还与黄老之学共同促成了民族宗教——道教，并在漫长的历史发展中，对中国文化、中国人的精神世界及世俗生活等产生了极为重要的影响。与齐地关系极为密切的神仙文化，在精神关怀、文化创意及文化品牌的建设等方面，有着积极的当代价值和意义。本文拟就齐地方仙道的发展及其当代价值做一点简要的探讨，祈请方家指正。

一、"三神山"传说与方仙道的兴起

在中国历史上，最早对长生不死的方术进行研究、实践，并借此干人主、求富贵的一批人，即是战国秦汉时期的神仙家。在先秦时代，这个群体被史家称为方仙道。从历史发展的实际来看，方仙道兴起于燕齐滨海地带，而以齐地为大本营。它在先秦两汉时期有过三次发展高峰。

方仙道的产生与海上三神山的传说密切相关，在齐威王、齐宣王、燕昭王时期形成了第一次高峰。据《史记·封禅书》记载，齐威王、齐宣王、燕昭王都曾派

---

* 本文原刊于《齐鲁学刊》2014年第5期。

人入海求仙人、仙药。齐威王在位时间为公元前356—前320年，齐宣王在位时间为公元前319—前301年，燕昭王在位时间约与齐宣王同时，为公元前311—前279年。也就是说，从公元前356—前279年的70余年间，关于海上三神山的传说已经非常普遍，以至于引起了齐、燕两国君主的高度关注。他们甚至不惜动用国家力量派人入海寻找仙人、求取仙药。可见这一传说在此之前就已经在民间经过了较长时间的传播，而后才在齐威王以来的几十年间得到齐、燕两国君主的持续关注，从而掀起方仙道的活动的第一次高潮。齐威王比燕昭王早40余年，故方仙道当最早产生于齐地。[①]

驺衍的阴阳五行、五德终始学说，使方仙道获得了系统的理论支持。据钱穆先生的考证，驺衍可能早年曾仕燕惠王(前278—前272年在位)，后至齐。“其自齐赴赵，当齐王建时，在平原君晚节。自赵往燕，则仕燕王喜，绝不与齐宣、燕昭相涉。史公云云，盖误于燕齐方士之说耳。方士以神仙愚秦始皇，乃引燕昭王、齐威宣王以为重。若仅言齐王建、燕王喜，亡国之君，不足以歆动始皇之心也。”[②]钱先生的考证，多引先秦典籍互证，很有说服力。他还认为驺衍的生卒年大约为公元前305—前240年。[③] 如此则从齐威王到驺衍去世，一百余年的时间，方仙道的发展情况虽然难得其详，但可以推知，即使是列国忙于兼并或自保的战国末期，虽然各国君主已经很难对方仙道产生浓厚的兴趣，但是在民间，方仙道的发展依然保持着强劲的势头。《史记·封禅书》所谓“燕齐海上之方士传其术不能通，然则怪迂阿谀苟合之徒自此兴，不可胜数也”[④]，就应当是在秦统一之前的几十年间发生的事情。因为按照钱穆先生的系年，驺衍卒年距秦始皇统一天下的公元前221年，不过20年。此时齐人将驺衍学说上奏，得到好神仙的秦始皇采用，而“燕齐之士释锄耒，争言神仙，方士于是趣咸阳者以千数，言仙人食金饮珠，然后寿与天地相保”[⑤]。而“趣咸阳者以千数”的方士，正说明此前

---

① 郑杰文先生认为:“这个神境仙界的传说(笔者按:指海上三神山)是在民间流传中逐步丰富和完善起来的。它们被记录的时间虽晚，但至迟在齐景公时这种传说便已萌芽了。……在齐国君主们的带动下，‘东海仙山仙人仙药说’在东部海滨赢得了广泛的信徒，秦始皇时，‘海上之方士’竟达到‘不可胜数’的地步(《史记·封禅书》)，方仙道首先在这里产生了。”(郑杰文《方仙道的产生和发展——论方仙道之一》，《中国道教》1990年4期)我们赞同郑先生关于三神山传说在民间流传中逐步丰富和完善起来、方仙道产生于齐地的说法，但说“至迟在齐景公时(前547—前490)这种传说便已萌芽了”，目前似乎还证据不足。

② 钱穆《先秦诸子系年》，商务印书馆2001年版，第507～509页。

③ 钱穆《先秦诸子系年》，商务印书馆2001年版，第697页。

④ 《史记·封禅书》，中华书局1959年版，第1369页。

⑤ [汉]桓宽著、王利器校注《盐铁论校注》卷六《散不足》，中华书局1992年版，第355页。

几十年方仙道的发展并未停滞。同时,也说明秦始皇再一次从客观上为驺衍学说与方仙道的结合提供了切实的现实基础,因而促成了方仙道第二次高潮的到来。如果说这些燕地方士是受到驺衍学说的影响而兴起,那么其时代只能在驺衍之后而不会太早。史书提到战国以来的方士,虽然多是"燕齐"并称,但是,方仙道不仅是起源于齐地,在包括汉武帝时期在内的三次发展高峰中,也以齐地方士最为活跃,堪称方仙道的主力军。

追求长生不死乃是方仙道的核心。"为方仙道"并不仅仅是《史记·封禅书》所说的"形解销化,依于鬼神之事",从历史发展的实际情况来看,通过各种方术追求长生不死才是其主要内容。所谓"形解销化",《史记集解》引服虔曰:"尸解也"。又引张晏曰:"人老而解去,故骨如变化也。今山中有龙骨,世人谓之龙解骨化去也。"也就是说,按照《史记·封禅书》的说法,"为方仙道"的核心是所谓"尸解"。但典籍所载战国秦汉时期方仙道活动的三次高峰,虽然也涉及祠灶(炼丹方)、封禅、却老方、下鬼神术、尸解术等方术,但入海求仙人与仙药(不死药)似乎是最为重要的特征,其他方术也莫不以长生不死为核心。因此,司马迁《史记·封禅书》中对"为方仙道"的概括,与方仙道的实际不尽相合。[①]

综上所述,方仙道最早产生于齐地,与海上三神山的信仰密切相关,在齐威王、齐宣王、燕昭王在位期间形成第一次发展高峰。战国晚期,吸收了驺衍的阴阳五行、五德终始学说,并随着驺衍入燕,在燕地涌现出一批知名的方士。其特点由入海求仙人、仙药开始,逐步发展出一系列以长生不死为目的的方术,在秦皇、汉武时出现第二、第三次发展高峰。

二、秦始皇对方仙道的推动

从秦始皇统一天下(前 221)到他去世的(前 210)的 12 年间,秦始皇的重视,从客观上为驺衍学说与方仙道的结合提供了切实的现实基础,方仙道因此迎来了第二次发展高峰。

在秦统一后的第三年,即秦始皇二十八年(前 219),秦始皇到齐地东巡,封禅泰山。并在琅琊停留三个月,移民三万户造琅琊台。他的这些活动极大地鼓舞了齐地的方士。齐人徐市则是其中的代表人物,在他的蛊惑下,秦始皇"于是遣徐市发童男女数千人,入海求仙人"[②]。而从其他的史料可知,当时的齐地方

---

① 对这一问题,石介文《"方仙道"解》一文已有论述,读者可参考,见《宗教学研究》1987 年创刊号。

② 《史记·秦始皇本纪》,中华书局 1959 年版,第 247 页。

士人数是很多的。《史记·封禅书》说：

及至秦始皇并天下，至海上，则方士言之不可胜数。始皇自以为至海上而恐不及矣，使人乃赍童男女入海求之。船交海中，皆以风为解，曰未能至，望见之焉。其明年，始皇复游海上，至琅邪，过恒山，从上党归。后三年，游碣石，考入海方士，从上郡归。后五年，始皇南至湘山，遂登会稽，并海上，冀遇海中三神山之奇药。不得，还至沙丘崩。[①]

这里所谓的"至海上""复游海上""并海上"用词虽然不同，但都是指齐地的琅琊、荣成、芝罘一带。紧接着"至海上"的"则方士言之不可胜数"，显然是指齐地方士，最起码也主要是指活动于齐地的方士。对始皇二十八年(前219)以后的三次东巡，《秦始皇本纪》记载颇详：

二十九年，始皇东游……登之罘，刻石……遂之琅琊。

三十二年，始皇之碣石，使燕人卢生求羡门、高誓。

三十七年十月癸丑，始皇出游……还过吴，从江乘渡。并海上，北至琅邪。……自琅邪北至荣成山，弗见。至之罘，见巨鱼，射杀一鱼。遂并海西。[②]

这与《史记·封禅书》中"其明年""后三年""后五年"的记载恰好一一对应的。其中，除始皇三十二年(前215)的出巡地为燕地外，其余两次都为齐地海边，目的非常明确，就是"冀遇海中三神山之奇药"。之所以如此，当然与以徐市为代表的一大批齐地方士的蛊惑有关，也可见当时齐地方仙道兴盛之一斑。

在刘向《列仙传》和葛洪《神仙传》中，也记载了一批齐地方士。其中最为著名的是安期生，《列仙传》里说秦始皇曾与他相见，从《史记》记载来看，安期生实为秦汉之际与蒯通同时的人物，[③]因此《列仙传》的说法即使是方士编造，也不全是虚构的，至少从生活年代而言还是有这种可能的。所以秦始皇屡次来到齐地滨海地区，除了受到齐地方士的鼓动外，齐地民间有不少像安期生那样的方仙道高士，大概也是重要的原因之一。《列仙传》与《神仙传》中还有一些齐地仙人，如园客、服闾、乐子长、马鸣生等。

总的来看，秦朝的统一和秦始皇对长生不死的刻意追求，促成了方仙道的发展的第二次高峰，而此时齐地方仙道的发展已经远远超过了燕地，成为方仙

---

① 《史记·封禅书》，中华书局1959年版，第1370页。

② 《史记·秦始皇本纪》，中华书局1959年版，第249～263页。

③ 苑秀丽、刘怀荣《崂山道教与〈崂山志〉研究》，中国社会科学出版社2011年版，第44页。

道真正的大本营。

三、汉武帝时期方仙道的再兴盛

汉武帝在位期间，独尊儒术外，“尤敬鬼神之祀”[①]，方仙道也因此迎来了第三次发展高峰。

这一时期的齐地方士，可谓高手如云。《史记·武帝本纪》和《史记·封禅书》为我们留下来一大批齐地方士的名字和事迹，从某种意义上说，几乎可以当作齐方士合传来读。如结合《列仙传》《神仙传》中所记方士，我们可以发现齐地方士已经成为方仙道的绝对主力，他们人数众多，各怀绝技，从不同的方面丰富了方仙道的方术和理论，使方仙道进入了一个空前繁荣的发展阶段。

齐人李少君是以方术被汉武帝重用的第一人，[②]他“以祠灶、谷道、却老方见上，上尊之”。此外，如齐人少翁“以鬼神方见上”，被封为文成将军；与少翁出于同一师门的栾大，也“以鬼神方见上”，被封为五利将军，佩天士将军、地士将军、大通将军、天道将军印，又以二千户封为乐通侯；齐人公孙卿、齐人丁公以封禅说武帝；齐人公玉带上黄帝时明堂图。他们可谓各怀异术，各显神通。其中尤以少翁之后的栾大最受重视，他与少翁出于同一师门。

> 赐列侯甲第，僮千人。乘舆斥车马帷幄器物以充其家。又以卫长公主妻之，赍金万斤，更命其邑曰当利公主。天子亲如五利之第。使者存问供给，相属于道。自大主、将相以下，皆置酒其家，献遗之。[③]

这种超前的待遇，极大地鼓舞了后来的公孙卿等人，用现代的语言来说，那就是榜样的力量是无穷的。

而见于《列仙传》和《神仙传》的稷丘君、太山老父、巫炎、涓子、蓟达等一大批方士，也都可以肯定是齐人。他们有不少都打着安期生的名号，如李少君、栾大都自称曾见过这位仙人，公孙卿则更高明，他说鼎书得自已死的齐人申公，申公与安期生通。如果说这还是秦始皇时期方士神化自己策略的延续，那么，西汉齐地方仙道的方术，名目已更加繁多。史籍中述及的有李少君的“祠灶”[④]。

---

① 《汉书·郊祀志上》，中华书局1962年版，第1215页。

② 《史记·封禅书》虽说李少君“匿其年及其生长”，但提到他猜出了齐桓公时的铜器，透露出他与齐地的关系，葛洪《神仙传》卷六则明确说他是“齐国临淄人”。（[晋]葛洪撰，胡守为校释《神仙传校释》，中华书局2010年版，第206页）

③ 《史记·封禅书》，中华书局1959年版，第1390～1391页。

④ 《史记·孝武本纪》，中华书局1959年版，第454页。

《资治通鉴》说："李少君以祠灶却老方见上。"胡三省注曰："祠灶者，祭灶以致鬼物，化丹砂以为黄金，以为饮食器，可以延年，方士之言云尔。"[①]还有"谷道"[②]，公孙卿则借汾阴得宝鼎之事设计出"宝鼎出而与神通，封禅……能仙登天"[③]的成仙程序，在海上求仙之外，提出了仙山求仙的另一种成仙途径，并把黄帝作为通过这一途径成仙的典范。丁公说武帝曰："封禅者，合不死之名也。"公玉带则称："黄帝时虽封泰山，然风后、封巨、岐伯令黄帝封东泰山，禅凡山，合符，然后不死焉。"[④]都是把封禅与不死联系在一起，其思路与公孙卿如出一辙。稷丘君的道术虽不详，但与泰山老父的"绝谷服术饮水"之术一样，都有使"发白再黑，齿落更生""转老为少，黑发更生，齿堕复出"的奇效，大约与李少君之"却老方"相类。巫炎的"阴术"，与涓子的"接食其精"之术，当为房中术。[⑤]《汉书·郊祀志上》曾对此做过精辟的总结：

汉兴，新垣平、齐人少翁、公孙卿、栾大等，皆以仙人、黄冶、祭祠、事鬼使物、入海求仙采药贵幸，赏赐累千金。大尤尊盛，至妻公主，爵位重累，震动海内。元鼎、元封之际，燕齐之间方士瞋目扼腕，言有神仙祭祀致福之术者以万数。[⑥]

对当时方仙道以齐人为主、方术多样、"爵位重累"及产生轰动效应、追随者"以万数"等做了很好的概括。而关于齐地的大批追随者、效仿者，《史记·封禅书》曾不止一次地做过描述：

大（栾大）见数月，佩六印，贵震天下，而海上燕齐之间，莫不搤捥而自言有禁方，能神仙矣。[⑦]

---

① 《资治通鉴》卷十八汉武帝元光二年十月，载："李少君以祠灶却老方见上"。胡三省注曰："祠灶者，祭灶以致鬼物，化丹砂以为黄金，以为饮食器，可以延年，方士之言云尔。"（中华书局 1956 年版，第 579 页）

② 裴骃《史记集解》引李奇曰："食谷道引，或曰辟谷不食之道。"（《史记·孝武本纪》，中华书局 1959 年版，第 453～454 页）

③ 《汉书》，中华书局 1962 年版，第 1228 页。

④ 《汉书》，中华书局 1962 年版，第 1246 页。

⑤ 朱越利以为："《列仙传·老子传》说'老子姓李名耳，字伯阳'，所谓涓子受伯阳九仙法，大概暗示涓子行的是黄老之术。与老子神仙故事相联系，指的是受老子'好养精气，贵接而不施'之法。若如此，所谓涓子'接食其精'，大概是'行接阴之道而食其精'的意思。"朱越利《方仙道和黄老道的房中术》，《宗教学研究》2002 年第 1 期。

⑥ 《汉书》，中华书局 1962 年版，第 1260 页。

⑦ 《史记·封禅书》，中华书局 1959 年版，第 1391 页。

上遂东巡海上，行礼祠八神。齐人之上疏言神怪奇方者以万数，然无验者。乃益发船，令言海中神山者数千人求蓬莱神人……宿留海上，予方士传车及间使求仙人以千数。①

其春，公孙卿言见神人东莱山，若云"欲见天子"。天子于是幸缑氏城，拜卿为中大夫。遂至东莱，宿留之数日，无所见，见大人迹云。复遣方士求神怪采芝药以千数。②

所谓"齐人之上疏言神怪奇方者以万数"，足以见出当时齐地方仙道之盛。李少君等人不过是其中最为显著的几位罢了。

总之，方仙道发展的三次高峰，都是以齐地为大本营。正因为有齐地方士导夫先路，使得方仙道的方术和神仙理论深入人心，广泛传播，才促成了齐威王、齐宣王倾一国之力寻求海外仙山、仙药，并进而影响到燕地及燕昭王的方仙道活动。而在后两次发展高峰中，齐地方士更是发挥了领袖和主导的作用，不仅提升了方仙道的地位，扩大了其影响，也促进了其方术的进一步发展。这为后来道教的成长和发展提供了丰腴的土壤和必要的前提，其神仙理论和仙道活动也构成了齐文化独具特色的重要组成部分。

四、神仙文化的当代价值

方仙道是中国神仙文化的早期表现形态，它与黄老之学共同促成了我国的民族宗教——道教，在漫长的历史发展中，对中国文化、中国人的精神世界及世俗生活等都产生了极为重要的影响，以致鲁迅先生有"中国根柢全在道教"③的名言。这已是学术界的共识，我们在此不必多言。但关于与齐地关系极为密切的神仙文化在当代究竟有什么价值和意义，学者们大多语焉不详，或很少论及。我们认为，齐地神仙文化在当代社会至少有如下几方面的价值，值得给予关注。

精神关怀。我们知道，中国文化缺少宗教情怀，历代民众对儒、释、道的信仰往往带有相当的实用主义色彩。但是，神仙文化在民族宗教——道教中，占有极为重要的地位，尤其是其长生不死的信仰，对当代中国人乃至世界其他民族，仍有相当的吸引力。而像所有的宗教一样，道教也同样包含着浓厚的伦理

① 《史记·封禅书》，中华书局1959年版，第1397～1398页。

② 《史记·封禅书》，中华书局1959年版，第1399页。

③ 鲁迅《致许寿裳》，《鲁迅全集》卷十一，人民文学出版社1982年版，第365页。

色彩，对于人的言行、思想，做了伦理方面的规范，其中的积极要素，如积德行善、孝敬父母、清心寡欲等，也同样是神仙文化的主要内容。因此，如何借助有数千年积淀的传统神仙文化，为中国当代社会的道德重建寻求新的助力和突破，对于大多数的民众而言，仍然不失为行之有效的策略之一，需要我们做深入的探讨和研究。

创意产业。近年来，我们国家极为强调文化产业的发展，各级地方政府也对文化产业给予了高度的关注。但是文化产业的发展似乎并不尽如人意，真正有国际竞争力的产品，寥寥无几。而神仙文化独特的想象力，它所创造的缤纷的神灵神界，诸多极具个性的神仙人物，以及与世俗社会关系密切的神仙故事等等，如果不仅仅是从鬼神迷信的消极的角度去看待，而是从文化创意和艺术思维的深层重新审视，则不难发现，神仙文化实际是人类思维大解放开出的绚丽之花。它可以为文化创意产业提供的资源和启示，迄今为止还远远未能得到重视。动画《宝莲灯》的成功，即是这方面的一个典范。可以肯定，我们在这方面的探索还有极为广阔的空间。

文化品牌。文化的发展一旦进入到产业化的阶段，遵循商业运作规律是必须的，因而创造文化品牌也就成为不可回避的关键之一。而借助传统文化实现文化品牌的突破，则无疑是品牌建设不可多得的捷径。诚如本文开头所言，儒家文化和神仙文化，都与齐鲁文化有着很深的渊源，这是其他省份和地区所不具备的一大优势。如果说儒家文化更多的是从实用理性的角度，影响了中国人的价值观和人生道路，神仙文化则从深度和广度上极大地开掘了我们的艺术想象世界，且其中的很多人物、故事及伦理和价值观念，在几千年的发展中，已经深入人心，成为中国人心灵世界集体无意识的有机组成部分。鉴于其超世俗的特点和趣味，仅就文化品牌的创建而言，它又有着儒家文化所不具备的很多优势。

不死药与白玉琯

——论东夷文化的特质及影响*

据典籍记载，以“六巫”“灵山十巫”为代表的群巫集团及西王母、后羿等，多出自东夷族，并与不死神药密切相关。在儒家文化中以早期圣君和孝德典范著称的大舜，也是东夷族领袖，他所具备的巫术神秘色彩和超凡魔力，显示出他兼具道德圣君与通天大巫的双重身份。东夷文化对永生的探索及其巫术信仰，在“不死药”和“白玉琯”中得到了集中的体现，其仙道本色为齐文化所继承和发扬光大，成为中国传统文化重要的组成部分。本文拟围绕“不死药”和“白玉琯”，从永生探索与巫术信仰两个方面，简述东夷文化之仙道本源并兼及其对齐文化的影响。

一、东夷文化的源流

东夷文化曾有过光辉灿烂的历史，并达到了很高的水平，在中华上古文明中独具特色。考古学家认为，山东的史前文化，至少从新石器时代起，即从后李文化（约前 6500—前 5400 年）、北辛文化（约前 5400—前 4400 年）、大汶口文化（约前 4300—前 2500 年）、龙山文化（约前 2500—前 2000 年）再到岳石文化（约前 1900—前 1600 年）的整个时期，都应属于东夷远古文化系统。“岳石文化不是孤立的，它上承龙山文化，下启商周东夷文化，三者组成一个独具特色的文化体系。”①面对众多的考古发掘，也有专家感叹：“自古被认为夷民之地的东方，竟出现如此自成一体、高度发达的史前文化！为此，对于东夷部族的古史传说，不能不结合考古发现做一番新的考察，对于东夷之民在中华文明形成史上的地位及其推动作用，不能不予以重新估计。”②还有的学者根据文献记载指出，不仅太皞、少皞、尧、舜、皋陶、伯益、蚩尤、后羿均为夷人，孔子、孟子、墨子、老子、庄子

---

* 本文原收录于任传斗主编《齐文化与稷下学论丛（2018）》，齐鲁书社 2019 年版。

① 严文明《东夷文化的探索》，《文物》1989 年第 9 期。

② 王震中《史前东夷族的历史地位》，《中国社会科学院研究生院学报》1988 年第 6 期。

也都是夷人。"环渤海地区夷文化源远流长,中国文明初兴的一些重大特征和礼乐文明根于夷文化……根据现有史料可证夷为东亚土著,夏代之前众夷遍布中国,夏商周三代夷是群众基础。"①

齐、鲁两国虽同处于东夷故地,又同为周王朝的东方诸侯国,在政治环境、文化背景等方面有很多共性。但姜太公本为东夷人,受封之后,并没有对东夷文化进行强制性改造,而是"因其俗,简其礼"(《史记·齐太公世家》),在当地风俗的基础上推行周文化,采取了与鲁国完全不同的治国方针。所以,在齐国东夷文化不仅与周文化并行不悖,而且其传统也得到了更好地吸收和继承。故齐文化之仙道特征,实源于东夷文化。

二、不死药与永生探索

世界上很多民族,都曾有过永生的幻想。中国上古文明也不例外,我们的先民在借助祖神之权威,使用种种法术确立人间等级、维系群体秩序的过程中,一方面构造出天界、人间和地府的三重世界,形成了中国上古的巫术信仰体系和宇宙观;另一方面,还在祭神祭祖的仪式活动和沟通天人的实践中,开启了关于个体永生,亦即肉身不死的思考和实践探索历程。这在东夷文化中尤为突出。齐地仙道文化,正是在此基础上吸纳原始巫教的相关术数而形成。由于上古巫、医不分,早期阶段对生命永恒的探求,与巫医密切相关。在后来的发展中,虽然巫、医逐渐分途,但即使在道教成熟后,巫与医在很多方面也还是难以完全分开的。

有关巫、医与不死实践的关联,早在《山海经》中即有记载,且多与东夷族有关。其中,最著名的是掌握不死之药的"六巫"和"灵山十巫":

> 开明东有巫彭、巫抵、巫阳、巫履、巫凡、巫相,夹窫窳之尸,皆操不死之药以拒之。窫窳者,蛇身人面,贰负臣所杀也。(《山海经·海内西经》)

> 有灵山,巫咸、巫即、巫肦、巫彭、巫姑、巫真、巫礼、巫抵、巫谢、巫罗十巫,从此升降,百药爰在。(《山海经·大荒西经》)

对《海内西经》中的六巫,郭璞注说:"皆神医也。"又引《世本》说:"巫彭作

---

① 易华《夷夏先后说》,民族出版社 2015 年版,第 51~54 页。

医。"[①]《说文解字》"医"字下也有"古者巫彭初作医"[②]的说法。《广雅·释诂四》："医，巫也。"王念孙疏证："巫与医皆所以除疾，故医字或从巫作毉。"[③]清人俞樾《群经平议》卷三十二《孟子一》也说："是巫、医古得通称，盖医之先亦巫也。"[④]

对"操不死之药以拒之"，郭璞注称："为距却死气，求更生"[⑤]。说明"六巫"有使人起死回生的能力。周策纵先生则从古文字学的角度，做过很深入的考证。他认为："咸为古鍼、箴字，巫咸即巫箴、巫鍼……咸字的基本意义大约还是鍼刺，巫咸以箴（鍼）命名，当由于古巫医从事针刺的医术。"又说："抵（柢）又有针刺之意。巫抵的名字，显然是指巫医砥弹针砭的工作。"对见于《周礼·春官·簭人》中的"巫更"，他也认为"更、鲠乃古今字，更是由初义为鱼尾，进而有鱼骨之义的丙字作成，加支有手持鱼骨可刺的含义……巫更之更，似乎是取用这梗或骾的初文，仍有箴刺医术的意思。"[⑥]这一解说，虽未必为定论，但对于我们理解巫、医合一的早期文化无疑是有意义的。

关于"六巫"与《山海经·大荒西经》中"灵山十巫"的关系，以袁珂先生的分析最为精辟：

> 《大荒西经》……十巫中有巫彭，即此巫彭也。余巫礼郝懿行以为即巫履（礼之义履也），巫朌即巫凡（朌与凡音近），巫谢即巫相（谢与相声转），十巫与此六巫名皆相近，而彼有"百药爰在"、此有"夹窫窳之尸，皆操不死药以距之"语，巫咸、巫彭又为传说中医道创始者，此经诸巫神话要无非灵山诸巫神话之异闻也。故郭璞注以为"皆神医也"；然细按之，毋宁曰，皆神巫也。此诸巫无非神之臂佐，其职任为上下于天、宣达神旨人情，至于采药疗死，特其余技耳。操不死神药以活窫窳，当亦奉神之命，非敢专擅也。郭氏图赞云："窫窳无罪，见害贰负；帝命群巫，操药夹守；遂沦弱渊，变为龙首。"是能得其情状者。[⑦]

按袁先生的说法，"六巫"与"灵山十巫"名相近，其职能主要应为"上下于天、宣达神旨人情"，以"不死药"使窫窳起死回生，乃是群巫较为次要的职能。《山海经·海外西经》又说：

---

① 袁珂校注《山海经校注》，上海古籍出版社 1980 年版，第 301 页。
② ［清］段玉裁《说文解字注》，上海古籍出版社 1981 年版，第 750 页。
③ ［清］王念孙《广雅疏证》，中华书局 1983 年版，第 126 页。
④ ［清］俞樾《群经平议》，《续修四库全书》，上海古籍出版社 1995 年版，第 524 页。
⑤ 袁珂校注《山海经校注》，上海古籍出版社 1980 年版，第 302 页。
⑥ 周策纵《古巫医与"六诗"考——中国浪漫文学探源》，上海古籍出版社 2009 年版，第 95～99 页。
⑦ 袁珂校注《山海经校注》，上海古籍出版社 1980 年版，第 301～302 页。

巫咸国在女丑北，右手操青蛇，左手操赤蛇，在登葆山，群巫所从上下也。（《山海经·海外西经》）

袁珂先生综合各条记载，以为灵山，疑即巫山，也可能是登葆山的异名。[①]“巫咸国者，乃一群巫师组织之国家也……登葆山盖天梯也，‘群巫所从上下’者，‘上下’于此天梯也。”[②]李炳海先生在此基础上，对巫咸国做了进一步的考证。他认为：“中国上古时期存在一个巫师群体，即通常所说的群巫集团。《山海经·大荒西经》同时列出十巫之名，以巫咸为首。”从伏羲氏与巫咸国都以蛇为崇拜对象，可见“巫咸应是伏羲的后裔，是东夷部族成员”。巫咸家族从尧帝到殷商时代，都是著名的巫术家族。他还通过分析舜妻登比氏的相关材料发现，《山海经》中提到的“登比、登北、登备、登葆，读音相近，指的是同一座山，学术界对此已达成共识。舜妻登比氏，是登葆山的土著居民，山名和族名是一致的……登葆山是巫咸国所在之处，又是群巫活动的地方”。而“灵山”就是“登葆山”[③]。

对于《山海经》的记载和学者们的解说，我们在此更重视的是群巫族属与不死之药的关系。以巫咸为首的群巫，能够从灵山（登葆山）上下于天，此山“百药爰在”，所以群巫的另一特殊本领即是采此百药制作不死神药。其中值得我们特别注意的是，上述各条中出现的群巫为东夷族，娶登比氏的舜为东夷族，窫窳“蛇身人面”，贰负“人面蛇身”（《山海经·海内北经》），也属于东夷族。此外，见于典籍记载，与不死药相关的东夷族神话人物，还有西王母和后羿：

西王母其状如人，豹尾虎齿而善啸，蓬发戴胜，是司天之厉及五残。（《山海经·西山经》）

殷帝太戊使王英采药于西王母，至此绝粮，不能进，乃食木实，衣以木皮。终身无妻，产子二人，从背胁间出，其父则死，是为丈夫民。[④]（《太平御览》卷三六一引《玄中记》）

“羿请不死之药于西王母，姮娥窃以奔月，怅然有丧，无以续之。”高诱注云：

---

① 袁珂校注《山海经校注》，上海古籍出版社 1980 年版，第 451 页。

② 袁珂校注《山海经校注》，上海古籍出版社 1980 年版，第 219 页。

③ 李炳海《部族文化与先秦文学》，高等教育出版社 1996 年版，第 217～228 页。

④ ［宋］李昉编纂《太平御览》，夏剑钦、王巽斋校点，河北教育出版社 1994 年版，第 14 页。

"姮娥,羿妻;羿请不死之药于西王母,未及服之,姮娥盗食之,得仙,奔入月中为月精也。"[①]

《山海经·西山经》所记,是说西王母为主灾厉五刑残杀之气,是死亡之神。后两条,一说"王英采药于西王母",一说"羿请不死之药于西王母",都透露出西王母还掌管着神药。从后者看,王英所采之药也应为不死药。已有学者指出,西王母为东夷族女神。[②] 而后羿,在《楚辞·天问》和《吕氏春秋·勿躬》中,都被称为"夷羿",学术界多把他看作是东夷族部族首领或东夷族之神。不死药的传授发生在这两位东夷族大神之间,也从另一方面说明了不死药与东夷族关系的确十分密切。

《山海经·海内经》又有:

有九丘,以水络之:……有木,青叶紫茎,玄华黄实,名曰建木,百仞无枝,有九欘,下有九枸,其实如麻,其叶如芒,大皞爰过,黄帝所为。

袁珂先生认为,这里所谓的"大皞爰过"的"过",与前引《山海经·大荒西经》十巫"从此升降"、《海外西经》群巫"所从上下",意思相同。不过十巫与群巫升降、上下的是作为天梯的"灵山"和"登葆山",这里的建木,乃古籍中唯一可考的"树之天梯":

"过"者非普通于树下"经过"之"过",如仅系普通于树下经过,亦不值如此大书特书。此"过"者,实"众帝所自上下"之"上下":此"为百王先"(《汉书》、《帝王世纪》)之大皞庖羲,亦首缘此建木以登天也。于是乃有记叙书写之价值。[③]

大皞伏羲氏为三皇之首、东夷族领袖,他既然能从建木往来于天界和人间,他的巫术能力自然应在群巫之上。群巫"操不死神药以活窫窳"是奉哪位大神之命,不得而知。但不死神药及永生观念与东夷文化如此密切的关系,肯定不能与伏羲及舜无关。只是史料缺失,我们无从落实罢了。《山海经》中多处记载了昆仑山的不死树、不死药,以致顾颉刚先生反复感叹:"昆仑中的不死意味真浓重,恐怕在他们的意想中,黄帝和众帝众神所以能长生久视,还是全靠这不死药哩!……昆仑中树有不死,药有不死,水亦有不死,不死的方法真太多了!

① [汉]刘安撰《淮南子》卷六《览冥训》,[汉]高诱注《诸子集成(7)》,上海书店1986年版,第98页。

② 关于西王母为东夷族女神,参李炳海《蓬莱、昆仑神话同源于东夷考》,《东岳论丛》1991年第1期;翁银陶《西王母为东夷族刑神考》,《民间文学论坛》1985年第1期。

③ 袁珂校注《山海经校注》,上海古籍出版社1980年版,第451页。

……昆仑的全部事物笼罩在'不死'观念的下面。"[①]我们在此想进一步指出的是,昆仑山的不死神药,尽管并非都与东夷族有关,但东夷文化与不死观念及不死神药具有特殊的关系却是可以肯定的。

神话中有关不死神药的记载,在考古发掘的实物中也得到了一定的印证。有关东夷早期医学的发展情况,逄振镐先生结合大汶口文化考古发掘的箴石、獐牙、骨针、骨锥、牙刀、高柄杯、龟甲、象牙质和骨质雕筒、獐牙钩形器等实物,做了非常细致的论证,以为箴石、獐牙、骨针、骨锥、牙刀"可能与针灸、针疗、外科手术有关。换句话说,这些用具可能有一部分是当时从事医疗所使用的专门医疗工具……东夷人发明的箴石、针灸技术在我国医学发展史上具有极为重要的地位"。高柄杯可能是一种酒器,"我国酿酒业至少在大汶口文化早期,即距今 6500 年就已经开始了;而且从高柄杯在杯类中所占的比重之大看,当时的酿酒业可能不是初级阶段,而是已经相当发达了"。因治病离不开酒,人工酿酒的发明,也在一定程度上可以证明东夷医学的古老。由于早期巫、医合一,大汶口文化时期出土的龟甲、象牙质和骨质雕筒、獐牙钩形器等实物,"当与卜医(卜巫)有关,也可能是卜医或卜巫身份的一个标志。……此类墓主很可能具有双重身份:既是卜(巫)者,又是医者,是巫医合一的人物。总之,东夷人的原始医学同'巫'紧密地交织在一起。东夷人占卜的发展就是东夷人的原始医学的发展"[②]。逄先生的研究,对我们理解东夷古老的巫医文化与不死信仰是非常有意义的。

以往我们更注重齐国举贤上功、富民强国、思想开放自由的特点,及在兵学、医学方面的建树。但齐文化对东夷文化中源于巫教之长生术的进一步发挥,也是别具特色、非常突出的一个方面。值得引起我们的高度重视。

三、白玉琯与巫术魔力

以孔子、孟子为代表的儒家,向来对尧舜称赞有加。学者们也指出,"考古发现新石器时代有一个昌盛的夷文化圈,孕育孳生了齐鲁文化。齐鲁是儒家文化的发祥地,儒家思想来源于尧舜。"[③]这大致可代表古今主流的观点。我们在此想指出的是,从尧舜到孔孟,只是中华文明完成人文升华的一个方面;另一方

① 顾颉刚《〈山海经〉中的昆仑区》,《中国社会科学》1982 年第 1 期。

② 逄振镐《齐鲁文化研究》,齐鲁书社 2010 年版,第 504~516 页。

③ 易华《夷夏先后说》,民族出版社 2015 年版,第 41 页。

面，作为东夷部族的领袖，舜在被儒家改造为以道德楷模著称的古代圣王的同时，在他身上，还保留着与巫术信仰有关的一些神秘特征，这虽然在存世文献中只有零星的记载，但却是我们理解东夷文化不可忽略的一个方面。

有关舜的事迹，《左传》《国语》《国策》及《论语》《墨子》《孟子》等先秦子书都有记载。记载比较详细的文献是《孟子》《史记》和《列女传》。《孟子》和《史记》中，都有舜的父亲瞽叟、继母及同父异母第象两次杀舜的情节。一次是在舜涂廪（米仓）时把梯子抽掉，放火烧廪；一次是让舜浚井，而后以土埋井。到了《列女传》中，又增加了让舜饮酒，想趁其酒醉杀死他的情节。这三次谋杀都被舜成功地化解。关于化解的方式，《史记》说是"以两笠自扞而下""匿空旁出"，《列女传》更增加了尧帝之女娥皇、女英的帮助，因而舜能有"飞出""潜出""终日饮酒不醉"的神异本领。

对于舜能够逃脱三次谋杀，学者们或用上古时代的准弃子考验仪式来加以解说，以为"第一次的涂廪是高空作业，第二次的浚井是深水作业，迫害者或焚烧或填土，都被舜以'飞出'或'潜出'的方式躲过了，这就从上、下两个维度见出其'上天入地'的无所不能"。而第三个迫害情节"通过饮酒不醉，由前两次更重外在空间之避患能力转向舜内在体魄之修持能力，从而内外上下兼顾，全方位地展现了舜的神赋异禀"。至于舜能得到尧帝二女的救助，也"显示出他本即具有超凡入圣的资质"。[①] 这一解说相当精彩，不失为一家之言。如果从上古巫术信仰的角度来看，舜的三次脱险，说明他具有超凡的巫术能力，甚至就是一位巫师。这一点在西王母与舜的传说中也有所表现。

又据典籍记载，由于舜帝德治天下，泽被苍生，西王母曾送给他祥瑞之物以示褒奖：

舜时西王母献白环及玦。[②]

舜以天德嗣尧，西王母来献白玉琯。[③]

子曰：……昔虞舜以天德嗣尧，布功散德制礼，朔方幽都来服，南抚交趾，出

---

① 尚永亮《英雄·孝子·准弃子——虞舜被害故事的文化解读》，《文学遗产》2014 年第 3 期。

② 《文选·景福殿赋》《与陈伯之书》注并引《世本》，玦作佩。[清]茆泮林辑《世本》，刘晓东等点校，齐鲁书社 2000 年版，第 4 页。

③ [清]王闿运《尚书大传补注》卷一，《续修四库全书》，上海古籍出版社 1995 年版，第 801 页。

入日月，莫不率俾，西王母来献其白琯。[①]

西王母献舜白玉琯及益地图。[②]

上引四条史料，后三条中的“白琯”与“白玉琯”应无不同。此外，值得引起我们注意的还有三点：

一是白玉琯的功用。《礼记·月令》“律中大蔟”郑玄注说：“律，候气之管，以铜为之。”（《礼记正义》卷十四）《说文解字》“管”字条下也说：“琯，古者玉琯以玉，舜之时，西王母来献其白琯……夫以玉作音，故神人以和，凤凰来仪也。”[③]结合其他古籍记载，可知“管”是用竹或铜制作的乐器，白玉琯因用白玉制成，故称“琯”。因材料更特殊，所以能达到“神人以和，凤凰来仪”的神奇效果，为其他材质的管所无法比拟。管在古代的作用是定律，所以郑玄称之为“候气之管”，对第三条中的“白琯”，北周卢辩注也说：“琯所以候气”[④]。以律管候气在中国古代属于“成天地之大功”[⑤]的神秘大事。因此，西王母献白玉琯，本身就具有巫术的神秘色彩。

二是虞舜家族可能是乐官世家。《国语·郑语》里提到，舜的先祖“虞幕能听协风，以成乐物生者也”。并把此事与“夏禹能单平水土，以品处庶类者也。商契能和合五教，以保于百姓者也。周弃能播殖百谷蔬，以衣食民人者也”[⑥]相提并论。舜的父亲瞽叟对音乐也很精通，是十五弦之瑟的改作者之一（《吕氏春秋·古乐》），舜则发明了“箫”这种乐器（《世本·作篇》）[⑦]，并有著名的《九招》或《九韶》之乐。在上古时代，乐是通天通神的主要工具之一。舜凭借家族的专长而具备大巫才有的通天功能。因此西王母献白玉琯给王者的传说，在存世文献中仅此一例，别的古代王者无一人有舜帝这样的殊荣。

三是西王母与舜的关系。传统的观点以为，西王母是西北土著，但李炳海先生立足于东夷部族“冥神与山神合二而一”“普遍尚白”“房屋大多东向”等特

---

① ［清］王聘珍《大戴礼记解诂》卷十一，王文锦点校，中华书局1983年版，第216页。

② 《尚书帝验期》，〔日〕安居香山、〔日〕中村璋八辑《纬书集成》，河北人民出版社1994年版，第387页。

③ ［汉］许慎撰、［清］段玉裁注《说文解字注》，上海古籍出版社1981年版，第197页。

④ ［北周］卢辩注，孔广森补注《大戴礼记补注》卷十一，中华书局1985年版，第134～135页。

⑤ 上海师范大学古籍整理研究所点校《国语》，上海古籍出版社1988年版，第511页。

⑥ 上海师范大学古籍整理研究所点校《国语》，上海古籍出版社1988年版，第511页。

⑦ 许兆昌《虞舜乐文化零证》相关论述，《史学集刊》2007年第5期。

点，以非常细致生动的分析，证明西王母也是东夷族女神。[①] 上述史料中西王母献给舜帝的祥瑞物均为白色，也从另一侧面为李先生的结论提供了佐证。由此可知，西王母“献白玉琯”，其实还包含了东夷族的部族神灵对舜帝德政的高度认同。

西王母献白玉琯所透露出来的上述三方面的信息，与虞舜的三次神奇脱险的故事，都反映出舜帝身上具有浓厚的神秘色彩和巫术魔力。这些神秘故事告诉我们，舜帝其实同时兼具道德圣君与通天大巫的双重身份。同时也说明，古老的东夷文化对上古文明中巫术信仰的传统，有着完美的传承和独到的发扬，因而舜帝才有如此迷人的魅力，而齐地的仙道文化，正是对源于东夷文化及虞舜文化的这一传统的发扬光大。

齐文化远承东夷文化之源头活水，近得虞舜文化之滋养化生，再经姜太公之发扬倡导，稷下学宫之兼收并蓄，终于在战国秦汉时期生面别开，结出了方仙道和黄老之学这样影响深巨的两大硕果。[②] 而在汉武帝独尊儒术之后，作为治国之术的黄老之学，其中的一支转而向养生发展，又与方仙道相融而为黄老道，遂成为中华本土宗教——道教的前身。所有这一切，追本溯源，均与古老而辉煌的东夷文化有着深层的关联。从某种意义上说，中华文化正是因为有了这一系列的拓展，才能在儒家重视现实人生的思维格局之外，发现全新的世外洞天，增添无穷的奇思妙想。这既展示了齐文化丰富多彩、别具一格的胜境，也让我们深切地感受到东夷文化余妙绕梁的魅力。

① 李炳海《蓬莱、昆仑神话同源于东夷考》，《东岳论丛》1991 年第 1 期。

② 刘怀荣《齐地方仙道发展的三次高峰——兼谈齐地神仙文化的当代价值》，《齐鲁学刊》2014 年第 5 期；苑秀丽、刘怀荣《崂山道教与〈崂山志〉研究》，中国社会科学出版社 2011 年版，第 36～61 页。

战国至汉代齐地黄老之学的发展与传播*

齐国稷下学宫的黄老之学与齐地民间的黄老之学是先秦黄老之学发展的两条主要线索，二者不仅共同构成了汉代黄老之治的理论源头，也促成了汉初的“黄老之治”。汉武帝罢黜黄老、刑名百家之言，独尊儒术，迫使黄老之学退出了汉代政治舞台，但此后直至东汉，黄老之学在学术和养生等领域，依然有着旺盛的生命力。所不同的是，东汉黄老之学更重视“隐遁山谷”“清静少欲”，与西汉“无为而无不为”的黄老之学有较大的不同。与此相关，东汉黄老学承续方仙道的宗教化发展之路，为黄老道的产生奠定了深厚的学术和思想基础，并直接促成了道教的产生。

一、关于黄老学起源的齐楚之争

近几十年来，黄老之学颇受关注，迄今为止已发表了不少研究成果。学者们一致认为黄老与老庄是先秦道家发展的两大分支，但对于黄老之学的发源地，则有两种截然不同的观点：一种观点以为黄老之学发源于楚地，而后传到齐地，形成南北并行的两支。如李学勤认为：“汉初盛行一时的黄老道家，过去的学者多以为源于齐学，有人认为与齐稷下一些学者有关。现在由于马王堆帛书的发现，知道齐的道家尚非这一流派的主流，黄老道家的渊源实在楚地。”[①]吕锡琛说：“道教在北方的继续发展，形成了稷下黄老之学。稷下黄老之学与南方黄老之学有着继承关系，而中介者即是范蠡这位道家色彩十分浓厚的人物，他的不少思想与《老子》和《黄帝四经》相合……我们认为，稷下黄老之学虽还可能有着多方的学术渊源，但范蠡和《黄帝四经》当为其重要渊源之一，因为稷下黄老之学的文集《管子》中有很多语言与《黄帝四经》一致，且后者语言较前者古朴，说明《管子》继承了南方黄老之学《黄帝四经》的思想。”[②]江林昌也说：“当黄老道

---

* 本文原收录于冷卫国主编《传统经典与国学教育研究论文集》，清华大学出版社 2017 年版。

① 李学勤《再论楚文化的传流》，河南省考古学会、河南省博物馆、河南省文物研究所编《楚文化觅踪》，中州古籍出版社 1980 年版，第 2 页。

② 胡孚琛、吕锡琛《道学通论——道家 道教 仙学》，社会科学文献出版社 1999 年版，第 132 页。

家思想于战国中期在楚国产生后，到了战国中后期大概分两支发展。其本支在楚国继续发展，另一支则传到北方在齐国稷下得到了大战，也一直延续到西汉初期。”①

另一种观点则以为黄老之学发源于齐地，是稷下学宫中为各派学者所热衷的显学。如郭沫若指出：“黄老之术，值得我们注意的是，事实上是培植于齐，发育于齐，昌盛于齐的。”②王葆玹不仅认为“稷下的各种学派多数染有黄老的色彩”“黄老之学为稷下学主流”，还进一步指出：“帛书黄帝书出于战国中期的齐国……这书的作者应是齐宣王时期或齐湣王初期的稷下先生”。③ 白奚也认为：“在道家思想的传播与发展的过程中，范蠡入齐是一个极为重要的事件。春秋战国之际，范蠡将老子的思想传播到齐国，开始了道家学派在北方列国流传发展的新时期。道家学派在北方流传发展的最重要结果，是稷下黄老之学的出现，其标志是帛书《黄帝四经》。”④其观点显然与吕锡琛不同。

就现有的各种文献，并结合历史实际来看，我们更倾向于上述后一种观点。理由有二。

其一，认定《黄帝四经》为楚国作品是前一种观点立论的主要依据，但与把《黄帝四经》作为齐国作品的观点相比，前者更缺乏证据。1973年出土于湖南长沙马王堆汉墓的《老子》乙本，卷前有古佚书《经法》《十六经》《称》《道原》四篇。唐兰先生认为这四篇古佚书即是《汉书·艺文志》所载《黄帝四经》⑤，他的观点得到了多数学者的认可。本文即采用唐兰先生的观点，直接使用《黄帝四经》这一名称。对于《黄帝四经》是否为楚国作品，已有学者做过详细的考辩，以为“关于黄帝书出自楚人的论证虽很精致，却是难以成立的”⑥。还有的学者则从齐、楚两国的政治实际来探讨这个问题，认为黄老之学“这样的学说必然要伴随着吏治改革的实践而孕育和产生，如慎到之流‘皆学黄老道德之术’，背景就是田齐桓、威、宣之时的吏治改革，即‘谨修法律而督奸吏’（《史记·田敬仲完世家》）的需要……然而，这种特定的历史背景，在楚国却一直没有出现过”。因此认为：“不论主张楚人所作还是主张齐人所作，目前看来，都没有直接的证据。但

① 江林昌《中国上古文明考论》，上海教育出版社2005年版，第508页。
② 郭沫若《稷下黄老学派的批判》，见郭沫若《十批判书》，东方出版社1996年版，第157页。
③ 牟钟鉴、胡孚琛、王葆玹《道教通论——兼论道家学说》，齐鲁书社1991年版，第242、280页。
④ 白奚《先秦黄老之学源流述要》，《中州学刊》2003年第1期。
⑤ 唐兰《马王堆出土〈老子〉乙本卷前古佚书的研究》，《考古学报》1975年第1期。
⑥ 牟钟鉴、胡孚琛、王葆玹《道教通论——兼论道家学说》，齐鲁书社1991年版，第278页。

两相参较,后者似乎要更合乎情理。”①陈鼓应先生则说:“我这里推测帛书《黄帝四经》为稷下作品,是出于以下的几点考虑:第一,书中的一些观念与齐文化的特征相合”“第二,《黄帝四经》则依托黄帝,同时又以老子思想为基础,而这两方面都和田氏齐国有特殊关系。”“第三,更重要的是,《黄帝四经》与《管子》在一系列基本观念上,都十分相同或相近,表明它们很可能是同一或接近的作者群的作品。”②我们以为这种观点可从。

其二,从历史发展的实际来看,黄老之学在战国中后期成为显学,与稷下学宫的百家汇聚、自由争鸣是分不开的。黄老之学正式在这样的学术环境中,才逐渐融汇百家,自成体系,产生了重要的影响。而就齐地学术思想而言,在稷下黄老之学之外,不仅有《管子》中的《心术上》《心术下》《内业》《白心》等黄老学经典,还有民间的黄老之学传授体系,可谓彼此呼应,盛极一时。如果没有深厚的历史积淀,这是很难解释的。此外,齐地民间黄老之学到汉代依然保持着旺盛的生命力,居然能从民间学说一跃而成为官方主流意识,影响汉代朝廷政治达数十年之久。这也从另一个层面说明了齐地与黄老学的深厚渊源。而这些特点却是楚地及其他地域都不具备的(详后),这是我们肯定黄老之学发源于齐地的一个更重要的理由。

二、稷下学宫与齐地官方的黄老之学

稷下学宫创立于齐桓公田午时期,徐干《中论·亡国篇》曰:“昔齐桓公立稷下之宫,设大夫之号,招致贤人而尊宠之,自孟轲之徒皆游于齐。”③公元前 386 年,田和始列为诸侯,正式取代了姜齐政权。齐桓公是田齐第三代国君,于公元前 374 年即位,当时田氏刚刚代齐不久,亟须为自己的合法性寻找理论依据,稷下学宫的开设当与此不无关系。钱穆指出:“盖齐之稷下,始自桓公,历威、宣、湣、襄,前后五世,垂及王建,终齐之亡,逾百年外,可谓盛矣。”④学者们一般认为,稷下学宫历时约 150 年,经历了桓公、威王时期,宣王、湣王时期,襄王、王建

① 知水《黄老之学源于秦楚说质疑》,《管子学刊》1989 年第 4 期。

② 陈鼓应《黄帝四经今注今译·序言》,商务印书馆 2007 年版,第 42～46 页;刘蔚华、苗润田《稷下学史》(中国广播电视出版社 1992 年版,第 360～368 页);胡家聪《稷下争鸣与黄老新学》,也持同样的观点(中国社会科学出版社 1998 年版,第 103～142 页)。

③ [汉]徐干《中论》,[明]程荣纂辑《汉魏丛书》,吉林大学出版社 1992 年版,第 579 页。

④ 钱穆《先秦诸子系年》,商务印书馆 2001 年版,第 269 页。

时期三个阶段，其中第二个阶段是其黄金时期。[①]《史记·田敬仲完世家》说：

宣王喜文学游说之士，自如驺衍、淳于髡、田骈、接予、慎到、环渊之徒七十六人，皆赐列第，为上大夫，不治而议论。是以齐稷下学士复盛，且数百千人。[②]

《史记·孟子荀卿列传》也说：

自驺衍与齐之稷下先生，如淳于髡、慎到、环渊、接子、田骈、驺奭之徒，各著书言治乱之事，以干世主，岂可胜道哉！[③]

以驺衍、淳于髡为代表的这76人，来自不同的诸侯国，属于不同学派，但都被尊为稷下先生，其中有些学者还有自己的门徒。田齐朝廷给了他们很高的待遇：

于是齐王嘉之，自如淳于髡以下，皆命曰列大夫，为开第康庄之衢，高门大屋，尊宠之。览天下诸侯宾客，言齐能致天下贤士也。[④]

钱穆《稷下通考》所列《稷下学士名表》共计17人，除上面所引《史记》的两段话中提到的7位外，按钱先生原表次序，著名者尚有孟轲、彭蒙、宋钘、尹文、季真、王斗、兒说、荀况、田巴、鲁仲连等。按照《汉书·艺文志》及其他史料记载，他们属于不同的学派。其中，只有淳于髡和王斗不详何派，其他如孟轲、荀况、鲁仲连为儒家；彭蒙、田骈、接子、季真、环渊为道家；慎到为法家；宋钘为墨家；尹文、田巴、兒说为名家；驺衍、驺奭为阴阳家。而各派稷下先生，大多与黄老之学有密切的关系，《史记》卷七十四《孟子荀卿列传》说：

慎到，赵人。田骈、接子，齐人。环渊，楚人。皆学黄老道德之术，因发明序其指意。故慎到著十二论，环渊著上下篇，而田骈、接子皆有所论焉。[⑤]

据《汉书·艺文志》，慎到，"先申、韩，申、韩称之"，有《慎子》四十二篇；田骈，"游稷下，号天口骈"，有《田子》二十五篇。接子，《汉书·艺文志》和《汉书》卷二十《古今人表》均作"捷子"，有《捷子》二篇，《汉书·古今人表》列在尸子后，

① 王阁森、唐致卿《齐国史》，山东人民出版社1992年版，第509～512页。
② 《史记·田敬仲完世家》，中华书局1959年版，第1895页。
③ 《史记·孟子荀卿列传》，中华书局1959年版，第2346页。
④ 《史记·孟子荀卿列传》，中华书局1959年版，第2347～2348页。
⑤ 《史记·孟子荀卿列传》，中华书局1959年版，第2347页。

驺衍、田骈之前。[①] 环渊，古籍中作"蜎子"，又作"涓子"，[②]有《蜎子》十三篇。《汉书·艺文志》说他是老子弟子。这四人"皆学黄老道德之术，因发明序其指意"，对黄老之学均有深入的研究。

尹文和宋钘的学说中，黄老之学也非常明显。尹文，有《尹文子》一篇。《汉书·艺文志》颜师古注曰："刘向云与宋钘俱游稷下。"[③]洪迈《容斋随笔》卷十四引刘歆评尹文说："其学本于黄老，居稷下。与宋钘、彭蒙、田骈等同学于公孙龙。"[④]宋钘，有《宋子》十八篇。《汉书·艺文志》说："孙卿道宋子，其言黄老意。"[⑤]可见，尹文、宋钘在黄老方面也很有修养。

儒家学者孟轲、荀况、鲁仲连，阴阳家学者驺衍、驺奭，也都受到黄老之学的影响。对此，学者们已做过认真的讨论，我们在此不拟展开。[⑥] 此外，彭蒙为田骈之师，淳于髡有一些事迹流传，至于兒说、田巴、王斗、季真等，存世材料都很少，这些人是否也热衷黄老之学，难以确考，但稷下学者中学黄老之学而有所发明者，应当远不止这些人，对此已有学者指出：

> 稷下学黄老的人物，除司马迁列举的人名之外，还有一些人，钱穆《先秦诸子系年》列"稷下学士"17 名，大多与黄老之学有关，其中尤以宋钘、尹文为著。实际上当不止这些，还有些未留下姓名的人，不说那"数百千人"之中，就是"76人"之中也还会有"学黄老道德之术"的。再说，著名大师们又有不少弟子，如《荀子·正论》篇云："今子宋子严然而好说，聚人徒，立师学，成文典"，又如《战国策·齐策四》云："齐人见田骈曰：……今先生设为不宦，赀养千钟，徒百人。"总之，仅就稷下而言，学黄老道德之术的人是很多的。这批人，无论是集中之当时，或是后来分散之后，即在各地以不同的方式发挥影响和作用。[⑦]

因此，黄老之学实为战国中期稷下百家争鸣中的显学，所谓"百家盛于战国，但后来却是黄老独盛，压倒百家"[⑧]。"它之渊源于齐或楚越固有争议，但黄

---

① 《汉书·古今人表》，中华书局 1962 年版，第 948 页。

② 钱穆《先秦诸子系年考》，商务印书馆 2001 年版，第 239～243 页。或以为涓子为西汉人，参见朱越利《方仙道和黄老道的房中术》，《宗教学研究》2002 年第 1 期。

③ 《汉书·艺文志》，中华书局 1962 年版，第 1737 页。

④ [宋]洪迈《容斋随笔》，孔凡礼点校，中华书局 2005 年版，第 386 页。

⑤ 《汉书·艺文志》，中华书局 1962 年版，第 1744 页。参白奚《"孙卿道宋子，其言黄老意"正解》，《中国哲学史》1996 年第 4 期。

⑥ 牟钟鉴、胡孚琛、王葆玹《道教通论——兼论道家学说》，齐鲁书社 1991 年版，第 242～268 页。

⑦ 熊铁基《秦汉新道家》，上海人民出版社 2001 年版，第 21 页。

⑧ 蒙文通《略论黄老学》，《蒙文通文集》第一卷《古学甄微》，巴蜀书社 1987 年版，第 276 页。

老之学昌盛于齐，为稷下道家所倡导并在稷下学宫百家争鸣中取得主导地位，当无疑义。黄老思想经稷下道家的发扬而流传于全国各地，儒家的荀、孟和法家的申、韩，都受到黄老道家的重大影响。”[①]

三、战国晚期至汉初齐地民间黄老之学的上升

稷下黄老之学在当时以其特殊的魅力受到诸子的普遍关注，稷下学士以外的其他学者，受其影响者也不乏其人。如太史公就曾提到：“申子之学本于黄老而主刑名。”又称韩非“喜刑名法术之学，而其归本于黄老。”[②]虽然史料所限，我们已难以弄清稷下以后黄老之学传播的详细情况，但从黄老之学在西汉的兴盛来看，除了官方的稷下黄老学，齐地民间也有黄老学以另外的方式在传播，且在西汉惠帝年间由民间传授转而上升为官方意识形态，为朝廷所采用，发挥了其“君人南面之术”[③]的奇效，而盖公与曹参则是这一传播体系中的关键人物。《史记·曹相国世家》曰：

参之相齐，齐七十城。天下初定，悼惠王富于春秋，参尽召长老诸生，问所以安集百姓，如齐故诸儒以百数，言人人殊，参未知所定。闻胶西有盖公，善治黄老言，使人厚币请之。既见盖公，盖公为言治道贵清静而民自定，推此类具言之。参于是避正堂，舍盖公焉。其治要用黄老术，故相齐九年，齐国安集，大称贤相。[④]

楚汉战争结束于汉高祖五年(前202)年末，[⑤]第二年即高祖六年(前201)，刘邦长子刘肥被立为齐王，所谓“悼惠王”即指刘肥。曹参为第一任齐相国，[⑥]上任之初，也就是“天下初定”的高祖六年(前201)，他召集“长老诸生”，询问治齐策略，聘请到了“善治黄老言”的盖公，并采用他的黄老之术来治理齐国的，从而使齐国获得大治。对于盖公黄老之学的师承情况，《史记》卷八十《乐毅列传》有

---

① 陈鼓应《黄帝四经今注今译·序言》，商务印书馆2007年版，第9～10页。

② 《史记·老子韩非列传》，中华书局1959年版，第2146页。

③ 《汉书·艺文志》，中华书局1962年版，第1732页。

④ 《史记·曹相国世家》，中华书局1959年版，第2028～2029页。

⑤ 《汉书·高帝纪》：“(高祖五年)十二月，围羽垓下。……羽与数百骑走，是以兵大败。灌婴追斩羽东城。”中华书局1962年版，第50页。

⑥ 《史记·齐悼惠王世家》曰：“高祖六年(前201)，立肥为齐王”，中华书局1959年版，第1999页；《史记·曹相国世家》曰：“项籍已死，天下定，汉王为皇帝，韩信徙为楚王，齐为郡。参归汉相印。高帝以长子肥为齐王，而以参为齐相国。”中华书局1959年版，第2028页。

较为详细的交代：

> 其后二十余年，高帝过赵，问："乐毅有后世乎？"对曰："有乐叔。"高帝封之乐卿，号曰华成君。华成君，乐毅之孙也。而乐氏之族有乐瑕公、乐臣公，赵且为秦所灭，亡之齐高密。乐臣公善修黄帝、老子之言，显闻于齐，称贤师。
>
> 太史公曰：始齐之蒯通及主父偃读乐毅之《报燕王书》，未尝不废书而泣也。乐臣公学黄帝、老子，其本师号曰河上丈人，不知其所出。河上丈人教安期生，安期生教毛翕公，毛翕公教乐瑕公，乐瑕公教乐臣公，乐臣公[①]教盖公。盖公教于齐高密、胶西，为曹相国师。[②]

乐瑕公与乐巨公同为"乐氏之族"，且在秦灭赵时逃亡到齐之高密，而乐巨公能"显闻于齐"，在黄老故地赢得巨大声誉，可见其黄老之学不同凡响。因此胶西盖公拜他为师，也成为一代黄老大师。对于齐地黄老与赵地黄老的关系，学者们多以为与乐毅由齐入赵有关：

> 如果作理性的推测，乐毅在战国中期，是从齐国流亡入赵的，此前他作为燕军的统帅，在齐地驻扎多年，并有求索齐地贤士之举；极有可能是乐毅及其追随者，把在齐地流行的黄老之学带到了赵国。那么，黄老之学在战国后期经乐氏家族传入齐地，实际是重返故土。[③]

> 黄老学派不仅发展于齐、昌盛于齐，而且在齐一直未衰。入汉以后，还有毛翁公、乐瑕公、乐巨公(也作乐臣公)、盖公等人……汉时信黄老最笃的窦太后就是赵的观津人(今河北枣强境)，而观津正是乐毅入赵后封为望诸君的封地。乐毅曾伐齐，乐瑕公、乐巨公又是乐毅的族人，黄老在齐赵的传播，尽管师承不甚清楚，也可想见其大概。[④]

特殊的因缘际会，齐地的黄老之学由乐毅带到赵国，再由其后人乐瑕公与乐巨公将在赵地得到进一步发展的黄老学重新带回了齐地。在秦灭赵国到曹参相齐这一时期，二乐与盖公均活动于高密、胶西一带。《史记》卷九十四《田儋

---

① 《史记集解》《史记索隐》均称臣公"一作巨公"，《史记·田叔列传》有"学黄老术于乐巨公所"，《汉书·季布栾布田叔传》作"钜公"，《太平御览·道学传》亦作"钜公"，"臣"当为"巨"之误。

② 《史记·乐毅列传》，中华书局1959年版，第2436页。

③ 孙家洲《论齐鲁文化在汉代学术复兴中的贡献》，山东师范大学齐鲁文化研究中心编《齐鲁文化研究(总第三辑)》，山东文艺出版社2004年版，第28页。

④ 彭耀、孙波《论黄老之学的演变和道教的产生》，《孔子研究》1989年第2期。

列传》曰：

蒯通者，善为长短说，论战国之权变，为八十一首。通善齐人安期生，安期生尝干项羽，项羽不能用其策。已而项羽欲封此两人，两人终不肯受，亡去。[①]

又《汉书》卷四十五《蒯通传》曰：

至齐悼惠王立，曹参为相，礼下贤人，请通为客……初，通善齐人安其生，安其生尝干项羽，羽不能用其策。而项羽欲封此两人，两人卒不肯受。[②]

《史记》卷一百四《田叔列传》也记载：

田叔者，赵陉城人也。其先，齐田氏苗裔也。叔喜剑，学黄老术于乐巨公所。[③]

蒯通本是范阳人，生活于秦末汉初，先为韩信谋臣，后为曹参宾客，长期活动于齐地。《汉书》所谓安其生当即安期生。他既与蒯通相善，并曾同干项羽，其年岁相差当不会太远。另据《列仙传》秦始皇曾与安期生相见的记载，或安期生年龄更长于蒯通。田叔为赵人，但他又是田齐后裔。他与盖公虽同出乐巨公之门，却主要活动于汉高祖至景帝时期，年龄似乎要小很多。他是在齐地还是赵地师从乐巨公学习黄老之学，不得而知。不过我们由此推测，河上丈人或当在战国晚期。故盖公一系的黄老之学，当可溯自战国末年，其师承体系可简述如下：

河上丈人——安期生——毛翕公——乐瑕公——乐巨公——盖公（田叔）——曹参

其中除河上丈人与毛翕公出处不详外，安期生、盖公为齐人，田叔既是田齐后裔，与齐地也应有关。乐瑕公、乐巨公、曹参等则长期活动或任职于齐地，可以说这一体系中人大都与齐地有着非常紧密的关系。因此，司马迁所记载的这一黄老学传授体系，与稷下黄老学可谓相互表里，都可以说明齐地与黄老之学的深厚渊源。

曹参任齐相整整九年，汉惠帝二年（前 193）萧何去世，他被任命为汉朝第二任丞相，遂将治齐的黄老之术作为管理汉朝的方略加以运用，此后汉文帝、汉景

① 《史记·田儋列传》，中华书局 1959 年版，第 2649 页。
② 《汉书·蒯通传》，中华书局 1962 年版，第 2169～2170 页。
③ 《史记·田叔列传》，中华书局 1959 年版，第 2649 页。

帝、窦太后均将黄老之学奉为治理国家的最高指导思想。史家也多以为中国历史上著名的“文景之治”即是黄老之学在政治上结出的奇葩。

四、两汉时期黄老之学在全国的发展与传播

“文景之治”从根本上提升了黄老之学的地位，也为黄老之学在汉代的发展奠定了基础。从历史发展的实际来看，两汉的黄老之学大致可以窦太后去世为标志，分为两个阶段。从曹参为相到窦太后去世的50多年[①]是第一个阶段。因朝廷崇尚黄老之学。士人中有不少因好黄老而知名于时，或受到重用。这些士人的共性则是富于谋略和“奇计”。

陈丞相平少时，本好黄帝、老子之术。[②]

王生者，善为黄老言，处士也。[③]

郑当时者，字庄，陈人也。……庄好黄老之言，其慕长者如恐不见。年少官薄，然其游知交皆其大父行，天下有名之士也。[④]

邓公，成固人也，多奇计。建元(前140—前133年)中，上招贤良，公卿言邓公，时邓公免，起家为九卿。一年，复谢病免归。其子章，以修黄老言显于诸公间。[⑤]

陈平少好黄老之术，所以能“常出奇计，救纷纠之难，振国家之患”。他继曹参为丞相，对于汉王朝采用黄老之学治国自当有重要的影响；王生曾为张释之献计，成功地化解了他与汉景帝刘启之间的矛盾；郑庄生活于汉景帝和武帝年间，他能在“年少官薄”时结交天下名士，当与“好黄老之言”的修养密切相关；“多奇计”的邓公主要活动于汉景帝时，他的儿子邓章之所以能在武帝年间“以修黄老言”知名，也应与继承了黄老家学有关。

上述几人中，陈平、王生和邓公都具有“多奇计”的特点。将这种谋略应用

---

① 曹参为相在汉惠帝二年(前193)，窦太后去世于汉武帝建元六年(前135)。

② 《史记·陈丞相世家》，中华书局1959年版，第2062页。

③ 《史记·张释之传》，中华书局1959年版，第2756页。

④ 《史记·郑当时传》，中华书局1959年版，第3111～3112页。

⑤ 《史记·晁错传》附《邓公传》，中华书局1959年版，第2748页。

于治理国家的实践中，在当时应当是极受重视的，而窦太后则在其中起到了非常关键的作用。

窦太后好黄帝、老子言，(景)帝及太子诸窦不得不读《黄帝》、《老子》，尊其术。①

至武帝即位，进用英隽，议立明堂，制礼服，以兴太平。会窦太后好黄老言，不说儒术，其事又废。②

(窦)太后好黄老言，而婴、蚡、赵绾等务隆推儒术，贬道家言，是以窦太后滋不说。③

(建元)元年(前140)，汉兴已六十余岁矣，天下乂安，荐绅之属皆望天子封禅改正度也。而上乡儒术，招贤良，赵绾、王臧等以文学为公卿，欲议古立明堂城南，以朝诸侯。草巡狩封禅改历服色事未就。会窦太后治黄老言，不好儒术，使人微得赵绾等奸利事，召案绾、臧，绾、臧自杀，诸所兴为者皆废。④

可见，窦太后对黄老之学的态度，不仅影响了景帝、武帝和窦氏家族，也使汉武帝"独尊儒术"的国策人为地延后了数年。

建元六年(前135)窦太后去世之后，是汉代黄老之学发展的第二个阶段。《史记》卷一百二十一《儒林传》说：

及窦太后崩，武安侯田蚡为丞相，绌黄老、刑名百家之言，延文学儒者数百人，而公孙弘以《春秋》白衣为天子三公，封以平津侯。天下之学士靡然乡风矣。⑤

这一变化对黄老之学的影响是巨大的。但是，一方面，由于汉武帝从做太子时即受到黄老之学的熏陶，另一方面，黄老之学经过半个多世纪的传播，已经深入人心。因此，在汉武帝"独尊儒术"后，黄老之学虽然不再是治国的主导思想，但作为一种学说和思潮，在官方乃至民间的影响，并没有就此中断。汉武帝

① 《史记·外戚世家》，中华书局1959年版，第1975页。
② 《汉书·礼乐志》，中华书局1962年版，第1031页。
③ 《汉书·田蚡传》，中华书局1962年版，第2379页。
④ 《史记·孝武帝本纪》，中华书局1959年版，第452页。
⑤ 《史记·儒林传》，中华书局1959年版，第3118页。

本人也依然对修黄老术者甚为看重。

汲黯字长孺，濮阳人也……迁为东海太守。黯学黄老之言，治官理民，好清静，择丞史而任之。其治，责大指而已，不苛小。黯多病，卧闺閤内不出。岁余，东海大治。称之。上闻，召以为主爵都尉，列于九卿。[①]

(刘)德字路叔，修黄老术，有智略。少时数言事，召见甘泉宫，武帝谓之“千里驹”。[②]

杨王孙者，孝武时人也。学黄老之术，家业千余，厚自奉养生，亡所不致。[③]

其论术学，则崇黄老而薄《五经》。[④]

汲黯任东海太守在汉武帝时，他用黄老之学治理东海的方略及效果，武帝无疑是认可的，不然也不会提拔他。汉武帝对刘德的称赞，也意味着他在独尊儒术的同时，并没有否定黄老之学。后两条材料则显示了黄老之学在养生和学术领域的影响。不仅如此，即使在汉武帝之后，甚至东汉时期，黄老之学在政治、学术和养生等领域，依然有着旺盛的生命力。

蔡邕字伯喈，陈留圉人也。六世祖勋，[⑤]好黄老，平帝时为郿令。[⑥]

任光字伯卿，南阳宛人也……(子)隗字仲和，少好黄老，清静寡欲，所得奉秩，常以赈恤宗族，收养孤寡。显宗(汉明帝)闻之，擢奉朝请，迁羽林左监、虎贲中郎将，又迁长水校尉。肃宗(汉章帝)即位，雅相敬爱，数称其行，以为将作大匠。将作大匠自建武以来常谒者兼之，至隗乃置真焉。建初五年(80)，迁太仆，八年(83)，代窦固为光禄勋，所历皆有称。章和元年，拜司空。[⑦]

---

① 《史记·汲黯传》，中华书局1959年版，第3105页。

② 《汉书·楚元王传》，中华书局1962年版，第1927页。

③ 《汉书·杨王孙传》，中华书局1962年版，第2907页。

④ 《后汉书·班彪传》引班彪批评《史记》语，中华书局1965年版，第1325页。

⑤ 《后汉书·卓茂传》曰：“初，茂与同县孔休、陈留蔡勋、安众刘宣、楚国龚胜、上党鲍宣六人同志，不仕王莽时，并名重当时。”中华书局1965年版，第872页。

⑥ 《后汉书·蔡邕传下》，中华书局1965年版，第1979页。

⑦ 《后汉书·任光传》，中华书局1965年版，第751、753页。

郑均字仲虞，东平任城人也。少好黄、老书……常称病家廷，不应州郡辟召……(章帝建初)六年(81)，公车特征。再迁尚书，数纳忠言，肃宗敬重之。后以病乞骸骨，拜议郎，告归，因称病笃，帝赐以衣冠。[①]

樊晔字仲华，南阳新野人也。与光武少游旧……永平(58—75)中，显宗(汉明帝)追思晔在天水时政能，以为后人莫之及，诏赐家钱百万。子融，有俊才，好黄老，不肯为吏。[②]

折像字伯式，广汉雒人也……(父)国有资财二亿，家僮八百人。像幼有仁心，不杀昆虫，不折萌牙。能通《京氏易》，好黄老言。及国卒，感多藏厚亡之义，乃散金帛资产，周施亲疏。[③]

矫慎字仲彦，扶风茂陵人也。少好黄老，隐遁山谷，因穴为室，仰慕松、乔导引之术。与马融、苏章乡里并时，融以才博显名，章以廉直称，然皆推先于慎。[④]

樊宏字靡卿，南阳湖阳人也……准字幼陵，宏之族曾孙也。父瑞，好黄老言，清静少欲。准少励志行，修儒术，以先父产业数百万让孤兄子。[⑤]

杨厚字仲桓，广汉新都人也……时大将军梁冀威权倾朝，遣弟侍中不疑以车马、珍玩致遗于厚，欲与相见。厚不答，固称病求退。帝许之，赐车马钱帛归家。修黄老，教授门生，上名录者三千余人。[⑥]

上述八条，除第一条中的蔡勋生活于西汉末年，以不仕王莽著称外，其余七人均为东汉人。这些人可分为两种类型，第一类是任隗、郑均，他们生活于东汉初年，都是“少好黄老”，却位极人臣，与前述曹参、陈平等西汉诸人没有什么明显的不同；第二类是樊融、折像、矫慎、樊瑞、杨厚等五位，其“好黄老言(言)”“修黄老”与前人相似，但“不肯为吏”“隐遁山谷”“清静少欲”“称病求退”的人生选

① 《后汉书·郑均传》，中华书局 1965 年版，第 945 页。
② 《后汉书·樊晔传》，中华书局 1965 年版，第 2491～2492 页。
③ 《后汉书·折像传》，中华书局 1965 年版，第 2720 页。
④ 《后汉书·矫慎传》，中华书局 1965 年版，第 2771 页。
⑤ 《后汉书·樊宏传》，中华书局 1965 年版，第 1119、1125 页。
⑥ 《后汉书·杨厚传》，中华书局 1965 年版，第 1047、1049～1050 页。

择却大异于前人。尤其值得注意的是，直至顺帝时期，称病归乡的黄老学者杨厚，门下居然还有弟子三千余人。由此可见当时黄老之学发展盛况之一斑。

总的来看，主要源于齐地的黄老之学，经过官方和民间的双向发展，在汉初汇合成为朝廷的统治思想，著名的“文景之治”即是其结出的硕果之一。汉武帝“黜黄老、刑名百家之言”[①]，独尊儒术，并未使黄老之学从此衰落不振。相反，源于齐地的黄老之学，不仅在全国各地得到了广泛的传播，还对扬雄、王充等大家产生了深刻的影响。黄老之学的另外一支，则与方仙道合流[②]，发展为黄老道，构成了中国民族宗教——道教发生源头中极为重要的一个环节。[③]

---

① 《汉书·儒林传》，中华书局1962年版，第3593页。

② 关于方仙道的发展，请参考刘怀荣《齐地方仙道发展的三次高峰——兼谈齐地神仙文化的当代价值》，《齐鲁学刊》2014年第5期。

③ 关于黄老之学向黄老道及道教的发展演变，限于篇幅，当另文详述。

齐地黄老道与道教的早期发展*

汉武帝建元六年(前135),好"黄老之言"的窦太后去世,武帝开始了其"罢黜百家,独尊儒术"的施政方针。以"君人南面之术"为主要特征的汉初黄老之学不得不退出汉代政治舞台,黄老之学作为一种时代思潮和学问,在两汉时期广泛传播的同时,其中的一支逐渐与方仙道结合,开始向宗教化的方向演进,是为黄老道。黄老道充分吸纳了齐地传统仙道文化和黄老之学的养分,对早期道教的形成产生了不可忽视的影响。

一、方仙道与黄老之学的合流

对于汉代黄老之学何时演变为黄老道,学者们一般认为是在西汉武帝年间到东汉桓帝时逐渐形成的,①黄老道本是黄老之学与方仙道的神仙方术相结合的产物,②从这个角度来看,则不难发现,它们的因缘似乎应当更早。因为二者原本都属于齐学,③其产生的时代也大致相同。按理说,在同一地域发展的过程

---

* 本文原为苑秀丽、刘怀荣《崂山道教与〈崂山志〉研究》中的一小节(中国社会科学出版社2010年版,第46～62页),收入本书时略有修改。

① 如胡孚琛认为:"到汉武帝黜黄老而用儒术,黄老之学为之一变,开始同神仙家、阴阳家、五行家、方技家、术数家相融合。前汉末黄老学便已为养生学,进而'黄老言'成了神仙说,后汉的'黄老道'已是对黄、老祭祀和信仰。……东汉末年产生的道教,实际上是进一步将道家黄老之学宗教化和方术化,变为道教文化的理论支柱……黄老道是汉末在社会上广为流传且为朝廷所推崇的宗教信仰,社会上其他教首布道和建立教团不能不依托它。我们推论早期道教结社发端于黄老道,当是符合历史事实的。"(牟钟鉴、胡孚琛、王葆玹《道教通论—兼论道家学说》,齐鲁书社1991年版,第53、61页。)许杭生也说:"黄老道的形成是一个长期演变的过程。它发端于西汉而成熟于东汉桓帝时期。"(许抗生《谈谈黄老道与黄老道学》,《中国道教》1999年第6期。)

② 许抗生《谈谈黄老道与黄老道学》认为:"黄老道是黄老学与神仙学相结合的产物,属于神仙学范围,是道教的前身。"(《中国道教》1999年第6期)其所谓"神仙学",实即方仙道。

③ 对于齐学的主要特点,学者们的看法有一定分歧,或以为:"齐学以道家、阴阳家和神仙思想为特色,其主流实为方士之学。"(胡孚琛《齐学刍议》,《管子学刊》1987年创刊号。)或以为:"齐学作为先秦时期以古都临淄为中心所形成的地区性文化,其主流不是'方士文学',而是黄老之学。"(丁原明《齐学与汉初黄老之学》,《管子学刊》1988年第4期。)在我们看来,神仙之学与黄老之学实为齐学的两大主流,二者各具特色,难分高下。

中出现相互影响，相互渗透，甚至趋同的现象其实是非常自然的。何况早期方仙道更偏重求仙人仙药及研究长生方术，缺少相应的理论体系。因此，早在战国晚期，方仙道即已自觉借鉴驺衍学说，虽然“传其术不能通”，不过，驺衍学说中的某些方面，如五德始终说，始终为方仙道所借重。对于黄帝的崇拜，学者们也认为最早始于齐人，[①]但也许是由于早期黄老学更多地偏重于治理国家的“君人南面之术”，以及早期首先是把黄帝作为祖先而不是神仙来崇拜的，因此一直要到汉武帝时期，方士们才开始注意到黄老之学借黄帝抬高自己之策略的高明之处，并开始在实践中加以学习利用。李少君、栾大等人，都自称曾在海上见过的仙人安期生，公孙卿、丁公、公玉带都抬出了黄帝，把黄帝作为封禅成仙的典型。更值得我们注意的是，李少君和公孙卿都不约而同地把黄帝与安期生联系在一起，公孙卿还公然宣称：“申公，齐人。与安期生通，受黄帝言”。从前文所论，我们已经知道，安期生其实不过是活动于秦汉间的一位黄老学者，他“受黄帝言”不假，但成为仙人，却显然是方仙道宣扬的结果。西汉齐地方士的这种做法向我们透露出，武帝时期，方仙道已在有意地向黄老学靠拢。从历史发展的实际来看，黄老家与神仙家的惺惺相惜与相互靠拢，也从此拉开了序幕，黄老道的形成则是其重要的阶段性成果之一。

在这一发展过程中，道教经典的编造是最值得关注的大事件。它不仅实现了方仙道与黄老学的融合，将方仙道零星的方术纳入治国治身的特定体系中，也为道教组织的形成进行了必要的理论准备。其中，《太平经》和《周易参同契》，学者们公认是道教产生之前最重要的两部道书，其出现几乎都与齐人有关。此外，在黄巾起义爆发后，齐地也成为黄巾军的战略重镇，青州黄巾军则是其劲旅之一。黄老道与齐地之关系，从这数端可见一斑。

二、黄老道与《太平经》的编纂

《太平经》为道教正式产生前即已流行的道书，也是最早的道经。该书与出于齐地的《天官历包元太平经》及《太平清领书》均不无渊源。

先看《天官历包元太平经》。此书出现于西汉成帝年间（前32—前7），《汉书》卷七十五《李寻传》曰：

---

① 如徐中舒指出：“黄帝之传说见于记载之可靠者，当以《陈侯因沓敦》所载为最早……疑此种传说，或即导源于齐地。”（徐中舒《陈侯四器考释》，《国立中央研究院历史语言研究所集刊》第3本第4分册，1932年。）李约瑟也认为，最先崇黄帝为始祖的是齐人（李约瑟《中国之科学与文明》中译本，第十四册《炼丹术和化学》，陈立夫主译，台湾商务印书馆1982年版，第200页）。

初，成帝时，齐人甘忠可诈造《天官历包元太平经》十二卷，[①]以言"汉家逢天地之大终，当更受命于天，天帝使真人赤精子，下教我此道。"忠可以教重平夏贺良、容丘丁广世、东郡郭昌等，中垒校尉刘向奏忠可假鬼神罔上惑众，下狱治服，未断病死。贺良等坐挟学忠可书以不敬论，后贺良等复私以相教。[②]

虽然，因为刘向的反对，甘忠可师徒都受到了制裁。但其学说并没有就此消歇。[③] 至哀帝时，经李寻举荐，夏贺良得到汉哀帝召见，再次提出：

汉历中衰，当更受命。成帝不应天命，故绝嗣。今陛下久疾，变异屡数，天所以谴告人也。宜急改元易号，乃得延年益寿，皇子生，灾异息矣。得道不得行，咎殃且亡，不有洪水将出，灾火且起，涤荡民人。[④]

汉哀帝听信其言，下诏改元，诏书中有云：

惟汉兴至今二百载，历纪开元，皇天降非材之右，汉国再获受命之符，朕之不德，曷敢不通夫受天之元命，必与天下自新。其大赦天下，以建平二年（前5年）为太初元年，号曰陈圣刘太平皇帝。[⑤]

这原本是一场闹剧，最后也以夏贺良等伏诛结束。《包元太平经》已佚，详细内容不得而知。但有两点在上述引文中还是比较明显的：一是站在统治者的角度，提出了在"汉历中衰"的背景下，禳解的便捷办法，即通过"改元易号"来主动完成再受命；二是其中包含了"延年益寿，皇子生，灾异息"的内容。如果说前者以驺衍五德终始之说来达到"君人南面"的治国目的，实为黄老之学的变异；那么，后者则是方仙道长生术与黄老学养生论的合流。

甘忠可为齐人，他所谓汉家"当更受命于天"的说法，其实是依照驺衍五德终始学立论，是典型的齐学。重平为渤海郡属县，容丘为东海郡属县。故其弟子夏贺良、丁广世也是齐人。他们之所以能"诈造"和传播《包元太平经》，自然与齐地深厚的方仙道和黄老学文化传统分不开。

再说《太平清领书》。此书最早出现于汉顺帝年间（126—144年），《后汉

---

① 到底《天官历包元太平经》是一书，还是《天官历》《包元太平经》分别为两本书，学术界尚无定论。

② 《汉书·李寻传》，中华书局1962年版，第3192页。

③ 《汉书·王莽传上》记载，居摄三年（8年）十一月甲子，王莽上奏太后的书中称："甘忠可、夏贺良谶书臧兰台"（中华书局1962年版，第4094页）。说明甘忠可、夏贺良等人虽然伏法，但《包元太平经》却到王莽时仍然保存在国家图书馆。

④ 《汉书·李寻传》，中华书局1962年版，第3192页。

⑤ 《汉书·李寻传》，中华书局1962年版，第3193页。

书·襄楷传》曰：

初，顺帝时，琅邪宫崇诣阙，上其师干吉于曲阳泉水上所得神书百七十卷，皆缥白素朱介青首朱目，号《太平清领书》。其言以阴阳五行为家，而多巫觋杂语。有司奏崇所上妖妄不经，乃收藏之。后张角颇有其书焉。[①]

由于当时被认为"妖妄不经"，朝廷只是收藏了该书，并没有采纳其中的内容。到了汉桓帝时，襄楷再次把此书献给朝廷。他在延熹九年(166)给汉桓帝的上疏中说："臣前上琅邪宫崇受干吉神书，不合明听。"可知，襄楷上"干吉神书"当在本次上书之前，因为没有得到朝廷的回应，他才在这次上疏中再次提到。但朝廷对他这次上疏还是没有理睬，因此，十余日后，襄楷再次上疏，其中说到：

前者宫崇所献神书，专以奉天地顺五行为本，亦有兴国广嗣之术。其文易晓，参同经典，而顺帝不行，故国胤不兴，孝冲、孝质频世短祚。[②]

这里提到了《太平清领书》的内容，其所谓"兴国广嗣"的说法，与甘忠可《包元太平经》颇为相似，也与黄老思想有关。

宫崇为齐地琅琊人，其师干吉，《三国志·孙策传》裴注引《江表传》有"时有道士琅琊于吉"(一般认为于吉即干吉)，[③]《后汉书》李贤注也说："干吉、宫崇并琅琊人，盖东海曲阳是也。"[④]襄楷，平原隰阴人，也是齐人。他向朝廷献书距宫崇献书不过三十余年，他是从哪里得到干吉神书及他的师承关系，我们均不得而知。但可以肯定，宫崇献书之后，该书一直在齐地传播。《后汉书》本传说襄楷"好学博古，善天文阴阳之术"，从他两次为干吉神书上书朝廷来看，他俨然是把自己当作了《太平清领书》的正宗传人。[⑤]

宫崇上《太平清领书》，上距西汉时甘忠可献《包元太平经》，已有一百七十余年。两部道书均由齐人所作，又在齐地流传。在这么长的时间里，十二卷的《包元太平经》被不断增补，形成 170 卷的干吉神书，是完全可能的。陈撄宁先生就说：

---

① 《后汉书·襄楷传》，中华书局 1965 年版，第 1084 页。
② 《后汉书·襄楷传》，中华书局 1965 年版，第 1081 页。
③ 《三国志》卷四十六《吴书·孙策传》，中华书局 1963 年版，第 879 页。
④ 《后汉书·襄楷传》李贤注，中华书局 1965 年版，第 1084 页。
⑤ 《宋史·艺文志四》即将《太平经》一百七十卷系于襄楷名下。

我认为干吉神书是脱胎于甘忠可的太平经，而甘忠可的书又是燕齐海上方士们所流传的旧说从（笔者案：当为“重”）新改编，他们的老祖师就是战国时代齐国稷下人驺衍。……甘忠可、夏贺良等死后，《太平经》（笔者案：指《包元太平经》）必定被其他信徒宝为秘传，私相授受，为了配合时代的需要，书中不能不陆续地添入许多新资料，质虽未变，而量已大增；后来东汉的于吉又生长在甘忠可的故乡（驺衍、甘忠可同是山东临淄县人，于吉是山东寿光县人，二县东西连界），必是得着历年以来逐渐增广的《太平经》而更加扩充之，因此遂有一百七十卷之巨著。①

当然，由于《包元太平经》已佚，它与《太平清领书》之间的关系很难做更确切的考证。不过我们认为，从二者在“兴国广嗣”方面的相同点来看，陈先生所说是很有道理的。而存世的道藏本《太平经》五十七卷，即是《太平清领书》的残本，②李养正先生认为：“现存《太平经》中关于推阴阳、言灾异、论道德、谈天谶的部分，可能即原《包元太平经》中的内容，其他则为于吉、张陵所纂集或造作。”他还说：“《太平经》是早期道教——太平道与天师道——的主要经典；《太平经》的出现，便标志着早期道教的创立，开其先河者为汉成帝时的甘忠可，完成者则为汉顺帝时的张道陵。”③许抗生先生也说：“（《太平经》）内容虽然十分庞杂，但它的思想中也有着老子道家思想与神仙方术思想相结合的重要内容，也渗透着黄老道学的思想。”④

可见，源于《包元太平经》的《太平清领书》，即《太平经》，既是黄老道的经典，也是道教最早的经典。其始作者、增益完善者和传播者，则都以齐人为主体。故齐地不仅仅是方仙道和黄老之学的发源地，也是将此二者，即方仙道的神仙方术与黄老思想融为一体的推动者和完成者，是黄老道最大的功臣。

三、《太平经》、太平道与黄巾起义

前引《襄楷传》中记载，宫崇将《太平清领书》献于朝廷，“后张角颇有其书

---

① 陈撄宁《道教与养生》，华文出版社 1989 年版，第 48、49 页。

② 《后汉书·襄楷传》李贤注称：“神书即今道家《太平经》也。其经以甲乙丙丁戊己庚辛壬癸为部，每部一十七卷也。”（中华书局 1965 年版，第 1080 页）学者们关于这个问题的论述，还可参考汤用彤《读太平经书所见》，北京大学《国学季刊》第 5 卷第 1 号，1935 年；王明《论〈太平经〉的经成书时代和作者》，王明《道家和道教思想研究》，中国社会科学出版社 1987 年版，第 183～200 页。

③ 李养正《太平经与早期道教》，《道协会刊》1982 年第 1 期。

④ 许抗生《谈谈黄老道与黄老道学》，《中国道教》1999 年第 6 期。

焉”。《后汉书》卷七十一《皇甫嵩传》则说：

初，钜鹿张角自称“大贤良师”，奉事黄老道，畜养弟子，跪拜首过，符水咒说以疗病，病者颇愈，百姓信向之。角因遣弟子八人使于四方，以善道教化天下，转相诳惑。十余年间，众徒数十万，连结郡国，自青、徐、幽、冀、荆、杨、兖、豫八州之人，莫不毕应。遂置三十六万。方犹将军号也。大方万余人，小方六七千，各立渠帅。讹言“苍天已死，黄天当立，岁在甲子，天下大吉”。以白土书京城寺门及州郡官府，皆作“甲子”字。中平元年，大方马元义等先收荆、杨数万人，期会发于邺。元义素往来京师，以中常侍封谞、徐奉等为内应，约以三月五日内外俱起。未及作乱，而张角弟子济南唐周上书告之，于是车裂元义于洛阳。[①]

张角“颇有其书”是否就是《太平清领书》，这与他“奉事黄老道”，并发动黄巾起义，是否有直接关系，学者们的看法并不一致。或以为《太平经》与黄巾起义没有关系，[②]或以为“《太平经》是张角太平道的主要经典，而且在黄巾起义中曾为其行动的思想依据”[③]。还有些学者对此则比较审慎，如唐长孺认为：“张角为首的太平道与《太平经》有关也是可信的。虽然如此，我们却决不能无条件地把传世《太平经》就当作‘张角颇有其书’之《太平经》。我认为襄楷所献大致即今《太平经》，但未必即张角所有的《太平经》。”[④]“如果说张角确有《太平经》一书，那倒恐怕比较接近于《包元太平经》。”[⑤]方诗铭也说：“是否将老子神化，这是《太平经钞·甲部》与今本《太平经》的根本不同之点。黄巾奉事‘大道’，尊崇神化的老子，皆与《经钞·甲部》相合。”因此他认为：“张角‘颇有其书’的‘书’应该包括有《太平经钞·甲部》，即是说，《甲部》很可能是五十卷本《太平经》的一部分。”[⑥]比较而言，我们认为李养正先生的观点，是在对《太平经》做了大量细致的阅读后得出的，因而更为可取。

不仅如此，还因为黄巾军原定于甲子年即光和七年(184)三月五日起义，也是以《太平经》为依据的。《太平经》认为“甲子”是天道循环的开始，也是世间万

① 《后汉书·皇甫嵩传》，中华书局1965年版，第2299～2300页。

② 如熊德基《太平经的作者和思想及其与黄巾和天师道的关系》，《历史研究》1962年第4期；刘琳《再谈太平经的政治倾向》，《社会科学研究》1982年第2期；朱子彦《〈太平经〉与黄巾起义无关》，《上海大学学报》(社会科学版)1987年第4期。

③ 李养正《太平经与早期道教》，《道协会刊》1982年第1期。

④ 唐长孺《太平道与天师道——札记十一则》，《中华文史论丛》2006年第3辑。

⑤ 唐长孺《唐长孺社会文化史论丛》，武汉大学出版社2001年版，第139～140页。

⑥ 方诗铭《黄巾起义的一个道教史的考察》，《史林》1997年第2期。

事革故鼎新之际会。如《太平经》丙部卷四十《分解本末法第五十三》曰：

凡物生者，皆以甲为首，子为本，故以上甲子序出之也。人得见之寿长久：人者，正谓帝王一人也，上德易觉知行道书之人也，据瑞应文，不疑天道也，深得其意则寿矣；寿者，竟其天年也；长者，得无穷也；久者，久存也。①

《太平经》丙部卷四十《分解本末法第五十三》曰：

物终当更反始，故为亥，二人共抱一为三皇初。是故亥者，核也，乃始凝核也，故水始凝于十月也。壬者，任也，已任必滋日益巨。故子者，滋也，三而得阴阳中和气，都具成而更反初起，故反本名为甲子。夫天道生物，当周流俱具，睹天地四时五行之气，乃而成也。②

《太平经》己部卷九十三《国不可胜数诀第一百三十九》曰：

故木也乃受命生于元气太阴水中，故以甲子为初始。天道变数，因五相乘而周，故五干加十二支字，适六十，癸亥为数终也。③

《太平经》庚部卷一百一十九《三者为一家阳火数五诀第二百一十二》曰：

今〈起〉甲子，天正也，日以冬至初还反本。乙丑，地正也，物以布根。丙寅，人正也，平旦人以初起，开门就职。此三者，俱天地人初生之始，物之根本也。④

至于三月五日，则与重视三五的传统有关，也见于《太平经》。《云笈七签》卷六引《太平经》佚文：

三五(三五，三正五行。三正，指天、地、人三统)气和，日月常光明，乃为太平。⑤

《后汉书》卷三十下《襄楷传》襄楷对尚书(《全后汉文》作《对状尚书条便宜七事》)也有："臣闻天道不远，三五复反。"李贤注：

《春秋合诚图》曰："至道不远，三五而反。"宋均注云："三，三正也。五，五行也。三正五行，王者改代之际会也。能于此际自新如初，则通无穷也。"⑥

① 俞理明《〈太平经〉正读》，巴蜀书社2001年版，第69页。
② 俞理明《〈太平经〉正读》，巴蜀书社2001年版，第76页。
③ 俞理明《〈太平经〉正读》，巴蜀书社2001年版，第317页。
④ 俞理明《〈太平经〉正读》，巴蜀书社2001年版，第496页。
⑤ 俞理明《〈太平经〉正读》，巴蜀书社2001年版，第557页。
⑥ 《后汉书·襄楷传》，中华书局1965年版，第1060～1061页。

又《黄庭内景经·五行》:“五行相推反归一,三五合气九九节。”梁丘子注:“《玄妙经》云:三者,在天为日、月、星,名曰三光;在地为珠、玉、金,名曰三宝;在人曰耳、鼻、口,名曰三生。天、地、人凡三而各怀五行,故曰三五……诸生之物,不得三五不立也,故曰:‘天道不远,三五复反。’”①

“三五”为“王者改代之际会”的思想,不仅见于《太平经》和太平道,后来的天师道对此也很讲究。道教正一派弟子受“盟威箓”的必读经典《太上三五正一盟威修真玉经》中也有对“三五”的强调:

王真人曰:“混元之炁本一,一生二,二生三,谓之‘三元’。三生四,四生五,谓之‘五行’。此三元五行者,经络天地,变化万物……正一法本一炁而生三,动化于五,故号‘三五法’也……生灵奉之则三炁充塞,五脏通畅,水谷消化,饮膳寝息,百神安定。慕道真者,怨邪绝亡,疫病不生。真道见其户窗,则延寿益称,克获清升,与百神同游,长生之道成矣。故号‘三五’也。”②

因此,出于齐地的《太平经》既然是太平道的经典、黄巾起义的行动指南,则事奉黄老道的张角所领导的这次起义也与齐地有了间接的关系。

此外,齐地也是黄巾起义重要的活动区域。据前引《后汉书》卷七十一《皇甫嵩传》,汉灵帝光和七年(184)首次起义时,原定参与起义的八州中,青州即排在最前面。当时上书告密的,也是张角济南的弟子唐周,这说明唐周是起义的知情者,齐地信徒在黄巾军中应有较高的地位。也许由于起义被迫提前,齐地信徒意见又与张角相左,首次起义主要局限于河北、河南,且光和七年(184)二月起事,到十一月即被镇压,齐地似乎基本没有参与。但是,在黄巾军后期的反抗活动中,齐地黄巾军一直十分活跃。《后汉书》卷八《灵帝纪》曰:“中平五年(188)冬十月,青、徐黄巾复起,寇郡县。”③可见,黄巾复起,是从齐地开始的。其人数之众,对官军的冲击,在当时各地黄巾军中也是比较突出的。这在《后汉书》和《三国志》等典籍中多有记载,《后汉书》卷三十五《郑玄传》曰:

董卓迁都长安,公卿举玄为赵相,道断不至。会黄巾寇青部,乃避地徐州,徐州牧陶谦接以师友之礼。④

---

① 转引自《汉语大词典》第一册,中华书局1965年版,第180页。

② 曾广亮、徐才金整理《〈太上三五正一盟威修真玉经〉注》,《中国道教》2003年第4期。

③ 《后汉书·汉灵帝纪》,中华书局1965年版,第356页。

④ 《后汉书·郑玄传》,中华书局1965年版,第1209页。

据《后汉书》卷九《汉献帝纪》，董卓迁都长安，在初平元年（190）二月。《后汉书》卷七十《孔融传》也说：

会董卓废立，融每因对答，辄有匡正之言。以忤卓旨，转为议郎。时黄巾寇数州，而北海最为贼冲，卓乃讽三府同举融为北海相。①

孔融至北海大约就在本年。从初平元年到初平三年，齐地黄巾军声势甚为浩大。《后汉书》卷七十三《刘虞传》：

初平元年（190）……青、徐士庶避黄巾之难归虞者百余万口，皆收视温恤，为安立生业，流民皆忘其迁徙。②

《后汉书》卷九《汉献帝纪》：

初平二年（191）……　十一月，青州黄巾寇太山，太山太守应劭击破之。黄巾转寇勃海，公孙瓒与战于东光，复大破之。③

《后汉书》卷七十三《公孙瓒传》：

初平二年（191），青、徐黄巾三十万众入勃海界，欲与黑山合。瓒率步骑二万人，逆击于东光南，大破之，斩首三万余级。贼弃其车重数万两，奔走度河。瓒因其半济薄之，贼复大破，死者数万，流血丹水，收得生口七万余人，车甲财物不可胜算，威名大震。④

《后汉书》卷四十八《应劭传》：

（中平）六年（189），拜太山太守。初平二年（191），黄巾三十万众入郡界。劭纠率文武连与贼战，前后斩首数千级，获生口老弱万余人，辎重二千两，贼皆退却，郡内以安。⑤

《后汉书》卷九《汉献帝纪》：

初平三年夏四月，……青州黄巾击杀兖州刺史刘岱于东平。东郡太守曹操大破黄巾于寿张，降之。⑥

---

① 《后汉书·孔融传》，中华书局 1965 年版，第 2263 页。
② 《后汉书·刘虞传》，中华书局 1965 年版，第 2354 页。
③ 《后汉书·汉献帝纪》，中华书局 1965 年版，第 372 页。
④ 《后汉书·公孙瓒传》，中华书局 1965 年版，第 2359 页。
⑤ 《后汉书·应劭传》，中华书局 1965 年版，第 1610 页。
⑥ 《后汉书·汉献帝纪》，中华书局 1965 年版，第 372 页。

《后汉书》卷七十六《循吏传·刘宠传》：

(刘宠之侄刘岱)出为兖州刺史。……初平三年(192)，青州黄巾贼入兖州，杀任城相郑遂，转入东平。岱击之，战死。[①]

《三国志》卷一《魏书·武帝纪》：

初平三年(192)……夏四月，……青州黄巾众百万入兖州，杀任城相郑遂，转入东平。……信乃与州吏万潜等至东郡迎太祖领兖州牧。遂进兵击黄巾于寿张东。……冬，受降卒三十余万，男女百余万口，收其精锐者，号为青州兵。[②]

从上述史料可知，青州黄巾军有百万之众，虽然经过三年的战斗，死伤较重，但初平三年投降曹操的主力仍有三十余万人。这支队伍后来也成为曹操统一北方的资本。而齐地黄巾余部的活动，直到汉献帝建安十二年(207)还在继续。[③]

可见，太平道所发动的黄巾起义，不仅在社会理想的提出、道众的组织，甚至起义的时间等多方面，都是以产生于齐地的《太平经》作为理论指导，而且齐地以其深厚的方仙道、黄老学乃至黄老道的文化传统，也成为黄巾起义如鱼得水的发展空间。当然，黄巾起义也从另一方面促进了齐地道教的发展，两晋时期出现的天师道世家，其中不乏齐地大族。溯其渊源，固然与方仙道和、黄老道不无关系，但太平道及黄巾起义无疑也是其中重要的一环。

四、《周易参同契》的仙道史意义

《周易参同契》是以黄老宇宙观，解释内丹和外丹的一部奇书，尤其在内丹方面具有极其重要的地位。宋代以后被誉为“万古丹经王”，对后来的内丹学产生了深远的影响，王明先生有一段话对此书做了非常精辟的概括：

魏伯阳作《参同契》，承《京氏易》、《易纬》、黄老自然之道，描写金液还丹之旨。汉人学《京氏易》、《易纬》，只能推究天人讲说灾异与占侯吉凶而已。魏君

① 《后汉书·刘宠传》，中华书局1965年版，第2479页。

② 《三国志》卷一《魏书·武帝纪》，中华书局1963年版，第7页。

③ 《三国志·何夔传》：“迁长广太守。郡滨山海，黄巾未平，豪杰多背叛，袁谭就加以官位。长广县人管承，徒众三千余家，为寇害。”中华书局1963年版，第309页；《三国志·武帝传》说，建安十年(195)“秋八月，公东征海贼管承，至淳于，遣乐进、李典击破之，承走入海岛。”中华书局1963年版，第22页；《后汉书·汉献帝纪》：“(建安十二年)冬十月……乙巳，黄巾贼杀济南王赟。”中华书局1965年版，第385页。

假《周易》以论作丹，成一家言，开一说之先河，为“万古丹经之祖”，是其特色。[①]

又说：

自汉而唐而宋，论炼丹者，代不乏人，溯流寻源，大要如尔：魏伯阳导其源，刘（海蟾）张（紫阳）薛（紫贤）陈（泥丸）扬其波。由外丹而内丹，流变滋多，《参同契》洵千古丹经之祖也。[②]

但与这部丹学名著受到后人广泛关注形成鲜明对比的是，对于它的作者，传统的观点基本是从五代后蜀彭晓所著《周易参同契分章通真义》的序言而来，以为是魏伯阳完成了《周易参同契》，密示青州徐从事，徐隐名而注之。至东汉桓帝时，魏伯阳又传同郡淳于叔通。[③] 后经陈国符、孟乃昌等学者考定，《道藏》保存的托名阴长生的《周易参同契注》和容字号无名氏《周易参同契注》为唐代注本，均早于彭晓注本。而这两种注本的序言对该书的作者有不同的说法，前一注本序中说，《参同契》本是《古龙虎上经》，出徐真人。后魏伯阳造《五相类》，改为《参同契》。淳于叔通续补，编为三卷。淳于叔通亲事徐君。后一注本的解题说，《参同契》昔号《龙虎上经》，凌阳子于崆峒山传与徐从事，徐从事传与淳于君，淳于君造《五相类》并解前两卷，编为三卷。疑淳于始传魏君，魏君改为《参同契》。[④]

近年来，不少学者据此认为，此书为三人合作，虽然诸家对于三位作者具体创作篇目尚未达成共识，但把凌阳子视为传说人物，把徐从事看作是《周易参同契》的首位作者，至于淳于叔通和魏伯阳，在这一传授体系中谁先谁后，各家看法还不尽相同。但“徐从事——淳于叔通——魏伯阳”的传授体系，为多位学者所认可。[⑤] 这一关于《周易参同契》作者重新认定的公案，使我们对齐地与这部“万古丹经王”之关系，可有一个全新的认识。

在有关作者的零星材料里，徐从事又称徐真人、青州徐从事，阴注本序并说

---

① 王明《道家和道教思想研究》，中国社会科学出版社 1987 年版，第 291 页。

② 王明《道家和道教思想研究》，中国社会科学出版社 1987 年版，第 288 页。

③ 《周易参同契分章通真义序》，《道藏》20—131 下。文物出版社、上海书店、天津古籍出版社 1988 年版。

④ 上述有关《周易参同契》研究史的叙述，可详参朱越利《〈周易参同契〉的黄老养性术》，《宗教学研究》2004 年第 4 期。

⑤ 如方春阳《〈周易参同契〉作者考》，《周易研究》1992 年第 3 期；孟乃昌《周易参同契考辩》，上海古籍出版社 1993 年版，第 31～100 页；朱越利《〈周易参同契〉的黄老养性术》，《宗教学研究》2004 年第 4 期。

他是北海人,故徐从事为齐人,历来学者没有疑义。关于淳于叔通,余嘉锡曾广引古籍,做过详细的考证。[①] 其中,有几点我们在此需要特别重视:

一是陶弘景《真诰》引《易参同契》云:"桓帝时上虞淳于叔通受术于青州徐从事。"此句今本所无,但与阴注本"叔通亲事徐君习此经",及容字号无名氏注本"徐从事传与淳于君"一致,说明淳于叔通出于徐从事门下,所学当与齐学有关。萧汉明先生则以为:"淳于氏以国为姓,故城为春秋时淳于国都,战国时为齐地,汉置县属北海郡(今山东安丘县东北)。淳于叔通家族何时移居会稽郡上虞县不可考。"[②]此说虽无更多的证据,但就淳于叔通师出北海的徐同事门下来看,说淳于叔通早年生活于北海,还是比较可信的。

二是《太平御览》卷三百八十五引吴谢承撰《会稽先贤传》:"淳于长通年十七,说宓氏《易经》,贯洞《内事》万言,兼《春秋》,乡党称曰圣童。"其中"长"为"叔"之误。余先生以为宓氏易即伏万寿之《周易集林》。而伏万寿为伏恭之子,琅琊东武人。潘雨廷先生推测,伏氏易继京氏易兴起,徐从事很有可能为伏万寿之弟子。[③] 又汉代习京氏易者,"往往兼善图纬及黄老之言",且多齐人,如安帝是北海郎宗、郎顗父子,桓帝时平原人襄楷,灵帝时济阴人孙期,及汉末北海人郑玄,均为齐人而习京氏易的代表性人物。[④] 而据王明先生考证,《周易参同契》在纳甲说、十二消息说、六虚说、卦气说等四大方面,均与京氏易有密切的关系。[⑤] 这不仅进一步说明淳于叔通、徐从事与齐地易学的渊源,也说明魏伯阳不论是何处人氏,他在易学方面也必然具有很高的修养,并且精通京氏易。

汪启明先生也是三人合著的支持者,他从史料鉴别、文本用韵和作者地望等方面发表的系列论文,得出了大致相同的结论:

阴注本、无名氏注本均言徐从事最早著《参同契》,此二本早于彭晓注本,当以此为确凿不磨之论。《参同契》阴注本作者自称"鲁国鄙夫",无名氏本和彭晓作"会稽鄙夫",二者并不矛盾,"鲁国鄙夫"之"鲁",为秦以前地名,则"会稽"亦当为秦以前地名。吴越之"会稽"源于鲁地之"会稽"。两汉之人,去古不远。作者自称古时地名,亦是合理的。徐从事、淳于叔通、娄敬,均为齐人,魏伯阳称"会稽",当从祖籍,在齐鲁之地。从文献史料考察的结果看,《参同契》一书是齐

① 余嘉锡《四库提要辨证》卷十九《子部十》,中华书局 1980 年版,第 1211～1214 页。
② 萧汉明、郭东升《周易参同契研究》,上海人民出版社 2001 年版,第 5 页。
③ 潘雨廷《〈参同契〉作者及成书年代考》,《中国道教》1987 年第 3 期。
④ 王明《道家与道教思想研究》,中国社会科学出版社 1987 年版,第 252 页。
⑤ 王明《道家与道教思想研究》,中国社会科学出版社 1987 年版,第 250～267 页。

鲁作者所为，是齐人魏伯阳而不是吴人或越人魏伯阳参与了这部书的创作。[①]

魏伯阳、淳于叔通、徐真人均是齐地的作者。所以最早的两个本子《自叙启后章》才说是“鲁国鄙夫”或“会稽鄙夫”。而会稽是齐鲁地名带到吴越的，今本《周易参同契》为齐鲁人创作，应该是可信的。[②]

从文献考察的结果看，《周易参同契》有相当的一部分或者主要的部分，是齐鲁作者所为。[③]

上述三文所论未必都能得到学术界的一致认可，就是作者本人，在2008年后发的文章中对前面的观点也做了一些修正。但是就目前学者们的研究来看，《周易参同契》三位作者中至少有两位被认为是齐人，魏伯阳即使不是齐人，其学养也与其他两位相去不远，当有明显的齐学渊源。

虽然迄今为止，关于《周易参同契》的作者还没有定论，但就目前的研究成果来看，其有齐地学者参与，与齐学及黄老之学关系密切，是可以基本肯定的。如果从齐地方仙道、黄老学及黄老道的文化传统来看，说《周易参同契》是齐学发展的必然结果之一，是齐地仙道文化的重要结晶，应不为过。

卿希泰先生指出：“东汉讲黄老，侧重在养生、修仙，与西汉前侧重在统治术的黄老学，已有所不同。这是黄老学逐步衍变为黄老道的新发展……黄老道追求长生、崇奉老子，反对房祀，是道教酝酿、发育接近成形的重要阶段。”[④]而在这一道教成长的过程中，齐人充分发挥了自身的文化优势，熔铸方仙道与黄老学为一炉，由齐人完成和传播的《太平经》，不仅促成了太平道、五斗米道（早期天师道）等教团组织的产生，影响了黄巾起义，也完成了黄老道向道教的过渡。主要由齐人完成的《周易参同契》，则为后世道教尤其是道教丹鼎派提供了不可替代的理论资源，对道教的产生和发展做出了独特的贡献，在中国仙道发展史上有着非常独特的意义。

---

① 汪启明《〈周易参同契〉作者新证(一)——从史料鉴别看〈参同契〉为齐人所著》，《周易研究》2007年第1期。

② 汪启明《〈周易参同契〉作者新证(二)——从文本用韵看〈参同契〉为齐人所著》，《周易研究》2007年第2期。

③ 汪启明《〈周易参同契〉作者地望的文献学初探》，《宗教学研究》2008年第1期。

④ 卿希泰《中国道教史》(修订本)第一卷，四川人民出版社1996年版，第91页。

齐鲁文化的当代意义*

当今世界的发展，最引人注目的是科学技术日新月异的进步。尤其是互联网的技术革命，不仅极大地改变了人们的生活方式，而且也改变着人们的思维方式。从某种程度上来说，最近一百多年来，人类生活的变化，可能超过了以往的数千年，简直可以用得上瞬息万变来形容。但是，无论人类发展到什么阶段，有些基本的问题还是会继续存在，并且无法回避。比如族群或民族的生存发展，不同族群或民族乃至不同文明群体之间的相处，以及个体生命质量的提升乃至人类长寿健康之幸福的探求等等。在全球化席卷世界的时代，所有这一切依然会成为人类共同关注的话题。那么，在这样的时代大背景下，从民族文化及人类发展的角度，来追问齐鲁文化在中华民族复兴与人类未来发展中的地位，能带给我们怎样的思考？又能给予我们什么样的启发呢？当然，这是一个非常大的问题，我们不拟在此展开，而只想就民族复兴、国家治理、文明冲突、人类永生等几个具体问题稍做简述，以表达我们对齐鲁文化反思的一点展望。

一、民族复兴

近年来，中华民族文化复兴的话题，已渐成主流话语。从国家高层到知识界再到民间，形成了极大的共识，其呼声似乎也达到了近百年来的最高点，而且还有上升的可能。面对这一现实，我们不能不重新思考两个问题：一是齐鲁文化对中华民族长期稳定的大一统形态的贡献；二是“五四”以来的数十年，我们对孔子和儒家的批判和否定。其实，站在齐鲁文化的角度，这两个问题本质上也可看作是一个问题，即中华早期文明、鲁文化、儒家文化与当代中国的关系问题。

我们把从仰韶文化时期即已发达的宗族制度，看作是中华民族长期一以贯之的主要特点之一。它在商周时期即已成为国家政体的重要支撑。以儒家思

---

* 本文为《以文化人——齐鲁文化与中国人文智慧》一书（山东人民出版社 2017 年版）的结语，出版时有较大的删节。

想为代表的鲁文化，正是在这一持续数千年的民族生活和生产方式的基础上，提炼、总结出来的偏重于维护族群生存与和谐的文化智慧。孔子的“述而不作”，正是顺应了五千年文明的发展大势，所以儒家思想才能在后来的中国社会发挥维护民族统一的巨大作用。表面看来，“五四”以来的批判和否定，似乎与悠久的文明传统甚不相合。今天回头来看，原因固然很多，但救亡图存的迫切现实需求与那一代知识精英大多有留学背景，且正值年轻气盛之际，恐怕还是最主要的。

经过近百年的发展，今天的中国社会，宗族制度已经基本瓦解，但是在此基础上总结、提升而成的儒家伦理文化，经过自汉代以来两千多年的浸润，早已沉淀于中国人心灵深处，成为中国人思维方式和价值观念的自然组成部分，因而也是增强民族凝聚力最有力的文化力量之一。这也正是党的十八大以来国家把中华优秀传统文化的传承发展提到战略高度的原因吧。从这个意义上说，发源于山东的鲁文化和儒家文化，依然与我们当下的生活、命运息息相关。它源于早期文明，成长于民族历史长河，积聚了古老民族智慧的本质特点，在中华民族的复兴大业中，仍将显示其独特的魅力。

二、国家治理

齐鲁文化的优秀传统对先秦以来的中国政治产生过重要的影响，对于我们今天的国家治理也有很多值得借鉴的地方。鲁国尊周重礼，推行圣人之教化，维护周天子权威和社会秩序。“是以其民好学，上礼义，重廉耻。”（《汉书·地理志下》）其中的“圣人教化”“礼义廉耻”，不同的时代或有不尽相同的内容，但从治国安民的角度，却是百世不易的法则。与鲁国相比，齐国在治国方面，更为灵活多变，更重视因地因时制宜。在推行周礼的同时，顺应民心，充分保留了东夷旧俗。同时，又十分重视经济发展，还继承了东夷族善战的传统，在富国强军方面颇多建树。司马迁曾总结说：

> 太公望封于营丘，地潟卤，人民寡。于是太公劝其女功，极技巧，通鱼盐，则人物归之，繦至而辐凑。故齐冠带衣履天下，海岱之间敛袂而往朝焉。其后齐中衰，管子修之，设轻重九府，则桓公以霸，九合诸侯，一匡天下；而管氏亦有三归，位在陪臣，富于列国之君。是以齐富强至于威、宣也。[①]

---

① 《史记·货殖列传》，中华书局1959年版，第3255页。

《管子》卷十五《治国》中也说：

凡治国之道，必先富民。民富则易治也，民贫则难治也。奚以知其然也？民富则安乡重家，安乡重家则敬上畏罪，敬上畏罪则易治也。民贫则危乡轻家，危乡轻家则敢凌上犯禁，凌上犯禁则难治也。故治国常富，而乱国常贫。是以善为国者，必先富民，然后治之。[①]

这两段话，较为简洁地概括了齐国以“富民”为第一要务的强国战略。其中的“通鱼盐”，与《汉书·地理志》中所说的“通商工之业，便鱼盐之利”可相互补充，是指要大力发展盐业、渔业和商业贸易，由此吸引了各地的货物、人才络绎不绝地来到齐国。“轻重”，指钱币；“九府”，指掌管财政的大府、王府、内府、外府、泉府、天府、职内、职金、职币等九个官署。这是管仲在经济财政管理方面的重大举措，对齐国的繁荣产生了重要的影响。由于国家经济繁荣，百姓富足，军事上也更为强大，所以齐桓公才能“九合诸侯，一匡天下”，成为春秋五霸之首。齐国国家治理的这些成绩，与其选贤任能的用人方略和自由宽松的学术环境，也有着密切的关系。稷下学宫不仅招揽了各国的贤能之士，为齐国出谋划策，而且促成了战国时期齐国文化的大发展大繁荣，当然也为中国文化树立了一座永久的丰碑。在我国改革开放，大力发展经济的今天，齐文化这些优秀传统的当代价值，显得尤为突出，值得我们认真总结和吸收。

三、文明冲突

从全球的眼光来看，文明的冲突是当今世界面临的重大问题。自 2001 年发生“9·11 恐怖袭击事件”以来，这种冲突呈现出愈演愈烈之势。直至今日，叙利亚危机、朝核问题等仍在持续发酵，这些问题如果处理不好，一旦升级，将影响到全人类的安全。印度经济学家、诺贝尔经济学奖获得者阿玛蒂亚·森先生指出，美国学者塞缪尔·亨廷顿（Samuel Huntington）出版于 1996 年的《文明的冲突与世界秩序再造》，对这些冲突起到了“主要的思想诱导作用”。“目前日益流行的基于文明的思考模式，其割裂性和狭隘性不仅传给我们一部极不完整的历史，并且还导致了世界上的疏远和不必要的相互敌视。它使得人们的文化背景看起来比实际上更不可逾越，并且它也鼓励了分裂主义的以及可能的相互敌视的看法。”而西方的某些学者，“非但没有反抗已经成为从事反西方暴力的

① 黎翔凤撰，梁运华整理《管子校注》，中华书局 2004 年版，第 924 页。

借口的疏离，反而对恐怖主义分子的割裂观点推波助澜。从这个意义来说，西方狭隘的教派主义者已经成为伊斯兰恐怖主义潜在而不自知的同伙”①。

这位印度学者的观点，一针见血地揭示了当今世界的文明冲突现状及其根源。在这个全球化的时代，中华文化的复兴，绝不是关起门来的自说自话，必须面对诸如此类的现实问题，并为这个世界提供解决问题的中国方法和智慧，让其他民族看到中华文化的价值和作用。

事实上，儒家文化中就包含着这样的智慧。孔子“己所不欲，勿施于人”(《论语·卫灵公》)、“和而不同”(《论语·子路》)、“万物并育而不相害，道并行而不相悖”(《礼记·中庸》)、“和也者，天下之达道也”(《礼记·中庸》)的思想，乃至天下“大同”(《礼记·礼运》)的社会理想，对于解决当今世界的种族争端，化解文明冲突，无疑有其重要的现实意义。当然，要将这些传统智慧运用于实际的外交活动，需要我们做更多创造性的研究、提炼和升华工作。日本学者伊东俊大郎说：“迈向世界文明并不是地球上所有的文化都成为单一色的文化。通过‘文明调整’和‘文明交换’等，在扩大制度与组织结构的同时，又完全保留文化的多样性。……文明通过转移、交换而具有共通性，而文化反而被充分认识，更加内敛化，不会失去自己地域的固有性。在自己的土壤中内敛化后产生的新的文化，又可能创造出新的文明样式。”②在这样的过程中儒家文化应是大有可为的。

四、人类永生

关于永生的思考和探索，在各民族早期文化中都有所表现，只是不尽相同而已。在古巴比伦史诗《吉尔伽美什》中，乌特纳皮什廷(Utnapishtim，意即“长寿”)和他的妻子得到了主神恩利尔的赐福，获得了永生。他的后人吉尔伽美什历尽艰难找到了他，并在他妻子的帮助下，得到了永生之草，却不幸被蛇偷吃。古埃及人则相信，靠着《亡灵书》中咒语的帮助，死者可以顺利地通过阴间的审判，进入永生之境。而据《圣经·旧约·创世纪》记载，伊甸园中除了智慧树，还有生命树。如果吃了生命树上的果实，就可以长生不死。但是亚当和夏娃受蛇的引诱吃了智慧树上的果实，上帝把他们赶出了伊甸园，并派天使基路伯守住

---

① 〔印度〕阿玛蒂亚·森《我们的全球文明》，王云川、孟兰译，《北京大学学报》(哲学社会科学版)2007年第1期。

② 〔日〕伊东俊大郎《世界文明与地域文化》，张龙龙译，《重庆文理学院学报》(社会科学版)2011年第1期。

了通往生命树的道路,人类因此与永生失之交臂。

东夷文化传统中的不死信仰,与上述几大古代文明的永生神话相比,固然有相似之处。如后羿获得西王母赐予的不死药,却被自己的妻子嫦娥偷吃,就与吉尔伽美什的永生之草被蛇偷吃有着惊人的相似之处。但最大的不同则在于,它既不是靠神的赐予而得到永生之草,或者永驻伊甸园那样的神界,也不是借《亡灵书》的魔力在来世获得永生。它所追求的是在现世突破生死大限,长生不死。这也是中国道教与世界上所有宗教最大的不同,即它没有设计什么彼岸世界,成仙的目标是要在今生今世来实现的。从前文的论述,我们知道,这一特点在从东夷文化的不死信仰到方仙道,再到成熟的道教,始终是一以贯之的。尽管中国古代典籍有不少关于仙人的记载,但现代人多认为那是出于想象,没有人相信真的可以通过修炼获得永生。

但是,在世界范围内,现代医学对不死的探索并没有停止。曾获得1912年诺贝尔生理学或医学奖的法国外科医生亚历克西·卡雷尔(Alexis Carrel),用20年的时间,进行胚胎期鸡心组织的实验,提出人体所有的细胞都具有永生的能力。此后的许多年里,科学家们沿着他的足迹不断探索,先后发现了细胞染色体的末端存在一种特殊的结构——端粒,开始了DNA重组技术的研究。1985年,美国科学家伊丽莎白·布莱克本(Elizabeth Blackburn)与她的博士生卡罗尔·格雷德(Carol Greider)终于找到了参与端粒DNA复制的反转录酶——端粒酶(Telomerase)。对端粒和端粒酶的研究,燃起了人们追求永生的希望。① 虽然这项研究至今为止还没有真正找到掌控人类寿命的"开关"。但人工智能、生物技术和纳米科技等新技术的进步,却为人类永生的探索提供了更多的可能性。美国洛杉矶的科技初创公司Humai宣称,借助人工智能和纳米科技,30年后"复活"的奇迹将会显现。谷歌旗下的抗衰老公司Calico,2015年宣布与世界上最大的族谱网站Ancestry.com合作,找出长寿者DNA所蕴含的药物靶点,从而研制出"长生不老仙丹"。据外媒报道,Calico从2013年成立至今,谷歌已经投入7.3亿美元。② 又据《京华时报》报道,丹麦和美国研究人员发现了可以阻止衰老的关键物质,也许有一天能够帮助人类延长寿命。③ 美国谷歌首席未来学家雷·库兹韦尔(Ray Kurzweil)则预言,2029年前后,凭借那时

① 木东《"细胞永生"背后的秘密》,https://www.huxiu.com/article/170406.html,2016年11月11日。

② 黑匣《人工智能真能让人起死回生吗》,中关村在线:http://news.zol.com.cn/557/5578213.html,2015年12月15日。

③ 佚名《辅酶中藏着"永生"秘密》,《京华时报》2016年10月17日。

的科技，人均寿命每年都可增长一岁。随着技术和医学进步，人类很快就会到达“奇点”。届时计算机将超越人脑，人类则可永生不老。他预计这一巨大变革将在2045年前到来。①

如果把东夷文化的不死信仰，以及方仙道、黄老道直至道教的不死探求与埃及等古老民族的不死神话，一起放在世界范围内来观照，再与现代国际医学对人类永生的不懈研究加以联系。我们不难发现，人类永生梦想的出现是何等久远！在追寻永生之梦的道路上，中国人也并不孤独。由此，我们对历史上曾为此付出心力和才智的巫师、方士和道士，似也当给予一份真诚的敬意，而不是轻易地予以否定。而齐文化在这方面，不仅很好地传承了古老的传统，在人类追求永生的史册上，也应有一席之地。中国的现代医学，在弘扬这一传统，为人类造福方面，也应当仁不让，有所作为。

至于艺文作品中，阐扬儒学道统，抒写家国情怀，表彰修身立德典范的名著佳篇，比比皆是，堪称正宗。其与齐鲁文化的关系，不需多论。此外，齐文化中的仙道文化对文学艺术所产生的影响，也是每一位中国人所熟悉的。这不仅见于齐地历代的作家受惠于此而为我们留下的那些鸿篇巨制，我国其他地区的作家、艺术家，也莫不深受仙道文化之滋养浸润，而在文学和艺术中有种种惊人之思和意外之语。余者且不论，我们只看齐地古今两位两位著名作家蒲松龄和莫言上天入地、奇幻多变的笔法，妖魅杂陈、神魔并举的人物，对齐文化之流风余韵当不难有深刻的体会。他们的作品能被译成多种文字在域外广泛传播，莫言能摘取我国第一个诺贝尔文学奖的桂冠，固然与他们个人高超的艺术水准有关，但如果我们说，齐地仙道文化的神怪奇幻之美，为他们的作品增添了独特的艺术魅力，因而吸引了更多的读者，恐怕并不为过吧。

总之，以儒家文化为代表的鲁文化，以宗族制度为基础，为中国社会政治的稳定，以及家庭(族)和睦，族群和谐提供了独特的文化价值观。这种价值观在历代传播、创新与发扬光大的过程中，潜移默化地渗透到人们的心灵深处，影响到了中国人生活的方方面面。而儒家在处理人际与族群间关系过程中所提升总结的道德伦理智慧，对当今建设和谐社会和处理国际关系也有深刻的启示。齐文化举贤任能，富国强兵，经济与文化发展并重的优秀传统，对当代中国的发展启示尤多。至于源于上古巫术信仰体系的齐地仙道文化，则不仅为人类长寿

---

① 新浪科技《“预言家”库兹韦尔称人类几十年内即可实现永生》，http://tech.sina.com.cn/d/f/2017-03-18/doc-ifycnpit2009547.shtml，2017年03月16日。

健康、长生不老做出了积极的探索，还以神奇丰富的想象力，培育了中国人的种种奇思妙想，对中国文化与中国人超世俗的精神世界、宗教信仰及世俗生活等都产生了极为重要的影响，从另一个侧面完成了独特的文化创造。也印证了鲁迅先生所谓"中国根柢全在道教"[①]的名言。齐鲁文化的这些优秀传统，从总体上构成了我国"文化自信"极为重要的组成部分，值得我们进行深入研究，并结合当代中国现实加以创造性的发扬光大。

① 鲁迅《1918年8月20日致许寿裳》，《鲁迅全集》卷十一《书信》，人民文学出版社1981年版，第353页。

下编

儒家文化传统的当代传承

传统与现代:义利观重建的一点思考*

20世纪以来,传统义利观曾发生过两次大的变化,并对社会发展产生了重大的影响。但是近几十年来,随着我国市场化程度的提高,义利矛盾日趋激烈。重建适应当代市场经济需求的义利观,已经成为迫在眉睫的课题。而在全球化经济大潮涌动的今天,立足传统,放眼世界,力求使法、德(义)、智、利相互依存、协调发展,乃是我们重建当代义利观的必由之路。

一、传统义利观的基本特点及其现代演变

"义利之辩"是中国古代伦理思想史上的一个核心命题,早在先秦诸子那里,就已经产生了几种代表性的义利观。其中儒家学派主张重义轻利,不仅把重义与重利作为辨别君子与小人的标准,以为"先义而后利者荣,先利而后义者辱"(《荀子·荣辱》),甚至把"义"看得比生命更重要,提倡"舍生而取义"(《孟子·告子上》)。墨家学派主张"义利合一",以为凡符合"公利"的就是义,否则就是不义。以韩非、商鞅为代表的法家学派,"重利轻义",把人都看作是"自利"的,因此,利高于一切,人与人之间的关系都可以用"利"来解释,都是以"利"而不是以"义"为基础。以老子、庄子为代表的道家学派既反对儒家礼义,也否定人的物质利益和欲望,主张"义利双弃"。由于自汉代以后,儒家思想始终是中国文化的主流,故墨、法、道三家的义利观,虽各有其合理之处,但在中国历史上,却一直不受重视,法家的义利观更是常常受到攻击。因此,儒家重义轻利、以义制利的义利观始终是传统义利观发展的主线,占据着主流的地位。

近代以来,中国社会发生了巨大的变化,特别是"五四"新文化运动,大大动摇了儒家独尊的地位,传统的义利观也随着社会的发展而有明显的改变。就其发展演变的轨迹来看,其重大的变化主要有两次:一次发生在毛泽东时代,在毛泽东思想中得到了系统的理论总结,并深刻地影响了中国社会的发展,在几代中国百姓的心灵中留下了醒目的痕迹。毛泽东主要是在儒家和墨家义利观的

---

* 本文原刊于《理论学刊》2004年第7期。

基础上对传统义利观进行改造的，他极大地发挥了墨家的"公利"思想和儒家"义以为尚"的思想，创造性地将马克思主义与中国传统文化加以融合，使得"义"与"利"的统一达到了空前绝后的地步。这主要体现在如下三个方面：其一，毛泽东提出了革命功利主义论。他在《在延安文艺座谈会上的讲话》中说："我们是无产阶级的革命功利主义者，我们是以占人口百分之九十以上的最广大群众的目前利益和将来利益的统一为出发点的，所以我们是以最广和最远为目标的革命的功利主义者，而不是只看到局部和目前的狭隘的功利主义者。"①这里所说的"利"，是"占人口百分之九十以上"的人民的"利益"，也是国家利益、民族利益的代名词，它与墨家所谓"公利"是非常接近的。其二，针对"革命功利"，毛泽东也提出了与传统的"义"相应的新的道德准则。由于"革命功利"是为大多数人谋福利的，所以新的道德准则也就自然地比传统的"义"更具有崇高性。这一道德准则在不同的地方、不同的时候有不同的表述："毫不利己，专门利人""为人民利益而死，就比泰山还重""全心全意为人民服务""鞠躬尽瘁，死而后已"等等，概括来说，就是以为共产主义理想奋斗终身乃至献出生命为荣（"生的伟大，死的光荣"）。其三，对私利和私心毫无保留地放逐与否定。"革命功利"既然是"最广大群众的目前利益和将来利益"，而不是某个个人、家族或小群体的局部利益，那么，无论从理论上，还是实际上，它都不允许掺杂个人的私利和私心在内，否则便有背新的道德准则，也有碍群体利益的实现。这样一来儒家传统中重视群体而忽略个体的特点，被发挥到了极致。于是，"毫不利己，专门利人"成为处理个人与他人、与群体，甚至与国家关系的最高准绳，"一大二公"被作为新的理想，私心、私利则成为被否定的对象受到主流意识的批判，公与私被完全对立起来。这与儒家所强调的家国同构、国身通一的传统思想相比，已经走向了极端化。新时代道德发展的这种趋向，将传统的"义"抬到了空前的高度，个人利益则在"斗私"的思想潮流中进一步失去了原本就很可怜的那一点点有效合法性，被贬抑到无以复加的程度。

毛泽东的义利观，创造性地发展了中国传统义利观，在中国处于民族危亡的战争时期，以及建国初期，对于民族的独立和动员广大人民群众进行社会主义建设都起到了积极作用。但是，不可否认的是，在"人民利益"的崇高旗帜下，个人利益却受到了严重的剥夺和侵害，这在中国社会、经济等各方面的发展中造成了非常消极的影响。

---

① 《毛泽东选集》(第三卷)，人民出版社 1991 年版，第 866 页。

传统义利观的另一次变化是由邓小平完成的。邓小平结合中国社会实际，对传统义利观和毛泽东的义利观进行了三个方面的修正。一是对传统"重义轻利"的思想做出了有力的反驳，对"利"，尤其是"个人利益"给予了充分肯定，响亮地提出了"让一部分人先富起来"的口号。"革命精神是非常宝贵的，没有革命精神就没有革命行动。但是，革命是在物质利益的基础上产生的，如果只讲牺牲精神，不讲物质利益，那就是唯心论。"①这对市场经济的建立，意义是十分重大的。二是提出了"互利"的观点，为商业、商人和市场经济公开正名。中国传统社会视商业为末业，始终执行重本抑末的政策，毛泽东时代把商业活动视为投机倒把加以排斥。邓小平放眼世界，清楚地看到了市场经济的重要性，也充分理解市场不可能只满足一方的利益，而是在追求自己利益的同时，还必须满足他人的需求。因此，互利实际是市场经济最重要的本质特征之一，它与传统的"重义轻利"显然是不同的。三是在肯定个人利益的同时，还"必须按照统筹兼顾的原则来调节各种利益的关系"。尤其是在国家、集体和个人利益发生矛盾时，"个人利益要服从国家和集体的利益"。②

邓小平的义利观充分吸取了传统义利观和毛泽东义利观中的精华，并结合市场经济的实际情况，对之做出了重要的发展，这是中国文化史上义利观发展的一个重要的里程碑，也是近几十年来我国市场经济日益繁荣的一个良好的起点。

二、重建市场化时代义利观的策略

邓小平对义利问题的论述主要见于改革开放初期，即 20 世纪 70 年代末至 80 年代初中期，经过近 20 年的发展，我国市场经济的发展和市场化的程度都远远超出了当时的水平，经济活动和社会生活中也出现了许多新现象、新问题。传统的"重义轻利"、毛泽东时代的"革命功利主义"、邓小平的"让一部分人先富起来"等等，与这些新的经济现象、社会现象乃至文化现象之间，显然又出现了隔膜，有了距离，换言之，市场化的社会现实对以往指导我们生活和经济活动的各个阶段的义利观都提出了新的挑战：

诸如当鼓励"让一部分人先富起来"使得"利己"变得正当而荣耀时，我们用什么来确立通过"利人"的手段来达到"利己"的目的的市场法则，用什么来杜绝那些损人利己、损公肥私的行为，使"先富起来"者能够得利而不违义？当社会

① 《邓小平文选》(第二卷)，人民出版社 1994 年版，第 146 页。

② 《邓小平文选》(第二卷)，人民出版社 1994 年版，第 175 页。

价值观念由“重义轻利”“义以为尚”，发展为市场经济背景下的“利润至上”“利以为尚”时，我们靠什么来保证在失去“重义”的前提下，法律又未必能顾及时，逐利者依然能有所不为，而不至于见利忘义？当国家的局部利益与整体利益、眼前利益与长远利益，或者不同行业之间的利益发生冲突时，我们怎样取舍，或者说怎样判定其间的义、利问题？如此等等，对这些问题，仅靠传统义利观和毛泽东时代的义利观固然无法解释，就是经过邓小平修正的义利观对这些问题也同样无法解释。因为中国历史上从未有过真正的市场经济，邓小平时代虽然已经出现了市场经济，但与今天我国市场化程度相比，仍然不可同日而语。因此，来自现实的挑战实际上构成了我们重建市场化时代新的义利观的前提。我们认为，市场化时代义利观的重建，已经不仅仅是义、利关系的重新调整，它实际上是道德重建的一个有机组成部分，因此，同时还必须有法律、道德和科学等要素的参与。甚至我们对义与利也必须置于法律、道德和科学的整体背景中来加以理解。

首先，赢利是市场化时代最本质的特点，但目前我们还很难保证每个人都能够见利而不忘义。

市场经济最基本的特征就是一切经济活动都直接或间接地处于市场关系之中，其本质就是商品交换。而一旦进入交换领域，赢利便成为最重要的目的，至于是否遵循义的原则，那主要是由行为主体个人决定的，而事实上，无论就我们的国民素质，还是从事市场经济活动者的素质来说，我们都不得不承认，还远远没有达到见利而不忘义的水准。近十余年来不断出现的假冒伪劣产品、坑蒙拐骗现象以及许多不惜损害消费者利益与健康，甚至公然挖国家墙角的市场恶行，都雄辩地说明了靠德性自觉维护市场纯净的时代距我们还非常遥远。

当然，市场中还存在着另一种约束力量，那就是自利需要以利他为前提，因为市场交换的另一个原则就是自愿交换，质量差、信誉低无疑会失去很多交换者，这迫使许多人为了赢利也不得不考虑他人的利益。但是一切可能的利他行为有一个极限是不可能被突破的，那就是它必须以利己为根本前提和最高目的。一旦妨碍了这一最高目的，利他行为就是不值得选择和毫无意义的。因此有限的“利他”并不能从根本上改变市场交换中的利己主义性质，市场交换双方无论怎样相互依赖，也无论怎样相互合作，都无法掩盖和取消你死我活的竞争关系的存在。客观地说，追逐利润才是市场经济最基本的特征，尤其在市场经济初期更是如此。因此，只有借助法律强有力的支持，在市场化时代的义才不至于成为苍白无力、名存实亡的符号。

此外，中国传统伦理中的重义轻利义利观，“它不仅不能象新教伦理那样给合法致富者以道德激励，激励人们在公平竞争中增加社会的财富，而且缺少保护公民合法财富的产权概念和契约意识。人们几乎普遍认为商人是靠损人利己致富的，十商者必有九奸；人们似乎不关注财富增量，而更关心财富存量的分配”[①]。这样，即使是他人合法致富的财产，也没有神圣不可侵犯之说，屡屡出现的富人被害的事例也说明了这一点。这就使那些合法致富者难免背负沉重的道德负担，而违法经营者却受不到道德的压力，这不正是偷税漏税者越来越多的重要原因之一吗？这说明在对传统义利观扬弃的基础上建立与市场机制相适应的法律体系，已迫在眉睫。

其次，法律并不能解决所有的问题，法律的执行者、法律本身的合法性，尤其是法律笼罩之外的虚空地带，均有待于义，即道德的裁判和支撑。

近年来随着市场经济的发展，相关的法律法规也在逐步完善。但法律并不是万能的，表面看来，当义、利发生矛盾时要靠法律来解决，法律似乎是超出义、利关系之上的一种存在，但事实并非这样。因为国家法律本身还有一个正义与否的问题。作为现代法和政治思想之核心的正义问题，其实正是关于法和义(德)的问题。国家法律和政治的合法性就取决于它们是否合乎道义。正是在这个意义上，西方法学的主流思想不无道理地把包括宪法在内的世俗法律叫作实在法，把它们基于其上的正义原则(或者说赋予法律以道德性的指导原则)叫作自然法。

当我们用法律来解决义、利矛盾时，法律的正义与否就至为关键。从这个意义上讲，义是最根本的东西，它决定着利和法的正当性。亚里士多德认为：“财富不是我们所追求的善，它只是有用的东西，是以它物为目的的”，而“只有最高的善才是某种最后的东西”。[②] 在这个问题上，马克思同样指出：“道德的基础是人类精神的自律。”[③]中国古代圣人也有类似的见解。如儒家提出“慎独”的境界，就是说一个人在没有任何外在监督和约束时，仍能保持高尚的道德。这本身就说明道德不是出于强制，而是出于人的本性。人之所以为人，之所以为万物之灵，根本原因就在于人类有着自己超出利益之上的、永恒的精神追求。

从整个人类社会发展的历程来看，进步的道德总是坚定地肯定天地万物间

---

① 杨增宪《简论道德规范的缺位与错位》，《东方论坛》1998 年第 1 期。

② 〔古希腊〕亚里士多德《尼各马科伦理学》，苗力田译，中国社会科学出版社 1990 年版，第 7、10 页。

③ 《马克思恩格斯全集》(第一卷)，人民出版社 1956 年版，第 15 页。

人是最宝贵的，人的生命存在的价值更在于精神境界的品质的塑造。几千年人类道德发展的主流，也鲜明地体现了这一点：人类对正义的追求是永恒的！这或许正是儒家义利观给我们的正面启示。

当然，我们也不能否认传统伦理思想的负面影响。中国历史上既没有出现过真正的市场经济，也从来没有与之相匹配的道德规范。即使是中国所谓儒商的道德规范，实际上也正是中国市场经济难以长足进步的道德阻力。以著名的重义轻利的徽商为例，他们靠信义交往给经济关系披上温情脉脉的伦理外衣，他们过分礼让而压抑自由进取精神，他们重视和谐追求平等而抑制竞争忽视效率等等，最终极大地阻碍了而不是促进了商品经济的发展。[①] 我们要建设社会主义市场经济，不仅要完善法律，还要尽快建立与市场经济相适应的市场道德体系。因为没有认同市场竞争法则的市场道德规范的支持，市场经济是难以在法制轨道上有序发展的。很多人感到奇怪，为什么我们的法律法规越来越周详、细密，但犯罪现象却屡禁不止，甚至出现了哪里的法律越完备，哪里的罪犯越多的现象？其中一个重要原因就在于我们的法律背后缺少有力的道德支持。

再次，市场经济本身就是一门复杂的科学，任何违背科学的市场行为，无论其表面上道德的光环多亮，赢得的利润多高，事实上都有可能是既无“利”，也不合“义”的蠢行。

近年来随着市场经济的逐步发展与繁荣，暴露出来的问题也越来越多。诸如某些耗资巨大、赢利也颇丰的大型经济项目，同时给当地人民生活、生态环境带来了巨大的损害和破坏；某些新开发的旅游项目，虽然气势不凡，但创意平庸，甚至出现违反历史、违反美学的硬伤，以致投入的成本难以收回；某些类似高尔夫球场的大型体育、休闲场所，建得富丽堂皇，却门庭冷落，又因侵占大量农田而造成了许多新的社会问题……不少论者习惯于将这些问题归咎于计划经济的影响，其实诸如此类的例子，固然有一些在很大程度上与政府行为分不开，但相当多的项目都已经是市场运作的结果，即使是一些政府操作的项目，也越来越多地采取了市场化的运行方式。从根本上说，这些劳民伤财的经济项目，之所以能够进入到市场领域，我们固然不能完全排除损公肥私的不义行为的左右，但其中有一些项目的确是在崇高的目的和动机下启动并完成的。这些年来，我们已经看到了太多的相关报道，在事后的总结中，没有经过专家的科学论证往往是此类恶性事件的一个共同原因。可见，在市场化的时代，在科学如

---

① 洪璞《儒家经济伦理与徽商》，《南京大学学报》(哲学·人文科学·社会科学)1995 年第 1 期。

此发达的今天，合法但不讲科学的“义”与“利”都有可能被扭曲而异化，并成为走向人类目的之反面的东西。

总之，重建市场化时代的义利观，当在完善法律制度、道德规范与科学评价体系的前提下来展开。只有获得法律的有力支持，才可能利、法相依；只有达到道德的普遍自觉，才可能利、德相辅；只有注重科学的理性观照，才可能利、智（科学）相成。尤其是在全球化经济大潮涌动的今天，中华经济的腾飞既要有世界性的眼光、智慧和视野，也需要着意激发我们传统文化潜在的生命力，而法、德（义）、智、利相互依存、协调发展，正是兼顾这两大要素，重建当代义利观的必由之路。

论传统本末观及其当代价值*

传统本末观即重本抑末观，是中国封建时代最重要的经济思想之一，形成于封建制度产生、确立时期，在封建经济思想领域占统治地位达两千年之久，其主要特征是重农抑商。随着中国封建自然经济的日趋解体，重本抑末思想也逐渐丧失了其正统地位。尤其是在近代以来，随着资本主义在中国的发展，思想家们普遍对重本抑末论做了彻底的否定。这种观点一直延续到现代，如赵靖先生所言："象重本抑末论这种专门为维护封建自然经济、反对商品经济服务的经济思想，而且又是流毒两千年、有着盘根错节的残余影响的思想，自然是非破不可，非彻底破不可，非破除净尽不可！"[①]但重本抑末思想为什么能伴随中国封建社会始终，并长时期占据统治地位呢？笔者以为，最重要的原因，是"抑末"与"重本"结合在一起，而"重本"是我们这个农业大国所必要和必须的。今天，农业仍然是我国国民经济的命脉，研究重本抑末思想在历史上的功过，研究中国古代思想家重农思想的发展，仍有现实意义。

一、传统本末观的产生及发展历程

从战国至西汉后期是重本抑末思想的形成期。重本抑末思想是由战国中期杰出的政治家、思想家商鞅首先提出来的。商鞅从封建阶级的立场出发，第一个把原本用来表示主次轻重的本末概念用到了农业和工商业的关系上，提出了初步的重本抑末思想。在这一思想中，商鞅明确地把农业看成是国之根本，认为"夫农者寡而游食者众，故其国贫危……圣人知治国之要，故令民归心于农"[②]。他所反对的末，虽包括工商业，但主要是指奢侈性手工业品生产者和诗书谈说之士、处士、勇士等各种脱离农业生产的游食者。商鞅重本抑末思想的突出特点是，他把"本"即农业与战争联系起来，形成著名的农战政策，这当然与

---

* 本文原刊于《东方论坛》2000 年第 4 期。

① 张守军《中国历史上的重本抑末思想·序言》，中国商业出版社 1988 年版，第 3 页。

② 蒋礼鸿《商君书锥指·农战》，中华书局 1986 年版，第 23、25 页。下引此书只注篇名。

他所处的七国争雄的时代背景有关。重农、优农、宽农，使农业得以稳步发展，这是秦国经济上富、军事上强的真正物质基础。严格管理工商业，也正是为了搞活农业，发展农业。在秦国当时的条件下，如果放任商人自由地去坑害农民，破坏好不容易才扶植起来的小农经济，其坏处就不仅仅是影响国家的经济收入而已。可以说，抑商作为封建国家的一种经济干涉政策，出发点正是为了保护封建社会的基础——农业。限制弃农经商，抑制商人对农民的兼并活动，对于需要发展个体农业经济、建立统一的封建国家的特定历史条件来说，是具有积极意义的。

西汉前期的重本抑末思想，虽仍坚持重农理论，却摈弃了商鞅的农战思想，转而把重农和治国紧密联系在一起，这既反映了封建统一已经实现的客观的历史现实，又说明了加强农业，恢复和发展封建经济对巩固新生封建政权的重大意义。同时，重本抑末打击的对象也仅限于富商大贾。商鞅的重本抑末措施，是利用国家政权的力量，通过严刑厚赏，驱末归本。当初抑商的主要措施，是由封建国家进入商品流通领域，利用商品经济规律，打击富商大贾的活动。

汉元帝时期的《盐铁论》，是重本抑末思想发展的又一个阶段。这时封建社会进入稳定发展时期，统治阶级已认识到封建农业与工商业之间有着一种互相对立、互相矛盾的关系，要保证封建制度的巩固和稳定，必须抑制工商业的发展。农业和工商业之间的矛盾，成了一个关系到封建制度本身生死存亡的带有根本性质的矛盾，所以重本抑末在这里真正变成重农抑工商论。

在从商鞅变法到《盐铁论》整整几百年的时间里，重本抑末思想的发展主要表现在末业概念的变化上，这是和经济发展的情况相适应的。比如，战国时期，诗书谈说之士，是和新兴地主阶级相对立的，是封建制度的反对派。因此，地主阶级的一些代表人物将他们和工商业者一样，看成是“不垦之地，不使之民”(《韩非子·显学》)，主张坚决加以打击。到了汉代，诗书谈说之士已经变成封建制度的辩护士，转而为封建统治阶级服务了，所以，这时地主阶级的末业概念里就不再包括这些人，而仅仅指富商大贾。盐铁会议以后，富商大贾的力量已被摧毁，《盐铁论》中的末业概念，就只有一般的工商了。可以说，封建正统的重本抑末思想至此已基本定型。

从《盐铁论》到鸦片战争之前是重本抑末思想的发展期。在这将近两千年的封建社会里，重本抑末思想始终是封建地主阶级维护封建制度的一个重要思想武器，在经济思想领域里一直占据着统治地位。从整体发展过程来看，这一时期又可分为三个阶段。

西汉后期到隋统一以前是第一个阶段。从西汉后期到隋统一以前，封建土地占有制度所带来的农民与地主之间的矛盾越来越激烈，统治阶级虽然奉行重本抑末政策，但是土地兼并的恶性发展却极大地损害了农民的积极性，重本的政策并没有落到实处，也没有真正起到发展农业的作用。相反，为了维护豪强大地主的利益，统治阶级在经济上对广大工商业者进行打击，顽固地坚持抑末政策，甚至在工商业显著萧条的社会经济情况下，仍然厉行抑末政策，阻碍了社会经济的恢复和发展。因此，这一阶段重本抑末思想基本上没有什么新的发展。

隋唐宋元时期是第二个阶段。唐宋时期国家统一的实现，为经济的进一步发展创造了条件，农工商各业都达到前所未有的发展水平，尤其是到了宋代，商业得以自由发展。北宋首都汴梁的南通巷"并是金银彩帛交易之所，屋子雄壮，门面广阔，望之森严。每一交易，动即千万"（孟元老《东京梦华录》卷二）。面对这一现实，思想领域里全盘否定工商业作用的言论越来越站不住脚。而客观形势也使工商业在社会经济中所占的地位日益提高，不少有见识的思想家清醒地看到了这一点，转而主张在封建财政经济活动中利用商品规律，发挥商人的作用。因此，重本抑末思想又发生了重大变化，这主要表现在由以"抑末"为重心发展为以"去冗"为重心。去冗是唐宋思想家提出的一个新的范畴，他们把农业之外的游食者分为"末"和"冗"两部分，认为危害经济发展的主要是"冗"，而不是"末"。"所为末者，工商也；所为冗者，不在四民之列也。"（李觏《富国策四》）抑末，是要把工商业中多余的部分驱之于农；去冗，则是要把四民之外的冗食者统统放归农业，消灭社会上的人口相对过剩现象。从抑末到去冗，无疑是一种进步。

明代到鸦片战争之前是第三个阶段。从明代起，社会上出现了资本主义生产方式的萌芽，与此相关，明清工商业的发展不仅比唐宋时期规模更大，而且有了性质上的变化，产生了和封建经济根本对立的新的社会力量——市民阶层。统治阶级日益惶恐，为了维护自身的利益，他们把压抑工商业的发展作为国家的一项基本经济政策。因此明清两代，重本抑末思想一直处于绝对的统治地位。明太祖朱元璋御示："若有不务耕种，专事末作者，是为游民，则逮捕之。"（《明太祖实录》卷二〇八）洪武十四年还规定："农民之家许穿绸纱绢布，商贾之家止穿绢布。如农民家但有一人为商贾，亦不许穿绸纱。"（胡侍《真珠船》卷二）雍正五年上谕说："朕观四民之业，士之外，农为最贵。凡士工商贾，皆赖食于农。以故农为天下之本务，而工商皆其末也"（《清世宗实录》卷五十七）。整个明清两个朝代，都厉行重本抑末政策。

鸦片战争至20世纪初是重本抑末思想的衰落期。1840年以来，由于社会矛盾的加剧和外国资本主义的入侵，中国的经济、社会问题都发生了历史性的巨变。但是保守派思想家仍竭力用重本抑末论来解释和解决由于外国侵略而引起的中国经济问题，如白银流失问题和所谓外国奇技淫巧问题。这当然是荒谬和无用的。面对内忧外患和传统重本抑末教条完全失效的情况，改革派思想家开始改变对本末关系的传统观点。如近代著名的改革派思想家魏源就提出了“缓本急标”“货先于食”的观点：“语金生粟死之训，重本抑末之谊，则食先于货；语今日缓本急标之法，则货又先于食。”（魏源《军储篇一》）随着中国资本主义经济的发展，重本抑末论遭到洋务派和资产阶级改良派的彻底批判，康有为就大声疾呼：“夫今已入工业之世界矣，已为日新尚智之宇宙矣，而吾国尚以其农国守旧愚民之治与之竞，不亦颠乎？”（康有为《请励工艺奖创新折》）变法维新运动使新思想更加深入人心，甚至连地主阶级顽固派也感到重本抑末论的过时，而唱起“中体西用”的调子，如张之洞提出的“旧学为体，新学为用”（《劝学篇》），虽然它所强调的重点是保卫封建礼教这个“体”，其反对资本主义的本质与重本抑末论一样，但作为理论武器，重本抑末论在顽固派手里被中体西用所代替，仍然是一个重大转变，它标志着在中国经济思想领域统治两千年之久的重本抑末论的终结。

二、传统本末观的当代价值

重本抑末思想在中国历史上所起的副作用是毋庸讳言的，诚如有的学者所指出的那样，“重本抑末及以其为指导思想的封建专制主义在经济领域里的统治，大大延缓了中国封建社会向资本主义转化的过程，以致在西方进入了资本主义时代很久以后，中国社会仍然没有脱离中世纪的落后状态。”①但是，它为什么能在中国整个封建社会里一直占据统治地位，经久不衰，而且在整个过程中，系统的反重本抑末的理论根本看不到呢？考察整个重本抑末思想及零散地出现在不同时期、不同人物著作里的反重本抑末思想的发展过程，不难得出这样的结论：因为“抑末”与“重本”结合在一起，而“重本”是中国这个农业大国颠扑不破的真理，直到今天仍是这样。

“民以食为天”，在中国这个农业大国里，不重视农业就会失去立国的根本。

---

① 张守军《中国历史上的重本抑末思想》，中国商业出版社1988年版，第138页。

这是历代统治者的共识，也是重本抑末思想得以产生并长时期流传的最重要的原因。这一点我们从重本抑末论者强调的重点及反重本抑末论者反对的重点里便可以看出。历史上不少正统的重本抑末论者强调的重点在“重本”，而不是“抑末”。如汉代杰出的理财家桑弘羊运用轻重理论打击富商大贾，“强本趣耕”(《管子·轻重甲》)，但同时也认识到一般工商业对封建经济恢复和发展的必要性，“工不出则农用乏，商不出则宝货绝”(《盐铁论·本议》)。唐朝封建正统思想的代表人物陆贽，反复强调“劝农”“地著”“固本业”，也并无抑制工商的言论，还把“通商务农”(陆贽《均节赋税恤百姓六条》)看成是使国家富强的根本措施之一。宋代司马光，一方面讲“农者天下之本”(司马光《应诏言朝政阙失事》)，另一方面又说“夫农工商贾者，财之所自来也”(司马光《论财利流》)。重本抑末论的反对者反对的重点在“抑末”，而不是“重本”。如东汉王符认为：“夫富民者，以农桑为本，以游业为末。百工者，以致用为本，以巧饰为末。商贾者，以通商为本，以猎奇为末。三者守本离末则民富，离本守末则民贫。”(王符《潜夫论·务本》)他明确地把工中的“致用”，商中的“通货”和“农桑”一样看成是封建经济的本业。明代名相张居正在批判重本抑末论时说：“古之为国者，使商通有无，农力本穑。商不得通有无以利农，则农病；农不得力本穑以资商，则商病。故农商之势，常若权衡然，至于病，乃无以济也。”(《赠水部周汉浦榷竣还朝序》)张居正在这里实际上也是把农商放在并重的地位。

显然，无论是重本抑末论的支持者还是反对者，对“重本”都没有异议，只是对“抑末”持有不同看法。从“抑末”的角度来看，重本抑末思想在历史上起过积极的作用，也产生过阻碍社会进一步发展的消极影响；从“重本”的角度来看，重本抑末思想则一直起着积极的作用。虽然有时重本的目标不是社会经济的发展，如西汉时期文学贤良提出的重本的目标，是要实现当年儒家的“分土井田”(《盐铁论·力耕》)主张，使社会倒退到自给自足的落后生活状态中去。但从主流来看，重本的目标都在于农业经济的发展。当然，重本抑末是一个整体思想，我们不能因为“重本”的积极性而忽视“抑末”的消极性，但也决不能因为“抑末”的消极性而否定“重本”的积极性。因为历史上许多宝贵的“重本”思想都潜含在重本抑末思想里，把它们统统地扔进历史的垃圾堆，并不是科学的态度。如西汉重本抑末措施的施行，就达到了“益农夫之事”(《管子·国蓄》)的目的。况且从我们国家的情况来看，从古至今农与工商之间的发展始终是一对矛盾，该如何调节，并不是一个简单的问题。抑末固然有消极影响，但如果轻农呢？远的不说，从改革开放后我国农业发展的实践中，我们便可以得出结论。

改革开放以来，我国农业获得迅速发展，并有力地推动了国民经济的增长和经济结构的转换，在这大好形势下，我们对农业增长盲目乐观，采取了一些客观上抑制农业生产的政策措施，出现了1985—1988年农业的一次徘徊。1985—1988年，在工业快速增长的同时，出现了忽视甚至削弱农业的现象，农业投资减少，1985—1988年四年中，国家用于农业基本建设的投资占国民经济各行业基建投资的比重仅为3.1%，平均每年比"五五"时期减少三分之二左右，乡村集体和农户的投入也大幅减少，农业总产值年均增长4.1%，主要农产品连续四年呈低速徘徊状态。到1988年，出现了农产品供给短缺、物价上涨、市场疲软、经济滑坡的局面，农业的不景气波及整个国民经济。

1989—1994年，在通货膨胀的压力下，我国国民经济被迫开始了新一轮的调整。调整的目标之一就是把过高的工业速度压下来，千方百计把农业搞上去，政府为此采取了增加农业投入、提高农产品收购价格、增加农资供应、建立粮食专储制度、减轻农民负担等措施，这些措施的实施，对抑制工业过快增长，推动农业发展起了积极作用。"1988年到1993年间，农业年均增长速度由前四年的4.1%上升到5.7%……粮食生产自1989年结束了持续三年的徘徊状态后，连续四年获得丰收，于1993年达到45649万吨的历史最高水平，油、肉、水产等也获得了高速增长，市场供求恢复平稳。"①历史和现实都表明，农业对于我们这个人口众多的大国来讲，具有特殊的重要性，无论是为了发展工业还是商业，一旦出现抑农、轻农的现象，最终都是以整个国民经济的倒退为代价的。我国虽然经过了几十年的现代化建设，但与发达国家相比仍然是一个比较落后的农业国。直到今天，农业所创造的经济总量在我国国民收入中仍占有重要份额，农业依然是我国重要的出口创汇行业，我国工业中以农产品为原料的轻工业产值占整个轻工业产值的比重仍超过70%，这些状况决定了农业在我国具有举足轻重的地位。农业兴，百业兴；农业稳，全局稳。农业的发展关系到我国国民经济的发展，关系到我们国家的前途命运。因此，对传统本末观，特别是其中的重农思想的研究十分必要。

---

① 国家统计局农村社会经济调查总队《对改革以来农业与国民经济互动关系的思考》，张新民《中国农村、农业、农民问题研究》，中国统计出版社1997年版，第37页。

“德主刑辅”思想及其对中国现代政治的影响*

“德主刑辅”是儒家政治思想的核心，它对中国政治思想产生了深远的影响。这在孙中山、毛泽东等领袖人物的政治思想中均有明显的体现。在大力发展市场经济的今天，政治家们提出了治理国家的新思路：以法为主和德法并举。从“德主刑辅”到以法为主，再到德法并举，这既体现了中国政治思想的发展轨迹，也是中华民族几千年精神文明的自然承续。

一、“德主刑辅”思想的历史渊源

“德主刑辅”思想在我国有着悠久的历史渊源，春秋末期由孔子创立的儒家学派是主张德治的。儒家思想本源于周代文化，章学诚曾说：“孔子之大，学周礼一言可以蔽其全体。”①而“周礼”的核心主要是“德治”与“民本”。因此，王国维认为，周代“所谓德者，又非徒仁民之谓，必天子自纳于德而使民则之”，因此，“周之制度典礼，实皆为道德而设，而制度典礼之专及大夫以上者，亦未始不为民而设也”。②

孔子对周代文化的改造，学术界多概括为“以仁释礼”③。在《论语》中，“仁”的含义是极为丰富的，它包含了孝、礼、忠、恕、恭、宽、信、敏、惠、中庸等多种内容，被孔子视为各种品德中最为重要的一种，它实际上是周初专就统治者而言的“德”的社会性的展开。这在当时并非一家一派的看法，而是一种时代思潮。孔子正是首先顺应当时这种时代思潮，将仁作为诸德之首特别提出来，以之构筑自己的理论体系的。因此，“仁”不仅是孔子经常提到的道德标准，是孔子思想的核心，是他许多主张的出发点，也构成了儒家思想当然也包括儒家政治思想的核心和出发点。因此，道德教化就构成了儒家政治思想的根本。

对德治与法治的问题，不同的学派有不同的看法，如以韩非为代表的法家

---

* 本文原刊于《山西师范大学学报》2002 年第 4 期。

① ［清］章学诚《文史通义》卷二《原道下》，上海书店影印本 1988 年版，第 41 页。

② 王国维《观堂集林》卷十，中华书局 1959 年版，第 476～477 页。

③ 李泽厚《孔子再评价》，李泽厚《中国古代思想史论》，人民出版社 1985 年版，第 7～51 页。

的主张就与儒家针锋相对。韩非认为:“不恃人之为吾善也,而用其不得为非也。”[①]意思是,不能指望人们会自觉从善,而要用刑罚使人们不敢做坏事,所以应当实行“不务德而务法”的治国方略。当时的秦国即以法家理论为指导,任用商鞅、李斯等法家人物实行变法,使秦由弱变强,战胜了东方六国,建立了中国第一个中央集权的统一王朝。法家学说的魅力在此得到了充分的体现。但是秦王朝的迅速灭亡,却也使后人不得不反省法家思想的局限性。汉人思考的结论是:“仁义不施,而攻守之势异也。”[②]而西汉大儒董仲舒在提出“独尊儒术”的同时,也清醒地意识到:“教,政之本也;狱,政之末也。其事异域,其用一也,不可不以相顺,故君子重之。”[③]这说明他并没有完全否定法家合理的主张。因此,汉代开始,中国历代政治虽名义上是以儒学治国,实质上却是儒法并重。于是“德主刑辅”成了以后两千多年封建社会沿用不变的治国模式。

汉以后“德主刑辅”的治国思想没有发生过根本的变化,对“德”的主导地位的进一步强调是它基本的发展趋向。在这一过程中,南宋理学家朱熹又起了推波助澜的作用。朱熹作为儒家伦理思想体系的完成者,进一步将儒家德治思想绝对化,把“正心”当作治国的根本,所谓“人主之心正,则天下之事无一不出于正”[④]。只要皇帝能正心诚意,就可以天下太平了。这样一来,法律就被置于更加次要的地位。换言之,对道德的绝对推崇必然导致对法律的漠视和淡化,这是不言自明的。朱熹完备而精致的伦理学说体系,在理论上给传统儒学的道德论奠定了理性主义的基础,也成为我国封建社会后期的统治思想和神圣教条。“德主刑辅”思想也因此而得到了更进一步的强化。

二、毛泽东“德主刑辅”思想的时代局限

人类精神活动的运行总是有着巨大的惯性和承续性,一种政治思想也不可能因为制度的变化而立刻改变。新中国建立后,“德主刑辅”的传统思想依然对第一代领导人的治国思想产生了重要的影响,即使像毛泽东这样的伟人也

---

① [清]王先慎集解《韩非子集解》卷十九《显学》,《诸子集成》(五),上海书店影印本1990年版,第355页。

② [汉]贾谊《过秦论》,朱东润《中国历代文学作品选》上编,第二册,上海古籍出版社1991年版,第9页。

③ [清]苏舆《春秋繁露义证》卷三《精华》,钟哲点校,中华书局1992年版,第94页。以下引此书只注篇名。

④ [宋]朱熹《己酉拟上封事》,《朱熹集》卷十一《封事》,郭齐、尹波点校,四川教育出版社1996年版,第462页。

不例外。

虽然毛泽东十分重视法制建设，但综观他一生的政治思想，可以看出他受儒家思想和传统“德主刑辅”思想的影响始终是非常明显的。这在毛泽东《关于正确处理人民内部矛盾的问题》（以下简称《问题》）一文中有着很清楚的表述。

1956 年，我国社会主义制度刚刚建立，国际国内政治浪涛不断，在这种形势下，毛泽东发表了《问题》等重要文章，创立了社会主义社会矛盾学说。在《问题》一文中，毛泽东把纷繁复杂的社会矛盾分为敌我矛盾和人民内部矛盾两大类，并指出，“在社会主义建设时期，一切赞成、拥护和参加社会主义建设的阶级、阶层和社会集团，都属于人民的范围；一切反抗社会主义革命和敌视、破坏社会主义建设的社会势力和社会集团，都是人民的敌人。”①“人民中间的犯法分子也要受到法律的制裁，但是，这和对压迫人民的敌人的专政是有原则区别的。”②也就是说，由于矛盾性质的不同，处理的方法也就不同。敌我性质的矛盾采取专政的方法，“在必要的时期内，不让他们参与政治活动，强迫他们服从人民政府的法律”③。人民内部矛盾采取民主的方法，即“用讨论的方法、批评的方法、说服教育的方法”④。毛泽东强调指出：“从团结愿望出发，经过批评或者斗争使矛盾得到解决，从而在新的基础上达到新的团结。按照我们的经验，这是解决人民内部矛盾的一个正确的方法。”⑤《问题》一文对结束革命时期的大规模的群众阶级斗争，并把全党工作重点转向经济建设起了指导作用，但也容易给人们造成这样的错觉：法律是专为阶级敌人制定的，对人民来说，法律是可有可无的，或者说，对人民的法律和对敌人的法律是有原则区别的。

相信从毛泽东时代走过来的人们对“老三篇”（《为人民服务》《纪念白求恩》《愚公移山》）都耳熟能详，这三篇文章推出了几位道德楷模：张思德、白求恩。它包含了毛泽东道德观的主要内容：全心全意为人民服务；毫不利己，专门利人，为共产主义献出自己的一切，包括生命；提倡勤俭节约，反对奢侈，反对享乐主义。这些充分说明，中国很多传统的道德观以新的内容出现了。比如中国过去崇尚“杀身成仁，舍生取义”，现在把“义”的内涵换成“共产主义理想”“毛主席的革命路线”，从形式上继承了中国传统道德的全部内容，这些道德内容在当时

① 《毛泽东选集》（第五卷），人民出版社 1991 年版，第 364 页。
② 《毛泽东选集》（第五卷），人民出版社 1991 年版，第 366 页。
③ 《毛泽东选集》（第五卷），人民出版社 1991 年版，第 371 页。
④ 《毛泽东选集》（第五卷），人民出版社 1991 年版，第 368 页。
⑤ 《毛泽东选集》（第五卷），人民出版社 1991 年版，第 369 页。

的历史条件下虽然都发挥了一定的积极作用，但是，道德至上的传统也由此发展到无以复加的地步。这一整套道德观在一些情况下使人们压抑个性、牺牲自我，共同为共产主义事业而奋斗。[①] 毛泽东的这种道德至上思想与儒家传统的德治思想显然有着非常密切的关系。

道德泛化和道德至上的历史传统，使建国之后的中国政治也同样带上了浓厚的伦理色彩，这也是毛泽东"德主刑辅"思想的时代局限。其最突出地体现在以下两个方面：一是只强调执政者完善的道德而忽视政绩。中国传统政治对执政者的首要要求是个人道德完善，即以"修身齐家"为"治国平天下"的根基。根据道德至上的原则，道德成为政治的最高尺度，包括对官吏的考核、评估，也主要根据是否服从上级的领导、是否廉洁奉公等道德标准，而很少看官吏的政治才能和政绩。这一点在建国之后相当长的时期里都没有从根本上改变，对国家官员更多地强调"世界观改造"，思想、道德标准高于一切，却大大地忽视了政治专业才能。这样，政治在道德的强制下，不可避免地导致异化，因为，纯粹的道德说教并不足以规范政治。二是强调人治而忽视法治。从政治对个人道德的要求出发，片面强调执政者以身作则的表率作用而忽视政治制度建设，此即儒家所谓"其身正，不令而行，其身不正，虽令不从"，从表面上看似乎是正确的，但在人治的环境下，执政者的"其身不正"并不必然导致"虽令不从"的结局，因为人治赖以存在的不是道德戒条，而是不可制约的政治权力。因此，"德主刑辅"必然导致"德治"滑向"人治"，当政治的伦理化积累到一定程度，必然导致政治失控和腐败，必然会给国家和民族带来灾难，"文化大革命"就是最有说服力的例证。

三、德治问题的新思考：以法为主与德法并举

经过"文化大革命"洗礼的一代人，尤其是政治家们，对我国法制不完备造成的危害进行了深入的思考，并形成了两种不同的认识：以法为主与德法并举。前者以邓小平同志对建立有中国特色的社会主义法律制度的阐述最具有代表性。后者以市场经济条件下理论家们对德法问题的探索为主。

邓小平对树立法律权威这一重大的理论和实践问题有着非常清醒的认识。他从当代中国社会实际出发，对这一问题进行了认真的分析。他敏锐地看到了当代中国社会的历史基础及其独特性质，指出："旧中国留给我们的，封建专制

① 杨继绳《邓小平时代：中国改革开放二十年纪实》上卷，中央编译出版社 1998 年版，第 50 页。

传统比较多，民主法制传统很少。”尽管“我们进行了二十八年的新民主主义革命，推翻封建主义的反动统治和封建土地所有制，是成功的，彻底的。但是，肃清思想政治方面的封建主义残余影响这个任务，因为我们对它的重要性估计不足，以后很快转入社会主义革命，所以没有能够完成”。[①] 人类社会变革的历史充分表明，制度的革命并不意味着观念的革命。长久形成的观念、意识较之表面的制度更不易改变，转变的过程也更为漫长。因此，许多封建主义思想，包括儒家的“德主刑辅”思想仍深深地渗透在中国社会生活的各个领域，并因而影响着当代中国的法律权威。邓小平认为这主要表现在如下的几个方面：首先，这种思想是助长权大于法的特权现象的温床。特权观念是封建专制制度的必然产物，它反映了一种金字塔式的森严的等级关系。新中国建立以后，特权现象仍然存在，“有一些干部，不把自己看作是人民的公仆，而把自己看作是人民的主人，搞特权，特殊化”。这种特权，实际上“就是政治上经济上在法律和制度之外的权利”[②]。其突出特征就是，在处理法律和权力的相互关系时，不是法律支配权力，而是权力支配法律，把权力凌驾于体现国家意志的法律之上，从而损害法律的权威。其次，这种思想也淡化了人们尊重法律、依法办事的现代法律意识。在社会主义制度条件下，法律是人民意志的集中体现，人民尊重法律，养成依法办事的习惯，是树立法律思想权威的一个重要思想前提。但是，由于封建主义的长期影响，缺少执法和守法的传统，因而人们的现代法律观念并没有真正确立起来，法律知识水平不高，缺乏自觉遵守法律的习惯。加上“文化大革命”对社会主义法制的严重摧残，人们对法律的权威性丧失信心，缺乏对法律的认同感，这样，所谓树立法律权威也就没有了坚实的群众基础。

应该说，影响中国法律权威的思想根源涉及许多方面，但封建社会重德轻刑的思想无疑是其中比较重要的因素。正如邓小平同志指出的：“我们这个国家有几千年封建社会的历史，缺乏社会主义的民主和社会主义的法制。现在我们要认真建立社会主义的民主制度和社会主义法制。只有这样，才能解决问题。”[③]邓小平同志不仅分析了影响中国法律权威的思想根源，而且也提出了解决中国实际问题的根本出路还在于，加强社会主义民主，健全社会主义法制，真正树立起法律的应有权威。

---

① 《邓小平文选》(第二卷)，人民出版社 1994 年版，第 332、335 页。

② 《邓小平文选》(第二卷)，人民出版社 1994 年版，第 332 页。

③ 《邓小平文选》(第二卷)，人民出版社 1994 年版，第 348 页。

在大力发展社会主义市场经济的形势下，有识之士们看到了这样的现象：一方面国家不断完善法律法规，另一方面假冒伪劣产品层出不穷，市场欺诈行为屡禁不止，以权谋私贪污受贿现象越演越烈，个别地方甚至出现了法规、制度越多，违法出轨的人也越多的反常现象。在这样的背景下，治国问题出现了另一种思路：德法并举。我们知道，德治与法治是治理国家的两条不同的道路，它们各自具有独特的功能和地位，但都不是万能的。法律也有它本身的局限性，它的制定与实施都离不开道德。从源头上说，法律的来源或者说它的基础是道德。道德是人类调节人与人、人与社会关系的最初、最基本的形态，远比法律产生得早，法律是人类社会发展到一定时期产生的，它的绝大多数条文都是从道德规范中提炼出来的，良好的法律源自良好的美德。而法律能否发挥应有的作用，归根结底源于人们内心认同的程度和思想道德素质。如果只有法律而没有道德教育，对人们的行为只有外部的约束，而没有内心的自我约束，那最多只能使人做到不敢做坏事，很难真正消除悖德行为。腐败分子们"前腐后继"就是一个明证。换言之，只有道德建设搞好了，法律的遵行才有内在的动力。我国古代思想家孟子有一句名言："徒法不能以自行"[①]（《孟子·离娄上》）。意思是说，即便是再好的法律也不能自动实施，它必须靠人去了解、掌握和执行。法律要靠人去运用，法律制定得再好，如果人们运用不当，也就实现不了法律要达到的目的。因为无法可以立法；但是有法不依，执法不严，违法不究，就会使法律失去应有的权威和尊严，就会使人民丧失对法律的信任，使法律的威信扫地。实施法律是法律运行的重要环节，事关法律存亡，它仍然离不开道德的约束。

从另一个角度来讲，道德也离不开法律，法律是道德的保障。道德教育在很大程度上是要依赖于被教育者个人的自觉，而这"自觉"往往是靠不住的。特别是在当前发展社会主义市场经济过程中，无论是社会经济成分、组织形式，还是就业方式、利益分配等均呈现多样化、多元化特点，由此而产生的价值观念和价值标准也具有多样化特点。在这种情况下，以什么作为评价善恶的基本标准呢？只能是国家的法律。因为法律面前人人平等，做一个守法公民是我们当今道德评价的一个最基本的标准。法律是道德的强制化手段，通过法制建设，使道德的许多内容制度化、契约化，一方面便于人们遵守，另一方面也使这些制度化、契约化的道德规范得到国家法律强制力的保障，更好地发挥其规范社会成员的作用。

---

① 杨伯峻译注《孟子译注》，中华书局1960年版，第162页。

综上所述，吸取先秦时期儒、法两家的精华而形成的“德主刑辅”的治国思想，自汉代定型以来，对中国政治一直发挥着重要的影响。其中，“德主”的地位不仅在整个封建时代基本未变，而且经朱熹的强化和毛泽东的极度发挥而至于绝对化的地步。近二十余年来出现的“以法为主”和“德法并举”的思想，实质上正是对此前“德主刑辅”之偏颇的一种纠正和调整。这既是中国当代政治家和思想家对德刑关系，即道德与法律关系进行重新思考的结晶，也是中华民族几千年精神文明的自然承续。

儒家"君子小人论"与毛泽东伦理化政治理想的发展

——以与小人"共跻于圣域"为核心*

道德主义不仅是毛泽东社会政治理想的重要组成部分，也是他力求使之社会化和全民化的重要内容。因此，20 世纪中国的发展固然与毛泽东分不开，20 世纪中国伦理道德的演变更与毛泽东分不开。从历史的角度来看，毛泽东伦理化政治理想的发展大致可分为三个阶段，即早年、延安时期和新中国成立以后。毛泽东早期的政治理想在他于 1917—1918 年所作的《伦理学原理》批语中得到了较为集中的体现；延安时期的政治理想散见于 20 世纪三四十年代的一批文章中；新中国成立后的政治理想不仅见于新中国成立以来的文章，也体现在一系列的社会主义实践中。而他与小人"共跻于圣域"的思想，不仅对儒家"君子小人论"有重大的突破和发展，对当时的革命实践起到了指导作用，而且在三个阶段都占有重要的地位，并直接影响到延安时期的"群众路线"与新中国成立后的"群众运动"这两种实现政治理想的特定方式，是我们探讨毛泽东伦理化政治理想的一个重要的逻辑起点。分析这一思想及与中国社会政治的关系，对于梳理毛泽东伦理化政治理想的发展轨迹，考察 20 世纪中国政治伦理的演变，均具有重要的学术意义。

一、与小人"共跻于圣域"："君子小人论"的突破

毛泽东在求学时期受过比较系统的传统文化教育。从 8 岁进私塾读书发蒙，到 25 岁从湖南第一师范毕业，他对儒家文化有较为深刻的了解。道德与政治紧密相连是儒家文化的一大特点。《论语・颜渊》曰："季康子问政于孔子。孔子对曰：'政者，正也。子帅以正，孰敢不正？'"就是以执政者品行的端正来解释政治的。孔子还说："人而不仁，如礼何？"（《论语・八佾》）意思是说人如果没有仁德，是不可能实现礼的。儒家德治思想的这种致思方式，在《大学》中被系

* 本文原刊于《山东社会科学》2013 年第 9 期。

统表述为格物、致知、诚意、正心、修身、齐家、治国、平天下。毛泽东的政治理想显然受到了这种由内而外的政治文化传统的影响。

与德治思想密切相关的，还有儒家的"君子小人论"。这一说法把人群分为截然不同的两类：君子和小人。孔子说："君子喻于义，小人喻于利。"(《论语·里仁》)孟子称："劳心者治人，劳力者治于人。"(《孟子·滕文公上》)所谓"劳心者"，实为"君子"的又一种说法，他们是经过由"格物"至"修身"的严格训练，能够重义轻利，是社会的精英，要担当的是齐家、治国、平天下，即治理别人的大任；而"劳力者"亦即"小人"，他们的道德水平还不能够以"道义"为行事准则，他们更看重的是"利"，因而，只能被别人治理。这是儒家"君子小人论"的基本内涵。

受儒家"君子小人论"影响，早期的毛泽东也认为："圣人，既得大本者也；贤人，略得大本者也；愚人，不得大本者也。"又说："政治、法律、宗教、礼仪制度，及多余之农、工、商业，终日经营忙碌，非为君子设也，为小人设也。君子已有高尚之智德，如世但有君子，则政治、法律、宗教、礼仪制度，及多余之农、工、商业，皆可废而不用。无如小人太多，世上经营，遂以多数为标准，而牺牲君子一部分以从之，此小人累君子也。"①上面所说的"愚人"，其实也就是"农、工、商业，终日忙碌"的"小人"的同义词。如果仅从这些论述来看，毛泽东所谓的"小人"与儒家所说的"小人"，并无大的不同。但毛泽东对于小人的态度，与儒家却有两点明显的不同：

一是与孟子"治于人者食人，治人者食于人，天下之通义也"(《孟子·滕文公上》)的说法相比，毛泽东进一步提出"君子当存慈悲之心以救小人""立德、立功、立言以尽力于斯世者，吾人存慈悲之心以救小人也"②，这就在君子"治人""食于人"的基础上，把引领并拯救占多数的小人，也当作了"君子"事业和义务的一个重要组成部分，这与儒家对小人的轻视是有本质不同的。

二是毛泽东将君子治国、平天下的伟业，与"救小人"联结在一起，从而赋予了二者全新的意义。他说："然小人者，可悯者也，君子如但顾自己，则可离群索居，古之人有行之者，巢、许是也。若以慈悲为心，则此小人者，吾同胞也，吾宇宙之一体也。吾等独去，则彼将益即于沉沦，自宜为一援手，开其智而蓄其德，

① 《毛泽东1917年8月23日致黎锦熙的信》，中共中央文献研究室、中共湖南省委《毛泽东早期文稿》编辑组编《毛泽东早期文稿(1912.6—1920.11)》，湖南出版社1990年版，第87～89页。

② 《毛泽东1917年8月23日致黎锦熙的信》，中共中央文献研究室、中共湖南省委《毛泽东早期文稿》编辑组编《毛泽东早期文稿(1912.6—1920.11)》，湖南出版社1990年版，第88、89页。

与之共跻于圣域。”[①]这固然与宋儒张载《西铭》中“民，吾同胞”及“凡天下疲癃、残疾、惸独、鳏寡，皆吾兄弟之颠连而无告者也”[②]的思想不无关系，但是把“救小人”提升到“与之共跻于圣域”这样的高度，在中国思想史上还是很少见的，这是毛泽东对儒家“君子小人论”的一个重要发展。

毛泽东的这种思想认识在早期的革命实践中也得到了体现。由于农民在当时的中国人口中占有很大的比例，因此，在毛泽东的眼中，“小人”在很多时候就是农民。而随着革命实践的变化，他早年“存慈悲之心以救小人”，并与之“共跻于圣域”的思想，又有不断地发展。如在写于 1927 年 3 月的《湖南农民运动考察报告》中，毛泽东极为敏锐地发现了在农民中蕴藏的伟大力量：

很短的时间内，将有几万万农民从中国中部、南部和北部各省起来，其势如暴风骤雨，迅猛异常，无论什么大的力量都将压抑不住。他们将冲决一切束缚他们的罗网，朝着解放的路上迅跑。一切帝国主义、军阀、贪官污吏、土豪劣绅，都将被他们葬入坟墓。一切革命的党派、革命的同志，都将在他们面前受他们的检验而决定弃取。[③]

孙中山先生致力国民革命凡四十年，所要做而没有做到的事，农民在几个月内做到了。这是四十年乃至几千年未曾成就过的奇勋。[④]

这个贫农大群众，合共占乡村人口百分之七十，乃是农民协会的中坚，打倒封建势力的先锋，成就那多年未曾成就的革命大业的元勋。[⑤]

在这里，不仅“小人”是以农民为主体，而且农民也不再仅仅是等待拯救的“小人”，他们已经成了革命的重要同盟，成了真的可以“共跻于圣域”的生力军。

需要指出的是，虽然像上引最后一段话中提到的“贫农大群众”，主要是指农民，但因为革命的同盟除了农民以外，还有工人、小资产阶级、知识分子等社会各界人士，故在毛泽东 1930 年前后另外一些文章中频繁使用的“群众”这个

---

① 《毛泽东 1917 年 8 月 23 日致黎锦熙的信》，中共中央文献研究室、中共湖南省委《毛泽东早期文稿》编辑组编《毛泽东早期文稿(1912.6—1920.11)》，湖南出版社 1990 年版，第 89 页。

② [宋]张载《西铭》，[宋]张载《张子全书》卷一，朱熹注，商务印书馆 1935 年版，第 3 页。

③ 《毛泽东选集》(第一卷)，人民出版社 1991 年版，第 13 页。

④ 《毛泽东选集》(第一卷)，人民出版社 1991 年版，第 15～16 页。

⑤ 《毛泽东选集》(第一卷)，人民出版社 1991 年版，第 21 页。

新名词，往往并非仅指农民，也还包括上述其他人在内。如写于1934年的《关心群众生活，注意工作方法》一文中说：

真正的铜墙铁壁是什么？是群众，是千百万真心实意地拥护革命的群众。这是真正的铜墙铁壁，什么力量也打不破，完全打不破的。反革命打不破我们，我们却要打破反革命。在革命政府的周围团结起千百万群众来，发展我们的革命战争，我们就能消灭一切反革命，我们就能夺取全中国。①

这里的"群众"显然不应只理解为农民，而是更为宽泛的概念。

总的来看，毛泽东从儒家"君子小人论"发展而来的"存慈悲之心以救小人"并与之"共跻于圣域"的思想，随着革命实践的发展，在20世纪20年代到30年代又发生了两方面的变化：一是"小人"的概念逐渐被"群众"所取代；二是由君子"存慈悲之心以救小人"并与之"共跻于圣域"，发展为革命者需依靠"群众"来"夺取全中国"。尽管毛泽东所说的"群众"并不是都专指农民，但农民却无疑是其中的主要群体。因此，从另一个角度来说，毛泽东对儒家"君子小人论"的发展，实际是以发现群众和发现农民为特征。这不仅全面超越了儒家的"君子小人论"，也初步确立了毛泽东日后政治理想的特质，并在很大程度上决定了他实现这一理想的方式。

二、群众路线："君子小人论"的发展

从1935年10月中央红军到达陕北，至1948年3月中国共产党中央机关迁往西柏坡约13年的时间，习惯上被称为延安时期。② 这一时期，是中华民族遭受外族侵略、面临生死存亡之考验，也是共产党与其领导的军队在国民党的围追堵截中艰难求生的特殊历史时期。因远离城市，远离最可能接受社会主义意识的无产阶级，农民在革命中的地位再一次凸显出来。在这样的前提背景下，毛泽东在20世纪30年代形成的群众观和依靠"群众"来"夺取全中国"的思想，得到了进一步的发展和完善，成了延安时期中国共产党重要的指导思想和领导方法。这在毛泽东这一阶段完成的各种著作中，也得到了反复的论述和总结。

---

① 《毛泽东选集》(第二卷)，人民出版社1991年版，第139页。

② 从毛泽东与中央机关于1937年1月到达延安，至1948年3月撤离延安迁往西柏坡，11年多的时间里，中共中央以延安为驻地。

这就是著名的“群众路线”[①]。它不仅丰富了毛泽东早期思想，也对儒家“君子小人论”做了全新的发挥。而以下的四个方面尤其值得我们注意：

其一，“群众”向“人民”的演化。与前一阶段相比，“群众”在取代“小人”这一概念的同时，其内涵也逐渐明确化，并且越到后来“人民”越成为比“群众”更为常用的概念。如前所述，在20世纪30年代，毛泽东所说的“群众”，虽不排斥工人、小资产阶级及知识分子等阶层，但更多的时候主要还是指农民群众。延安时期，不仅延安的群众实际上是以农民为主体，全国的情况也大致如此。虽然毛泽东在1940年还再一次强调：“中国有百分之八十的人口是农民，这是小学生的常识。因此农民问题，就成了中国革命的基本问题，农民的力量，是中国革命的主要力量。”[②]但实际上，他对“群众”的理解已经有了变化。具体来说，随着时间的推移，群众的范围越来越宽了。如他在写于1939年的《青年运动的方向》一文中指出，反帝反封建的“主力军是谁呢？就是工农大众”[③]。到了1942年，他又在“工农大众”的基础上，提出了“人民大众”的概念：

什么是人民大众呢？最广大的人民，占全人口百分之九十以上的人民，是工人、农民、兵士和城市小资产阶级。所以我们的文艺，第一是为工人的，这是领导革命的阶级。第二是为农民的，他们是革命中最广大最坚决的同盟军。第三是为武装起来了的工人农民即八路军、新四军和其他人民武装队伍的，这是革命战争的主力。第四是为城市小资产阶级劳动群众和知识分子的，他们也是革命的同盟者，他们是能够长期地和我们合作的。这四种人，就是中华民族的最大部分，就是最广大的人民大众。[④]

这大约是毛泽东较早对原本含混的“群众”一词所做的完整的说明。所谓“工农大众”和“人民大众”，从包含的社会阶层来说，范围明显扩大了，但在概念上却是“群众”的进一步具体化。在此之后，毛泽东有时用的是“工农兵群众”[⑤]，有时用的是“工农兵学商”[⑥]，更多的时候使用的是作为“人民大众”或“人民群众”简称的“人民”，如作于1949年6月30日的《论人民民主专政》一文，在概念

① 1981年，在十一届六中全会通过的《关于建国以来党的若干历史问题的决议》中，把“群众路线”概括为毛泽东思想三大活的灵魂之一，充分表明“群众路线”在毛泽东思想科学体系中的重要地位。

② 《毛泽东选集》（第二卷），人民出版社1991年版，第692页。

③ 《青年运动的方向》，《毛泽东选集》（第二卷），人民出版社1991年版，第565页。

④ 《在延安文艺座谈会上的讲话》，《毛泽东选集》（第三卷），人民出版社1991年版，第855～856页

⑤ 《在延安文艺座谈会上的讲话》，《毛泽东选集》（第三卷），人民出版社1991年版，第856页。

⑥ 《中国人民解放军宣言》，《毛泽东选集》（第四卷），人民出版社1991年版，第1237页。

的使用上就具有非常典型的代表性。这一点也适用于1949年以后的情况。在此意义上，“人民”可以看作是“群众”进一步发展而定型的一个概念。

其二，依靠群众“夺取全中国”思想的明确化、系统化。毛泽东的这一思想虽然在1934年就已经提出，但抗日战争爆发后，他的这一思想又有了新的变化。他曾不止一次地明确提出，要取得抗战胜利，没有群众战争是不可能的：

反对日本帝国主义侵略的战争而不带群众性，是决然不能胜利的。①

不要人民群众参加的单纯政府的片面抗战，是一定要失败的。因为它不是完全的民族革命战争，因为它不是群众战争。……只要真能组织千百万群众进入民族统一战线，抗日战争的胜利是无疑义的。②

如果要把几十年来的革命做一个总结，那就是全国人民没有充分地动员起来，并且反动派总是反对和摧残这种动员。而要打倒帝国主义和封建主义，只有把占全国人口百分之九十的工农大众动员起来，组织起来，才有可能。③

正是基于这样的思想，毛泽东充分认识到了群众在抗战中的伟大力量，他说：“必须明白：群众是真正的英雄，而我们自己则往往是幼稚可笑的，不了解这一点，就不能得到起码的知识。”④这在当时绝不是一句空话，而是落实在党的各项具体工作中的重要原则。在毛泽东的言论中，有两段话最为典型地体现了这一点：

我们共产党人无论进行何项工作，有两个方法是必须采用的，一是一般和个别相结合，二是领导和群众相结合。在我党的一切实际工作中，凡属正确的领导，必须是从群众中来，到群众中去。⑤

把群众力量组织起来，这是一种方针。……我们共产党员，无论在什么问

① 《和英国记者贝特兰的谈话——中国共产党和抗日战争》，《毛泽东选集》（第二卷），人民出版社1991年版，第375页。

② 《上海太原失陷以后抗日战争的形势和任务》，《毛泽东选集》（第二卷），人民出版社1991年版，第387、398页。

③ 《青年运动的方向》，《毛泽东选集》（第二卷），人民出版社1991年版，第564～565页。

④ 《〈农村调查〉的序言》，《毛泽东选集》（第三卷），人民出版社1991年版，第790页。

⑤ 《关于领导方法的若干问题》，《毛泽东选集》（第三卷），人民出版社1991年版，第897、899页。

题上，一定要能够同群众相结合。……我们共产党员应该经风雨，见世面；这个风雨，就是群众斗争的大风雨；这个世面，就是群众斗争的大世面。“三个臭皮匠，合成一个诸葛亮”，这就是说，群众有伟大的创造力。①

这样的认识和实践，不仅极大地丰富了毛泽东早期依靠“群众”来“夺取全中国”的思想，使中国共产党的抗日工作取得了举世瞩目的成绩，也被逐渐提炼为中国共产党的指导思想的，这也就是后来所说的“群众路线”。至于毛泽东在“从群众中来，到群众中去”和“群众有伟大的创造力”这两句经典名言的基础上，提出的“人民，只有人民，才是创造世界历史的动力”②的论断，则可以看作是对“群众路线”的哲学提升。

其三，共产党应该成为一个“群众性的党”。鉴于第二方面的原因，共产党不仅不能像传统社会的君子一样只做一个“治人”者，也不能像毛泽东早年所理解的那样只做一个拯救者，而应该在与小人“共跻于圣域”的过程中，同他们建立鱼水相依的关系。换句话说，党与群众应该是二位一体的。毛泽东是用“群众性的党”来表达这层含义的，他在 1938 年曾提出：“为了克服困难，战胜敌人，建设新中国，共产党必须扩大自己的组织，向着真诚革命、信仰党的主义、拥护党的政策、并愿意服从纪律、努力工作的广大工人、农民和青年积极分子开门，使党成为一个伟大的群众性的党。”③到了 1939 年，他再次说：“在某种程度上说来，我们的党已经是一个全国性的党，也已经是一个群众性的党。”④这里所谓“群众性的党”，不仅仅是指党员人数的众多与成分的广泛性，更重要的还应该指党自然地融于群众之中，群众成为党的有机组成部分，这与一般的领导群众相比，其层次与境界无疑是更高的。它一方面要求“党员应该站在民众之中，而决不应该站在民众之上”⑤。另一方面，“信任人民，和人民打成一片，那就任何困难也能克服，任何敌人也不能压倒我们，而只会被我们所压倒”⑥。这样一来，党就可以真正成为群众的代表，而群众也在很大程度上成为确认党的正确性的重要标准之一。

---

① 《组织起来》，《毛泽东选集》（第三卷），人民出版社 1991 年版，第 930、933 页。
② 《论联合政府》，《毛泽东选集》（第三卷），人民出版社 1991 年版，第 1031 页。
③ 《中国共产党在民族战争中的地位》，《毛泽东选集》（第二卷），人民出版社 1991 年版，第 523～524 页。
④ 《〈共产党人〉发刊词》，《毛泽东选集》（第二卷），人民出版社 1991 年版，第 603 页。
⑤ 《在陕甘宁边区参议会的演说》，《毛泽东选集》（第三卷），人民出版社 1991 年版，第 809 页。
⑥ 《论联合政府》，《毛泽东选集》（第三卷），人民出版社 1991 年版，第 1096 页。

其四，党必须“为人民服务”。在毛泽东看来，“群众性的党”仅仅“站在民众之中”“和人民打成一片”，也还是不够的，还必须“为人民服务”。如前所述，早在1942年，毛泽东就指出，工人，农民，八路军、新四军和其他人民武装队伍，城市小资产阶级劳动群众和知识分子，“这四种人，就是中华民族的最大部分，就是最广大的人民大众”，而“我们的文艺”，就是“要为这四种人服务”“为革命的工农兵群众服务”。[①] 在此之后，毛泽东把这一思想从文艺领域扩展至更大的范围，这在《为人民服务》和《论联合政府》中得到了集中的表述：

> 我们的共产党和共产党所领导的八路军、新四军，是革命的队伍。我们这个队伍完全是为着解放人民的，是彻底地为人民的利益工作的。[②]

> 这个军队之所以有力量，是因为所有参加这个军队的人，都具有自觉的纪律；他们不是为着少数人的或狭隘集团的私利，而是为着广大人民群众的利益，为着全民族的利益，而结合，而战斗的。紧紧地和中国人民站在一起，全心全意地为中国人民服务，就是这个军队的唯一的宗旨。[③]

> 我们共产党人区别于其他任何政党的又一个显著的标志，就是和最广大的人民群众取得最密切的联系。全心全意地为人民服务，一刻也不脱离群众；一切从人民的利益出发，而不是从个人或小集团的利益出发；向人民负责和向党的领导机关负责的一致性；这些就是我们的出发点……共产党人的一切言论行动，必须以合乎最广大人民群众的最大利益，为最广大人民群众所拥护为最高标准。[④]（案：以上侧重号均为笔者所加）

就毛泽东思想的发展来说，“为人民服务”可以看作是“群众路线”的有机组成部分，这一观念的提出，标志着“群众路线”的高度成熟，也成为此后很长历史时期里中国人最熟悉的流行口号之一，从而深刻地影响到新中国成立以后中国社会政治实践和意识形态的发展。

总之，从“小人”到“工农大众”再到“人民”，从“救小人”到“群众路线”，从“站在民众之中”到“为人民服务”，从依靠“群众”来“夺取全中国”到“联合工农

---

① 《在延安文艺座谈会上的讲话》，《毛泽东选集》（第三卷），人民出版社1991年版，第855～856页。

② 《为人民服务》，《毛泽东选集》（第三卷），人民出版社1991年版，第1004页。

③ 《论联合政府》，《毛泽东选集》（第三卷），人民出版社1991年版，第1039页。

④ 《论联合政府》，《毛泽东选集》（第三卷），人民出版社1991年版，第1094～1096页。

兵学商各被压迫阶级、各人民团体、各民主党派、各少数民族、各地华侨和其他爱国分子……成立民主联合政府”[①]，不仅可以看出毛泽东对儒家“君子小人论”突破、发展及超越的基本轨迹，也可以窥见毛泽东早期与小人“共跻于圣域”之理想一步步明晰化、具体化的过程。如果说完成于1945年的《论联合政府》对“圣域”做出了详细的描述，“群众路线”则始终是毛泽东与小人“共跻于圣域”的重要法宝。从这个意义上说，新中国对儒家大同“圣域”的超越，在很大程度上与毛泽东对儒家“君子小人论”的超越，或者说与“群众路线”是难以分开的。

三、群众运动：“君子小人论”的极端化

从依靠“群众”到“群众路线”，再到1949年实现“夺取全中国”的目标，雄辩地印证了“群众”和“群众路线”的价值，也极大地提升了毛泽东及其领导的中国共产党在民众中的威信。同时，还在很大程度上影响到毛泽东在1949年以后的思想和治国方略。因此，在新中国的建设与发展中，“群众路线”逐渐发展为“群众运动”，并成为政治运行极为常见的一种方式。以往的论者多把“群众运动”看作是毛泽东晚年头脑发热、夸大成功的经验的表现之一，[②]但从历史实际来看，“群众运动”既是延安经验在社会主义建设阶段的复制和扩展，也与由儒家“君子小人论”发展而来的与小人“共跻于圣域”的思想互为表里，显示出毛泽东政治理想发展的逻辑必然性。

首先，“人民”或“群众”自身具备天然的合法正义性。与延安时期相比，“群众”更多地被表述为“人民”，有时是“贫下中农”“工农兵”“人民群众”等。但最重要的其实不在于名称的改变，而是“人民”或“群众”内涵的变化。抗日战争和解放战争时期，工人、农民、兵士和城市小资产阶级劳动群众和知识分子，以及一切抗日、反蒋的力量，都是“人民”的组成部分，而且更为重要的是，这一阶段的人民基本是稳定的。而在1949年以后，毛泽东所理解的“人民”或“群众”已经发生了明显的变化，这主要体现在以下两个方面：

第一，把贫贱者看作是“人民群众”的主体，认为他们更有创造力。毛泽东曾说：“青年人比老年人强，贫人、贱人、被人看不起的人，地位低下的人，大部分

---

① 《中国人民解放军宣言》，《毛泽东选集》(第四卷)，人民出版社1991年版，第1237页。

② 如刘元林先生认为：“在胜利面前，人们不惮歌颂胜利的成果，而且歌颂胜利的经验，在这种情况下，如果不保持清醒的头脑，不谦虚谨慎，就不仅会陶醉于胜利的成功，而且会夸大成功的经验，就会犯大错误。毛泽东晚年就是由于夸大民主革命和社会主义革命成功的经验而陷入主观主义的泥潭的。”(刘元林《毛泽东晚期思想研究中几个问题的求证》，《现代哲学》2009年第3期)

发明创造，占百分之七十以上，都是他们干的。百分之三十的中老年而有干劲的，也有发明创造。这种三七开的比例，为什么如此，值得大家深深地想一想。结论就是因为他们贫贱低微，生力旺盛，迷信较少，顾虑少，天不怕，地不怕，敢想敢说敢干。如果党再对他们加以鼓励，不怕失败，不泼冷水，承认世界主要是他们的，那就会有很多的发明创造。”[①]在毛泽东看来，“贫贱低微”与“生力旺盛”及“发明创造”是密切相关的。而他的这一观点更为精练的表述，就是“卑贱者最聪明，高贵者最愚蠢”[②]这一名言。这显然是在“群众是真正的英雄，而我们自己则往往是幼稚可笑的”（《〈农村调查〉的序言》1941 年）、“人民，只有人民，才是创造世界历史的动力”（《论联合政府》1945 年）的基础上，又进了一步，因为后者重点在赞扬“人民群众”，而前者则是在对“卑贱者”与“高贵者”的一扬一抑中，来表达价值观念的。“我们自己则往往是幼稚可笑的”与“高贵者最愚蠢”显然有本质的差别。因此，“卑贱者最聪明，高贵者最愚蠢”可以看作是毛泽东对“人民群众”与非人民群众最基本的价值判断，他有关群众运动的一切论断和做法都是以此为基点的。

第二，“人民”或“群众”不再主要体现为一种阶级身份，而更多地变成了一种可变的政治身份。1956 年前后，对农业、手工业和资本主义工商业的社会主义改造基本完成。从理论上说，以拥有土地、财产与工厂作为标志的地主、资本家等剥削阶级已不再存在。因此，新的阶级理论实际上已经发生了变化，与此相应，“人民”或“群众”也不再仅仅是原有概念中没有土地、资产的穷困的下层民众，而主要是指当家做主、在政治上拥有特殊地位的一个特定人群。更为重要的是，其身份也不再是相对固定，而是处于变化之中，并需要不断得到验证。对此，萧延中先生曾做过非常精辟的论述：

在毛泽东政治的结构中，“身份”决不是一种固定的职位，而是随着环境与态度的变化而不断流动的角色。“人民”身份在很大程度上并不是一种自然属性，甚至也不是马克思意义上的财产和经济指标，而是经过认知过滤网不断筛选的政治符号。换言之，自然出身的性质固然对获得政治身份具有意义，但最为关键的是，“人民”身份需要自然人在政治实践中去主动地获取。简单的“血

---

① 《读王勃〈秋日楚州郝司钱崔使君序〉批语》，中央文献研究室编《毛泽东读文史古籍批语集》，中央文献出版社 1993 年版，第 11～12 页。

② 《为中共八大二次会议印发倪伟、王光中报告批语》，中史文献研究室编《建国以来毛泽东文稿》第七册，中央文献出版社 1992 年版，第 236 页。

统论”和机械的“经济论”都不足以成为考察阶级身份的唯一依据，而真正获得“人民”身份的途径，其核心原则的一个条件是“吃苦”；与此密切相关的另一个派生条件是“思想改造”。[①]

在这样的前提之下，不仅非人民群众需要努力把自己改造成为“人民”或“群众”的一员，而且人民群众自身也需要不断地使自己变得更符合时代对“人民”或“群众”的要求。因此，这一时期“人民”或“群众”的概念被赋予了浓厚的政治色彩，或者说具备了天然的合法正义性，而与之相反的，则都要受到批判，或者被自然地看作是反动的。

其次，“人民”或“群众”是党的伦理正义性的主要来源。从历史的发展来看，“群众运动”并不是新中国建立后才出现的，在中国共产党的历史上早已有之，且在延安时期就已经较多地被作为完成某种任务的有效手段，不仅使用于对敌斗争、生产、宣传，也用于经济工作[②]，只不过新中国成立以后的“群众运动”又有了新的变化。就毛泽东政治理想的发展而言，他对于“群众运动”的极度推崇，在两个方面得到了有力的理论支持，因而使他能够有充足的自信。

一是党的“群众”（人民）化使党自然成为“群众”的代表。如前所述，早在延安时期，毛泽东就已经提出共产党应该成为，也已经成为一个“群众性的党”，这一点在新中国成立以后更成为无可辩驳、不需论证的事实。因此，正如我们前文中所说的那样，党自然地融于群众之中，群众成为党的有机组成部分。所以无论在理论还是实际上，党都具备了代表群众的资格，这在“全心全意地为人民服务”的前提下，几乎是不需要证明的命题。

---

① 萧延中《“身份”的颠覆与重建——毛泽东晚年政治思想的伦理基础》，《湖南科技大学学报》（社会科学版）2005年第4期。

② 如中共中央政治局洛川会议在1937年8月25日通过的《关于目前形势与党的任务的决定》的第八条：“共产党员及其所领导的民众和武装力量，应该最积极地站在斗争的最前线，应该使自己成为全国抗战的核心，应该用极大力量发展抗日的群众运动。”（中央档案馆编《中共中央文件选集》第十册（一九三四—一九三五），中共中央党校出版社，1985年版，第322页）1943年10月1日毛泽东在《开展根据地的减租、生产和拥政爱民运动》中提出：“为了使党政军和人民打成一片，以利于开展明年的对敌斗争和生产运动，各根据地党委和军政领导机关，应准备于明年阴历正月普遍地、无例外地举行一次拥政爱民和拥军优抗的广大规模的群众运动。”（《毛泽东选集》（第三卷），人民出版社1991年版，第913页）；1943年11月29日毛泽东在《组织起来》一文中也说：“不把经济工作看作是一个广大的运动，一个广大的战线，而只看作是一个用以补救财政不足的临时手段。这就是另外一种方针，这就是错误的方针。陕甘宁边区过去是存在过这种方针的，经过历年的指正，特别是经过去年的高级干部会议和今年的群众运动，大概现在还作这样错误想法的人是少了。”（《毛泽东选集》（第三卷），人民出版社1991年版，第930页）

二是“群众”(“人民”)成为党确证自己最有力的武器。“人民”或“群众”政治上的合法正义性与“最聪明”而富于创造力的优势,不仅使得“群众”可以代表党首先在理论上成为可能,并在特定情况下赋予党特殊的伦理正义性,而且党的正确伟大也可以通过作为大多数的“群众”得到无可辩驳的验证。也就是说,在大的政治方针出现重大分歧时,来自群众的声音成为决定是非的最重要的标准。这在实际上表现为:谁赢得了人民群众的信赖和支持,谁就能代表党,并获得伦理道义上的正义性。

当然,就实际情况来看,上述两个方面是无法截然分开的。它们既互相证明,又相互支撑,简言之,“群众”与党互为表里,在伦理正义的前提下,比以往更加紧密地结合在一起。而能够最大限度地体现这一真理的,则非“群众运动”莫属。这一点也正是毛泽东在新中国成立以后不断开展“群众运动”,也成为他发动“文化大革命”的伦理道义的力量之源。

再次,“群众运动”成为与小人“共跻于圣域”的实现方式。毛泽东执政的27年中,开展过多少次“群众运动”,似乎还没有很具体的统计。但在他自己的观念里,所有的“群众运动”,不仅都是在具备伦理正义的前提下进行的,而且也都无一例外地和他早年与小人“共跻于圣域”的政治理想分不开。因此,从毛泽东政治理想的逻辑发展而言,儒家“君子小人论”的影响不仅始终存在,而且还可以看作是历次“群众运动”的灵魂所在。这在最为典型的“群众运动”——人民公社化运动和“文化大革命”中,都有突出的体现。

先看人民公社化运动。如果说在毛泽东早年及延安时期,与小人“共跻于圣域”的思想还只是停留在观念上,或处于初级阶段的话,那么,新中国成立以后,实现这一政治理想的客观条件完全具备了,如何将这一理想落到实处,或者说采取什么样的方式来使这一理想现实化,就成了他必须考虑的问题。

在1957年召开的八届三中全会上,毛泽东说:“我们学习苏联,要包括研究它的错误。研究了它错误的那一方面,就可以少走弯路。我们是不是可以把苏联走过的弯路避开,比苏联搞的速度更要快一点,比苏联的质量更要好一点?应当争取这个可能。”[①]1958年党的八大二次会议通过了“鼓足干劲,力争上游,多快好省地建设社会主义”的总路线。而与“速度更要快一点”及“多快好省”的精神相配合的社会主义模式,即是人民公社。1958年,陈伯达在一篇讲话里第一次公布了毛泽东要建立人民公社的思想:“我们的方向,应该逐步地有次序地

---

① 《毛泽东选集》(第五卷),人民出版社1991年版,第473页。

把工(工业)、农(农业)、商(商业)、学(文化教育)、兵(民兵即全民武装)组成一个大公社,从而构成我国社会的基本单位。"[①]同年8月,毛泽东在河南视察,当看到挂着人民公社的牌子时,他很兴奋地说:"看来人民公社是个好名字,包括工农商学兵。它的特点一曰大,二曰公。"[②]

如同与小人"共跻于圣域"的思想来源于儒家一样,人民公社其实也是儒家大同理想的延续。早在1919年,毛泽东就曾谈到过理想中的"新社会"。[③] 1949年6月,他在《论人民民主专政》里说:"康有为写了《大同书》,他没有也不可能找到一条到达大同的路。"[④]这清晰地显示出从儒家大同理想到《大同书》,再到人民公社的发展轨迹。因此,不论人民公社的结果如何,从政治伦理的角度来看,其以"群众运动"的外在形式,实现毛泽东与小人"共跻于圣域"之理想的特点是非常鲜明的。

再说"文化大革命"。对于毛泽东发动"文化大革命"的原因,历来说法不一。但反对官僚主义是重要的原因之一。这在"文化大革命"前夕毛泽东的相关文稿、讲话及其他文献中都有所反映。如毛泽东在1956年就讲过这样一段话:

> 县委以上的干部有几十万,国家的命运就掌握在他们手里。如果不搞好,脱离群众,不是艰苦奋斗,那末,工人、农民、学生就有理由不赞成他们。我们一定要警惕,不要滋长官僚主义作风,不要形成一个脱离人民的贵族阶层。谁犯了官僚主义,不去解决群众的问题,骂群众,压群众,总是不改,群众就有理由把他革掉。我说革掉很好,应当革掉。[⑤]

1962年,刘少奇在《在扩大的中央工作会议上的报告》中也说:

> 值得注意的是,有不少干部,处处讲究生活上的享受,对群众的疾苦漠不关心。在不少的干部中间,那种摆排场,闹阔气,假公济私,明目张胆地挥霍人民

---

① 陈伯达《在毛泽东同志的旗帜下》,《红旗》1958年第4期。

② 李锐《毛泽东的早年与晚年》,贵州人民出版社1992年版,第245页。

③ 毛泽东《学生之工作》:"合若干新家庭,即可创造一种新社会。新社会之种类不可尽举,举其著者:公共育儿园,公共蒙养院,公共学校,公共图书馆,公共银行,公共农场,公共工作厂,公共消费社,公共剧院,公共病院,公园,博物馆,自治会。"(中共中央文献研究室、中共湖南省委《毛泽东早期文稿》编辑组编《毛泽东早期文稿(1912.6—1920.11)》,湖南出版社1990年版,第454页)

④ 《毛泽东选集》(第四卷),人民出版社1991年版,第1471页。

⑤ 《在中国共产党第八届中央委员会第二次全体会议上的讲话》,《毛泽东选集》(第五卷),人民出版社1991年版,第325~326页。

财产的特殊化作风，在最近一个时期内有了滋长。[①]

到了1964年年底，农业机械部部长陈正人关于社教蹲点情况给薄一波的信中说："特别值得重视的是：一部分老干部在革命胜利有了政权以后，很容易脱离群众的监督，掌管了一个单位就往往利用自己的当权地位违反党的政策，以至发展到为所欲为。而像我们这些领导人，官僚主义又很严重，对下面这些严重情况又不能及时发现。这就是在夺取了政权之后一个十分严重的危险。"[②]毛泽东对此深有同感，在1965年1月所作的批注说："我也同意这种意见。官僚主义者阶级与工人阶级和贫下中农是两个尖锐对立的阶级。"又说："这些人[③]是已经变成或者正在变成吸工人血的资产阶级分子"[④]

这些材料从不同的侧面表明，当时的官僚主义的确已经达到了非常严重的地步，正如毛泽东所说的，已经出现了一个"官僚主义者阶级"。官僚主义的一大特征就是脱离群众，因此，它也是毛泽东一向深恶痛绝的。他在1956年就说过："有些人如果活得不耐烦了，搞官僚主义，见了群众一句好话没有，就是骂人，群众有问题不去解决，那就一定要被打倒。"[⑤]所以，不论我们怎样理解"文化大革命"，以"群众运动"的方式解决官僚主义问题都应当是它的重要内容之一。出台于1966年8月8日的《中国共产党中央委员会关于无产阶级文化大革命的决定》，明确提出发动这场运动要"'敢'字当头，放手发动群众"，要"让群众在运动中自己教育自己"，又说："无产阶级文化大革命，只能是群众自己解放自己，不能采用任何包办代替的办法。要信任群众，依靠群众，尊重群众的首创精神。要去掉'怕'字。不要怕出乱子"，而"运动的重点，是整党内那些走资本主义道路的当权派"。[⑥] 但不幸的是，"毛泽东发动起来的群众运动已经获得了自

---

① 中央文献编辑委员会编《刘少奇选集》下卷，人民出版社1985年版，第401～402页。

② 《对陈正人关于社教蹲点情况报告的批语和批注》注释(5)引中央文献研究室编《建国以来毛泽东文稿》第十一册，中央文献出版社1998年版，第267～268页。

③ "指那些企业领导人中坚决走资本主义道路的人"，见中史文献编辑室编《建国以来毛泽东文稿》第十一册 注释(8)薄一波的解释，第268页。

④ "指那些企业领导人中坚决走资本主义道路的人"，见中史文献编辑室编《建国以来毛泽东文稿》第十一册 注释(8)薄一波的解释，第265～266页。

⑤ 《毛泽东选集》(第五卷)，人民出版社1991年版，第324页。

⑥ 中国共产党中央委员会《中国共产党中央委员会关于无产阶级文化大革命的决定》，《人民日报》1966年8月9日。

身的激进生命，以致几乎任何人都不再能控制和指导它了”[1]。但我们似乎并不能因为“文化大革命”造成的灾难，就否认它为与小人“共跻于圣域”而致力于扫清官僚主义障碍的伦理正义初衷。

还应当说明的是，毛泽东领导的土地改革运动、“三反”“五反”“四清”、全民大炼钢铁、知识青年上山下乡等其他一系列的“群众运动”，也都与上述两大“群众运动”一样，体现了毛泽东对“群众”与党的独特理解，并同他与小人“共跻于圣域”的政治理想有着千丝万缕的联系。因此，作为毛泽东万能法宝的“群众运动”，虽然是“群众路线”的过度突破，也有悖儒家中庸之道，是“君子小人论”在当代的极端化表现，但它同毛泽东与小人“共跻于圣域”的伦理化政治理想仍然有着千丝万缕的联系，却是不可否认的。

总之，毛泽东伦理化的政治理想，是从儒家“君子小人论”发展而来，但在对“君子”“小人”及“君子”与“小人”关系的认识上，又远远超越了传统的“君子小人论”，而有着他自己根据中国革命和中国社会实际所作的全新发展。如果说“群众路线”在与小人“共跻于圣域”的理想逐渐具体化为依靠群众“夺取全中国”的革命实践中，发挥了前所未有的作用，成功地实现了“夺取全中国”的伟大目标。那么，依靠群众建设新中国的“群众运动”，则偏离了儒家思想，也歪曲了“群众路线”，因而不仅使毛泽东的政治理想最终落空，也使国家陷入无序失控的状态。对此，我们今天从学术的角度进行认真的反思，固然十分必要，但从更高的层面来说，其中所蕴含的传统文化与当代社会发展的关系，也许更值得我们深思，因为这也是我们国家在未来的发展中依然不可回避的重要问题之一。

---

① 〔美〕莫里斯・迈斯纳《毛泽东的中国及后毛泽东的中国——人们共和国史》，杜蒲、李玉玲译，四川人民出版社 1989 年版，第 450 页。

毛泽东、邓小平义利观与中国传统义利观之关系*

义利观是中国古代伦理思想史上的一个重要问题。中国伦理思想的历史发展进程，从某种意义上说，就是一个以“义利之辩”为核心内容的各种伦理思想相互作用的辩证运动过程。综观传统的义利观，虽然有种种不同的说法，但占主流地位的始终是重义轻利说。

重义轻利以及对个人利益的否定，在中国传统的伦理思想中，影响深远，且始终是占据着主流地位。毛泽东、邓小平的义利观，也明显受其影响。毛泽东提出共产主义理想和“人民利益”，但把“人民利益”更多地解释为“国家利益”和“集体利益”，个人利益仍没有受到重视。这种思想在很大程度上制约着市场经济的发展。鉴于此，邓小平明确肯定了个人利益和互惠互利的原则，为建立符合社会主义市场经济的义利观奠定了理论基础。本文拟对毛泽东、邓小平义利观与传统义利观的关系进行初步的探讨，总结其中的得失，以便为完善社会主义市场经济的义利观做一点抛砖引玉的工作。

一、传统义利观的基本特点

中国古代主张重义轻利说的思想家，以孔子、孟子、荀子、董仲舒、朱熹、王夫之等为代表。孔子有一句名言：“君子喻于义，小人喻于利。”(《论语·里仁》)在此，“义”与“利”成了区分君子和小人的重要标准，而在孔子看来，义虽然不需要以利为根据，但利却离不开义，只有符合义的利才是正当的，不符合义的利则不足取：“不义而富且贵，于我如浮云。”(《论语·述而》)孔子的这一见解，也是儒家义利观的基础。孟子和荀子则进一步阐述和发展了孔子的思想，在孟子看来，义和利是绝对对立的，他主张一切行为必须以义为准绳：“大人者，言不必信，行不必果，惟义所在。”(《孟子·告子下》)荀子则从义的起源上肯定了义的

---

* 本文原刊于《东南大学学报》(哲学社会科学版)2003 年第 3 期;《新华文摘》2003 年第 12 期论点摘编。

社会功利基础，提出“以义制利”和“以礼节欲”的基本原则。“欲虽不可去，求可节也。”(《荀子·正名》)“先义而后利”(《荀子·荣辱》)。董仲舒虽然认为“义”是人的精神需要，“利”是人的物质需要，并据此提出“利益养气体，义以养其心”(《春秋繁露·身之养重于义》)，但他又提出“正义不谋利”的人生原则，认为人虽有好利之性，但人的本质特征是有义而不是为利。“天之为人性命，使行仁义而羞可耻，非若鸟兽然，苟为生，苟为利而已。”(《春秋繁露·竹林》)因此，就人生的意义而言，“有义”比“有利”更重要。

在宋明理学的“理欲之辩”中，朱熹更是将义与利严格区分，提出“存天理，灭人欲”的观点：“人之一心，天理存，则人欲亡；人欲胜，则天理灭，未有天理人欲夹杂者。”(《朱子语类》卷十三)既然“人欲”与“天理”如此对立，被灭掉也就理所当然了。明末清初伟大的哲学家王夫之认为，义与利对于人生具有不同的意义和作用。他说：“立人之道曰义，生人之用曰利。出义入利，人道不立；出利入害，人用不生……呜呼！利义之际，其为别也大；利害之际，其相因也微。夫孰知义之必利，而利之非可以利者乎？夫孰知利之必害，而害之不足以害者乎？诚知之也，而可不谓大智乎？”[①]虽然他肯定了义与利都是人生所不可缺少的，但在王夫之看来，义重于利，二者地位不能同等对待。这其实并未超越“重义轻利”的儒家正统观点。

在重义轻利的思想发展过程中，还曾出现过义利兼重和崇利简义两种观点。前者以墨子为代表，后者以商鞅、韩非为代表。墨子所讲的“义”是以“公利”(即万民之利、天下之利)为基本内容的。在他看来，凡是符合公利的即是义，反之则是不义。“公利”是辨别道德行为是义还是不义的唯一标准。墨子说：“所以贵良宝者，可以利民也。而义可以利人，故曰：义，天下之良宝也。”(《墨子·耕柱》)在义利关系上，墨子主张“义利合一”，他说：“古者明王圣人，所以王天下正诸侯者，彼其爱民谨忠、利民谨厚、忠信相连，又示之以利，是以终身不餍，殁世而不倦。”(《墨子·节用中》)墨子既贵义又尚利，主张“义”以“利”为内容、目的和标准，另一方面，他对道德原则也做了充分的肯定，视之为天下可贵之“良宝”。这表明，在墨子那里，达到了义与“公利”的统一。商鞅提出“自利”的观点，他认为人都是自私自利的，人的一切活动都是为了谋求一定的利益。所谓“民之生，度而取长，称而取重，权而索利”(《商君书·算地》)，就是说，人们的每一行为都要求得到最大限度的经济效果。韩非进一步认为物质生活

① [清]王夫之《尚书引义》卷二，[清]王夫之《船山遗书》第一卷，北京出版社 1999 年版，第 507 页。

条件可以决定人们的道德品质，在他看来利高于一切，人们之间的任何关系都可以用利去解释，君臣关系是“主卖官爵，臣卖智力”（《韩非子·难一》），父子关系、雇佣关系等都以利益为基础，而不是封建道德。韩非否认一切伦理道德的作用。

义利兼重和崇利简义虽有各自合理之处，但跟正统的重义轻利说相比，仍属分流小支。从重义的角度而言，义利兼重说与正统学说有相同之处，前者不过是在重义的同时还兼顾“公利”，至于个人利益只是在昙花一现的崇利简义说里出现过。在传统义利观漫长的发展过程中，重义轻利、以义制利的道德观始终是义利观发展的主线，个人利益也始终是被批判的对象。这是传统义利观最大的特点，也是它最大的缺陷。

二、毛泽东对传统义利观的改造

中国传统义利观影响深远，而毛泽东又是一位在传统文化方面修养极深的伟人，他的义利观，也同样与中国传统义利观有着很深的渊源关系。比如如何评价道德行为的价值，本是中国伦理思想史上长期争论不休的问题，对此，毛泽东依据对立统一的原理，提出了动机效果统一论。他说，所谓好坏，“究竟是看动机（主观愿望），还是看效果（社会实践）呢？唯心论者是强调动机否认效果的，机械唯物论者是强调效果否认动机的，我们和这两者相反，我们是辩证唯物主义的动机和效果的统一论者。为大众的动机和被大众欢迎的效果，是分不开的，必须二者统一起来”。[①] 因此，毛泽东主张，检验一个人的主观愿望即其动机如何，不能只看他的宣言，而且还要看他的行为在社会大众中产生的效果，只有社会实践和效果才是检验主观愿望或动机的标准。显然这种观点既包含着马克思主义基本原理，又有对传统义利观只讲动机不论效果（“义以为上”）的超越。

毛泽东还创造性地将马克思主义与中国传统文化加以融合，对中国传统伦理道德进行了改造。比如“仁者爱人”，在传统文化中是讲究爱有等差的，在毛泽东思想里则被改造为“毫不利己，专门利人”；传统针对君亲师友等各种人际关系设立的忠、孝、节、义等道德信条，都是有具体的针对性的，在毛泽东思想里则被改造为为共产主义理想奋斗终身乃至献出生命；传统的“杀身成仁，舍生取义”被改造为“为人民利益而死，就比泰山还重”；忠君报国被改造为“全心全意为人民服务”和“鞠躬尽瘁，死而后已”等等。经过毛泽东的改造，儒家的仁义礼

---

① 《在延安文艺座谈会上的讲话》，《毛泽东选集》（第三卷），人民出版社 1991 年版，第 875 页。

智等道德规范被自然地发展为新时代的道德规范，在传统文化的老树上，开出了共产主义精神的奇葩。

这种道德的转换，与毛泽东及那个时代的人们对共产主义的认识是密切相关的，早在1940年1月，毛泽东就说过："共产主义是无产阶级的整个思想体系，同时又是一种新的社会制度。这种思想体系和社会制度，是自有人类历史以来，最完全最进步最革命最合理的。"①这种思想激励了无数青年为共产主义献出了青春和热血。新中国成立以后，共产主义理想更加明确地成为全国人民共同的行为准则和奋斗目标。树立共产主义世界观是成年人思想改造的任务，也是每一个青年人努力的方向。共产主义"被当成一种崇高的信仰，一种科学的世界观。这一目标、信仰、世界观，像夜行军队伍的火炬，像大海航行中的航标，把各种力量聚集起来，把各方面的人集结起来，把人们的积极性调动起来"②。在共产主义这一伟大理想的旗帜下，中国传统社会处理群己关系时，重视群体而忽略个体、重视大我而忽略小我的特点，被发挥到了极致。于是，"毫不利己，专门利人"成为处理个人与他人、与群体关系的最高准绳。新时代道德发展的这种趋向，将传统的"义"抬到了空前的高度，个人利益则在"斗私"的思想潮流中进一步失去了原本就很可怜的那一点点有效合法性，被贬抑到无以复加的程度。

在树立远大理想的同时，毛泽东还提出了革命功利主义论，并以全心全意为人民服务作为其内在要求。他在《在延安文艺座谈会上的讲话》中说："我们是无产阶级的革命功利主义者，我们是以占人口百分之九十以上的最广大群众的目前利益和将来利益的统一为出发点的，所以我们是以最广和最远为目标的革命的功利主义者，而不是只看到局部和目前的狭隘的功利主义者。"③毛泽东是以马克思主义唯物史观为基础提出这样的观点的，他认为一定的道德行为总是源于一定的经济物质基础，并以一定的经济利益为其归宿，所以，任何道德都体现着一定的功利主义倾向。被压迫者、被剥削者以自己的道德原则对抗统治阶级的道德原则，目的是为了自己的自由和解放，实质上也是为了自己的利益。所以在阶级社会中，不同的阶级有不同的功利主义。我们的革命的功利主义是以最广大人民群众的目前利益和将来利益的统一为出发点和归宿的。无论是

① 《新民主主义论》，《毛泽东选集》（第二卷），人民出版社1991年版，第679页。

② 杨继绳《邓小平时代：中国改革开放二十年纪实》，中央编译出版社1998年版，第38页。

③ 《在延安文艺座谈会上的讲话》，《毛泽东选集》（第三卷），人民出版社1991年版，第866页。

“全心全意为人民服务”，还是“最广大群众的目前利益和将来利益”，这些提法都与传统义利观中的“公利”相似。

毛泽东的这种义利观，在理论上无疑是对马克思主义伦理学说与中国传统伦理学说的一种发展，同时，它还具有坚实的社会现实基础，当时的中国在处于国家民族面临危亡的战争时期，个人利益与国家利益是高度统一的。所谓“皮之不存，毛将焉附”，如果国家都不存在了，也就根本没有什么个人利益可谈。因此，相对而言，当时个人利益与国家利益之间的冲突并不明显。何况救亡救国的民族大业，也要求每一个有良知的中国人在个人利益与国家利益相冲突时，必须无条件地牺牲个人利益、服从国家利益。

但是，在 1949 年之后，民族危机解除了，整个社会也发生了较大的变化，战争年代的义利观，客观上已很难原封不动地作为新中国的道德准则来推行了。然而一方面由于排斥个人利益的传统观念依然存在，另一方面由于毛泽东义利观在革命实践中所取得的巨大成功，再加上建国初期对社会主义建设的奋斗目标的特定理解，以及引导个体经济向集体经济转变，最终实现全面的全民所有制等具体任务的影响，多方面的原因使得毛泽东义利观在建国之后很自然地上升为居主导地位的道德价值观。应当说毛泽东“全心全意为人民服务”的道德要求，以及为人民大众谋求长远利益和根本利益的主张，对动员广大人民群众进行社会主义建设，还是起了很大的作用。但是从 20 世纪 50 年代末开始，随着人民公社的出现，在“一大二公”被作为一种新的理想的同时，私心、私利则成为被否定的对象受到主流意识的批判，公与私被完全对立起来。这与儒家所强调的家国同构、国身通一的传统思想相比，已经走向了极端化。在此前提下，忽视个人利益，过分强调国家、集体利益就成为理所当然的事。在国家利益与个人利益的关系已较战争年代发生了很大的变化的同时，二者的对立也达到了空前的程度。如果说战争年代的“人民利益”还包含着相当的个人利益的话，那么，20 世纪 50 年代末期以后，“人民利益”被更多地解释为国家利益、集体利益，而且过分强调长远利益和根本利益，尤其是忽视了“人民群众”的具体承担者——个人的眼前利益，这样一来“全心全意为人民服务”也就难免流于空泛。

“大跃进”尤其是“文革”开始后，在我国社会政治、经济、思想文化乃至生活等各个领域，片面强调集体利益、否认和轻视个人利益的倾向愈演愈烈。1958 年开始的“大跃进”和人民公社化运动，更是把这一倾向推向了顶端。例如，1958 年 10 月中旬，湖北省当阳县跑马公社党委书记在社员大会上宣布：1958 年 11 月 7 日是社会主义结束之日，11 月 8 日是共产主义开始之日。从那天起，你家的鸡我可以来抓，这个队种的菜，别的队可以随便跑来吃。小孩子也不分你的我的了。只保留一条：老婆还是自己的，不过这一条，还得请示上级。[①] 这种严重剥夺和侵犯个人利益的思想和行为，对我国经济和社会生产力的发展都造成了灾难性的后果。又如当时所提倡的为共产主义献出自己的一切，包括生命。这其实是传统的义利观的现代翻版。中国过去就崇尚“杀身成仁，舍生取义”，现在“义”被“共产主义理想”取代，而且得到进一步发展，从而出现了真正的献身精神。不仅自己献身，还要让亲人朋友献身。“文革”中，父子成仇、夫妻反目、朋友之间大动干戈等等，只要冠以“大义灭亲”的雅号，一切就变得崇高起来。“义”之所以有如此强烈的号召力，除了毛泽东个人至高的威望外，与传统义利观无疑是有着千丝万缕的联系的。

从以上论述可以看出，毛泽东对传统义利观既有继承，又有批判和超越。首先毛泽东批判了传统义利观中只讲动机不讲效果的思想，提出了“动机效果统一”论，这无疑是对传统义利观的发展。其次毛泽东继承了传统义利观中“重义”的思想，并结合中国实际与时代特征发展了“义”的内涵，提倡为共产主义献出自己的一切，包括生命。最后，毛泽东义利观的最大缺陷就是过分强调社会利益，否定个人利益，这显然是和中国传统义利观一脉相承。随着社会的发展，这种排斥个人利益的义利观越来越显示出它的历史局限性。

三、邓小平义利观的新特点

侵犯个人利益、禁锢人们的自利追求，固然有许多内在、外在的原因，但其中不容置疑的一个重要原因，就是传统义利观的影响。正如邓小平所说：“我们进行了 28 年的新民主主义革命，推翻封建主义的反动统治和封建土地所有制，是成功的，彻底的，但是，肃清思想政治方面的封建主义残余影响这个任务，因为我们对它的重要性估计不足，以后很快就转入社会主义革命，所以没有能够完成。”[②]新中国成立以后，我国之所以出现否定个人利益的严重失误，正是在某种程度上自觉不自觉地沿袭了传统的重义轻利思想所致。改革开放以来，随着社会主义市场经济的发展，个人主体意识觉醒，并逐渐加强。人们开始形成了自己独立的判断和思考，建立在自然经济基础上的传统义利观受到挑战。在这种形势下，邓小平提出了建立新的义利观的思路。

---

① 薄一波《若干重大决策与事件的回顾》下卷，中共中央党校出版社 1993 年版，第 755 页。

② 《邓小平文选(1975—1982)》，人民出版社 1983 年版，第 292 页。

首先，邓小平肯定了追求物质利益的正当性："不讲多劳多得，不重视物质利益，对少数先进分子可以，对广大劳动群众不行，一段时间可以，长期不行。革命精神是非常宝贵的，没有革命精神就没有革命行动。但是，革命是在物质利益的基础上产生的，如果只讲牺牲精神，不讲物质利益，那就是唯心论。"[①]他总结了毛泽东时代经济缺乏活力的教训，意识到社会的活力是建立在个人活力的基础上的。所以，他提出："在经济政策上，我认为要允许一部分地区、一部分企业、一部分工人农民，由于辛勤劳动的成绩大而收入先多一些，生活先好起来。"[②]从此，"让一部分人先富起来"的口号在古老的中国大地上响起。这一口号不仅震惊了思想被控制和禁锢近二十年的中国人民，也震惊了整个世界。因为肯定个人利益对市场经济的建立，意义十分重大。我们知道，所谓市场经济就是商品交换。马克思指出："商品不能自己到市场中去，不能自己去交换。因此，我们必须寻找它的监护人，商品所有者。"[③]这就是说，要有商品交换，首先得有进入市场交换的商品所有者，即市场主体；市场交换是市场主体间商品所有权的交换，没有严格的所有权保护，也就不需要市场关系，只要有我们很熟悉的"平调"和"划拨"就行了。所以在市场经济中，我们必须保护每一个市场主体包括个人的所有权和既得利益。片面强调个人利益服从集体利益，甚至无条件地要求个人利益为集体利益做出牺牲，其实是在破坏市场经济存在和成立的最基本的前提。从这个角度来说，对个人利益的肯定是市场经济建立的前提和基础。

其次，邓小平根据市场经济的特点，提出了互惠互利的观点。如他在讲到引进外资时，就反复说过不要怕外国人赚钱，"投资不赚一点钱，那不可能，那谁愿意来？"[④]在讲到对外开放时，邓小平说，我们需要对外开放，需要"吸收外国的资金和技术来帮助我们发展。这种帮助不是单方面的。中国取得了国际的特别是发达国家的资金和技术，中国对国际的经济也会做出较多的贡献。几年来中国对外贸易的发展，就是一个证明。所以我们说，帮助是相互的，贡献也是相互的"[⑤]。互惠互利原则对市场经济的建立仍然是十分重要的。因为虽然市场要求保护个人利益，但市场不是一个只追求个人利益的场所，而是追求个人利

---

① 《邓小平文选》(第二卷)，人民出版社 1994 年版，第 146 页。

② 《邓小平文选》(第二卷)，人民出版社 1994 年版，第 142 页。

③ 马克思《资本论》(第一卷)，中共中央马克思恩格斯列宁斯大林著作编译局译，人民出版社 1975 年版，第 102 页。

④ 《邓小平文选》(第三卷)，人民出版社 1993 年版，第 171 页。

⑤ 《邓小平文选》(第三卷)，人民出版社 1993 年版，第 79 页。

益和满足他人需求相结合。我们知道,商品交换必须遵循的两个基本原则是等价交换和自愿交换,这就要求市场主体必须把追求自身利益的愿望与交换另一方的利益结合起来,不但要关心自身所应得到的回报,还要关心他人所应得到的相应回报。"在市场经济下,人们自愿交换和自由选择的权利是平等的,谁要想通过市场为自己谋取更大的利益,谁就应当为更好地满足他人的需要做出更大的努力。否则,自身的利益将难以实现。现代市场经济并非以自私自利的极端利己主义为伦理基础,相反,它是以自利与他利相结合的互利主义为处理个人利益与他人利益、私人利益与公共利益之间关系的道德法则。"[①]互惠互利原则的确立对市场经济的建立同样有着重要的意义。

再次,为防止矫枉过正,邓小平在肯定个人利益的同时,明确指出国家、集体和个人三方面利益的关系:"在社会主义实践中,国家、集体和个人利益在根本上是一致的,如果有矛盾,个人利益要服从国家和集体的利益。我们提倡和实行这些原则,绝不是说可以不注意个人利益,不注意局部利益,不注意暂时利益,而是因为在社会主义制度之下,归根结底,个人利益与集体利益是统一的,局部利益与整体利益是统一的,暂时利益与长远利益是统一的。我们必须按照统筹兼顾的原则来调节各种利益的关系。"[②]调节各种利益关系,靠什么?靠制度和道德观念。尤其是在规章制度尚未健全的时期,道德所起的作用是非常重大的。因为市场不仅仅是一种单纯的经济活动,它的运作要有自己的道德基础。如果一味任由价值规律和人的"自利心"去支配市场,必然会使人们唯利是图,为自己或小集团的利益而牺牲国家利益,为暂时利益牺牲长远利益。社会主义道德的目的之一即完善社会关系、促进经济发展,它在经济活动以至人民群众的生活中起着重要的作用。"一方面,它是市场经济条件下人们一般的、基本的内在道德信念,是人们评价行为是非善恶的基本价值尺度,构成人们的基本人格或良心;另一方面,它是人们外在的道德行为准则,成为人们在市场经济活动的过程中,包括人才交流、资源配置、生产、分配、交换、消费等经济活动中,应当共同遵守的起码的道德规则,以保证社会经济活动有序进行。"[③]可见,在强调个人利益的市场经济中,道德规范是经济活动有序进行的强有力的保障。

邓小平虽然没有明确界定社会主义义利观的概念,但从他简单朴实的话

① 乔洪武《正谊谋利——近代西方经济伦理思想研究》,商务印书馆 2000 年版,第 2 页。

② 《邓小平文选》(第二卷),人民出版社 1994 年版,第 175 页。

③ 王正平《道德建设——市场经济的一种支持性资源》,《光明日报》2001 年 6 月 12 日。

里，我们仍能感受到他对传统义利观和毛泽东时代义利观的继承和反思。概括起来，这种继承和反思主要表现在如下几方面：①邓小平在“重义”（革命精神）的同时，对“利”特别是“个人利益”做了充分肯定，这是对传统义利观和毛泽东义利观的重大突破。②在传统义利观里，小人才谈利（“小人喻于利”），在毛泽东义利观里，是革命的、集体的功利，是“毫不利己，专门利人”，没有什么交换的利，所以邓小平互惠互利思想是对前两种义利观的又一个重大的突破。③邓小平对个人、集体和国家三者利益关系的论述无疑是对传统义利观和毛泽东义利观之精华的继承和发展（“公利”和革命功利主义）。

邓小平是在建立社会主义市场经济的背景下确立自己的义利观的，他充分吸取了传统义利观和毛泽东义利观中的精华，并结合市场经济的实际情况，提出了自己的义利观，为建立符合社会主义市场经济的义利观奠定了坚实的理论基础。

“义利之辨”在中国历史上持续了几千年，不同时代、不同阶层的人们对它的理解自然不能完全相同，因此这一古老的伦理学命题也必然具备历久弥新的魅力。在大力发展社会主义市场经济的今天，我们又面临着许多全新的社会问题，如崇尚物质利益的思想日益凸现，拜金主义、享乐主义日益严重，假冒伪劣产品充斥市场，损人利己、损公肥私、尔虞我诈现象屡禁不止等等。这一切对中国经济的发展已经产生了很多消极的影响。因此，回顾传统义利观的发展历程，重温毛泽东、邓小平的义利观，探讨其与传统义利观之间的关系，对于我们建立符合时代发展的义利观，无疑是具有重要的学术意义和现实意义的。

近百年中国监督思想的发展

——从孙中山、毛泽东到邓小平*

建设有中国特色的社会主义民主政治，是我国政治体制改革的目标。社会主义民主的本质和核心，是人民当家做主，真正享有各项公民权利，享有管理国家、企事业和社会生活的权利。但人民当家做主并不意味着人人都去参加国家管理，在任何社会，参加国家管理的都只能是少数人。那么，人民当家做主又如何体现呢？其中一种重要途径便是监督——多数人对少数人的监督，多数百姓对少数管理者的监督，有没有这种监督，是人民是否真正当家做主的标志，也是社会主义上层建筑是否完善及社会主义优越性是否得到充分发挥的标志。劳动人民当家做主是社会主义制度的不可动摇的政治原则，因此，人民当家做主的重要体现形式——监督，也就成为社会主义民主政治中一项极其重要的内容。

从近代民主思想的开创者孙中山到中华人民共和国的创建者毛泽东，再到中国改革开放的总设计师邓小平，这三位伟人对监督都有精辟的论述，孙中山首次把儒家思想与西方民主思想结合在一起，提出监察制度；毛泽东从中国多党合作的实践出发，提出共产党与民主党派互相监督的思想；邓小平在改革开放的新形势下，进一步完善了监督机制，提出监督要靠相对公正的制度和法律的思想。本文拟对三位伟人的监督思想进行比较，以求初步梳理出近百年中国监督思想逻辑发展的基本轨迹。

一、五权分立与孙中山的监督思想

孙中山是中国近代民主思想的开创者。其民主思想有两大来源：一是西方近代民主思想及政治经验，二是儒家的人性思想、政治思想。① 但二者在孙中山民主思想的形成中所起的作用并不是等同的。孙中山的民主思想深深根植于中国传统文化中，对西方民主思想，则是借鉴其中的部分经验。这对他监督思

---

* 本文原刊于《淮阴师院学报》(哲学社会科学版)2000 第 6 期。

① 邓小军《儒家思想与民主思想的逻辑结合》，四川人民出版社 1995 年版，第 347 页。

想的形成有很大影响。

孙中山在《三民主义》第二部分《民权主义》中特别提到了儒家的民权思想，天下为公，即最高政治权利属于天下人民所共有，这与近代民主政治根本理念是一致的，也表明儒家政治理想是孙中山民主思想的一项重要资源。但是，孙中山并没有将儒家的政治思想作为他的国家理论的唯一依据，而是对西方民主思想和政治体制的长处也给予了充分的关注，力图把中西政治思想中合理的部分有机地融为一体，从而建立一种中西合璧的国家体制。他说："在我们的计划之中，想造成的新国家，是要把国家的政治大权分开成两个，一个是政权，一个是治权。政府要怎样替人民做工夫，就是实行行政权、立法权、司法权、考试权和监察权。"①这就是他著名的"五权分立"的思想。对此，他解释说："外国从前只有三权分立，我们现在为什么要五权分立呢？其余两个权是从什么地方来的呢？这两个权是中国固有的东西。中国古时举行考试和监察的独立制度，也有很好的成绩。"②孙中山对这一政治体制寄予了非常高的期望，他还说："我们现在要集合中外的精华，防止一切的流弊，便要采取外国的行政权、立法权、司法权，加入中国的考试权和监察权，造成一个很好的完璧，造成一个五权分立的政府。像这样的政府，才是世界上最完全、最良善的政府。"③

孙中山所说的监察权，便是他监督思想的雏形。虽然他没有具体阐述监察的具体内容、操作方法等，但我们知道，儒家思想的核心内容是道德高于政治，修身先于从政。孔子、孟子和荀子对修身都特别重视，《大学》里对这一思想的阐述尤为明白："古之欲明明德于天下者，先治其国。欲治其国者，先齐其家。欲齐其家者，先修其身……自天子以至庶人，壹是皆以修身为本。"因此，孟子虽有"民为贵，社稷次之，君为轻"的说法，但如何显示"民之贵"，还要靠帝王和各级官吏的道德修养。但是，中国传统政治实行高度集权，封建皇权凌驾于一切社会阶级之上，实际上是社会无法控制的。儒家对道德及修身的重视，在实际的政治生活中往往无法兑现。孙中山能把监察权和其他四大权利相提并论，并给予高度重视，说明他不仅深知纯粹的道德说教根本不足以规范政治，也深知

① 广东省社会科学院历史研究所、中国社会科学院近代史研究所中华民国史研究室、中山大学历史系孙中山研究室编《孙中山全集》第九卷，中华书局1986年版，第352页。

② 广东省社会科学院历史研究所、中国社会科学院近代史研究所中华民国史研究室、中山大学历史系孙中山研究室编《孙中山全集》第九卷，中华书局1986年版，第353页。

③ 广东省社会科学院历史研究所、中国社会科学院近代史研究所中华民国史研究室、中山大学历史系孙中山研究室编《孙中山全集》第九卷，中华书局1986年版，第353～354页。

要防止权力失控，保证儒家道德理想在现实政治中的落实，首先必须保证政治权力具有可制约性。因此，他才在重视道德的基础上又提出了监察权，并进而形成了五权分立的思想。所以，尽管孙中山的监督思想并不完备，但他从儒家思想与西方民主思想相结合的立场对这一问题的思考，对我国监督思想的发展无疑是具有启迪意义的。

二、多党合作与毛泽东的监督思想

与孙中山监督思想更多地表现为一种理论思考不同，毛泽东的监督思想直接决定了中华人民共和国基本体制的确立。

毛泽东关于监督思想的论述，最早见于 1945 年。当时中国革命胜利在望，民主人士黄炎培向毛泽东提出一个问题：历代王朝几经更迭，其兴也焉，其亡也忽焉，共产党能否找到跳出这种周期率的办法？毛泽东当即回答说："我们已经找到新路，我们能跳出周期率。这条新路，就是民主。只有让人民起来监督政府，政府才不敢松懈。只有人人起来负责，才不会人亡政息。"[①]毛泽东在此表现了对监督的特别重视，把它提到了关系政党、国家生死存亡的高度。但具体来说，毛泽东的监督思想是以共产党与民主党派互相监督的思想为核心的。1956 年，毛泽东提出了共产党与民主党派"长期共存，互相监督"的方针。他在《论十大关系》一文中指出："究竟是一个党好，还是几个党好？现在看来，恐怕是几个党好。不但过去如此，而且将来也如此，就是长期共存，互相监督。"[②]在《关于正确处理人民内部矛盾的问题》中，毛泽东对这一问题也作了阐述。他说："凡属一切确实致力于团结人民从事社会主义事业的、得到人民信任的党派，我们没有理由不对它们采取长期共存的方针……所谓互相监督，当然不是单方面的，共产党可以监督民主党派，民主党派也可以监督共产党。为什么要让民主党派监督共产党呢？这是因为一个党同一个人一样，耳边很需要听到不同的声音。"[③]共产党与民主党派的互相监督有一个共同的政治基础，毛泽东在《关于正确处理人民内部矛盾的问题》中把这个政治基础定为以下六项内容："(1)有利于团结全国各族人民，而不是分裂人民；(2)有利于社会主义改造和社会主义建设；(3)有利于巩固人民民主专政，而不是破坏或削弱这个专政；(4)有利于巩固

---

① 薄一波《若干重大决策与事件的回顾》，中共中央党校出版社 1991 年版，第 156～157 页。

② 《毛泽东选集》(第五卷)，人民出版社 1991 年版，第 278 页。

③ 《毛泽东选集》(第五卷)，人民出版社 1991 年版，第 394 页。

民主集中制，而不是破坏或削弱这个制度；(5)有利于巩固共产党的领导，而不是摆脱或者削弱这个领导；(6)有利于社会主义的国际团结和全世界爱好和平人民的国际团结，而不是有损于这些团结。这六条标准中，最重要的是社会主义道路和党的领导两条。"①他同时还指出："各民主党派和共产党相互之间所提的意见所作的批评，也只有在合乎我们在前面所说的六条政治标准的情况下，才能够发挥互相监督的积极作用。"②这也就是说，共产党与民主党派之间的监督，不是法律监督，不是行政监督，更不是西方资本主义执政党和在野党、反对党之间的监督，而是一种特殊的政党之间的监督，是属于人民内部的一种监督。

共产党与民主党派之间的互相监督，由于共产党的执政党地位而使互相监督有了侧重点，即在这种双向监督中，重点是民主党派对共产党的监督。周恩来在 1957 年 4 月的一次谈话中对毛泽东的这一论点作了详细阐述，他说："互相监督，首先应该由共产党请人家监督，因为共产党是领导的党，它过去搞革命，为革命而奋斗，为人民立了功，人民拥护它，欢迎它。正是因为这样，也就带来了一个不利方面。毛泽东同志在我们党的七届二中全会上提出了这个问题。我们一旦取得了全国政权，就带来一个危险，就是一些人可能会被资产阶级的糖衣炮弹所腐蚀，被胜利冲昏头脑，滋长官僚主义，脱离群众，甚至出现个人野心家，背叛群众。这方面的危险是随时存在的，每个共产党员都要警惕，这个问题怎么解决？最好的办法是有人监督。当然，共产党员首先要党的监督，可是整个党的工作，也还要其他党派来监督。同样，每个党员也要其他民主党派监督。"③至于监督的基本形式，概括地讲，就是互相提意见，作批评。关于这一点，1957 年 1 月，毛泽东《在省市自治区党委书记会议上的讲话》中曾说过："对民主人士，我们要让他们唱对台戏，放手让他们批评。如果我们不这样做，就有点像国民党了。"④

毛泽东的互相监督思想是从我国多党合作的实践出发提出来的，它在加强和改善共产党的领导的同时，充分发挥各民主党派的协商和监督作用，有利于团结和调动更广泛的力量为社会主义建设服务。显然，这一监督思想比孙中山的监察制有了进一步的发展，它有了共同的政治基础，有了具体的实现形

---

① 《毛泽东选集》(第五卷)，人民出版社 1991 年版，第 393 页。

② 《毛泽东选集》(第五卷)，人民出版社 1991 年版，第 395 页。

③ 中共中央统一战线工作部、中共中央文献研究室编《周恩来统一战线文选》，人民出版社 1984 年版，第 351 页。

④ 《毛泽东选集》(第五卷)，人民出版社 1991 年版，第 355 页。

式——提意见,作批评。但应该指出的是,这种实现形式的最终落实,依靠的仍然是各级官吏的道德修养。以儒家文化为主体的中国传统文化不仅深深地影响着孙中山,也同样深深地影响着毛泽东,传统文化巨大的历史惯性一直在左右着中国民主政治乃至监督思想的发展。

三、制度、法律与邓小平对监督思想的推进

改革开放以来,邓小平在孙中山、毛泽东两位伟人的基础上,把监督思想又向前推进了一步。他不仅敏锐地洞察到道德无法制约政治的弊端,而且一针见血地指出,解决这一弊端必须依靠制度和法律。依靠制度加强监督,是邓小平在考虑对党组织和党员进行监督时首先提出来的。他认为,除了加强对党员的思想教育之外,更重要的,是要"从国家制度和党的制度上做出适当的规定,以便对于党的组织和党员实行严格的监督"[①]。这是邓小平的一个重要思想,也是党的八大强调的一个问题。1956 年 11 月召开的八届二中全会,根据八大的精神,进一步提出健全制度加强监督的要求。刘少奇在八届二中全会作的报告中明确提出:"要规定一些必要的制度,使我们这个国家发展下去将来不至于产生一种特殊阶层,站在人民头上,脱离人民。"但是,当时全党特别是主要领导人对健全制度加强监督的认识还很不深刻,这种主张也就难以得到落实,而且,由此造成了极为严重的后果。十一届三中全会前后,邓小平从制度方面总结了党的建设的历史经验,把依靠制度进行监督发展为依靠制度和法律进行监督,同时,监督的内容也不再局限于党组织和党员。在 1978 年中央工作会议上,他明确指出:"为了保障人民民主,必须加强法制。必须使民主制度化、法律化,使这种制度和法律不因领导人的改变而改变,不因领导人的看法和注意力的改变而改变。"[②]所谓民主制度化、法律化,就是社会主义民主必须有一整套完善的民主制度和相应的各种保障民主的法律,包括监督制度和保障监督的法律。这是邓小平总结"文革"中监督失控给党和国家造成极大损失时得出的一条极为重要的结论:"我们过去发生的各种错误,固然与某些领导人的思想、作风有关,但是组织制度、工作制度方面的问题更重要。这方面的制度好可以使坏人无法任意横行,制度不好可以使好人无法充分做好事,甚至会走向反面。即使像毛泽东同志这样伟大的人物,也受到一些不好的制度的严重影响,以至对党对国家对他

---

① 《邓小平文选》(第一卷),人民出版社 1989 年版,第 215 页。

② 《邓小平文选》(第二卷),人民出版社 1994 年版,第 146 页。

个人都造成了很大的不幸。"所以说，"领导制度、组织制度问题更带有根本性、全局性、稳定性和长期性。这种制度问题，关系到党和国家是否改变颜色，必须引起全党的高度重视"①。

邓小平依靠制度和法律加强监督的思想，具体来说，又包括以下两个方面。首先，对国家机关的专门监督和制约是法律制约的首要环节。邓小平指出："最重要的是要有专门的机构进行铁面无私的监督检查。"②就国家权力机关的专门监督制约而言，在我国，指各级人民代表大会及其常务委员会为保证国家法律的实施，以法定程序和法定方式对它产生的国家机关实施的法律监督制约。而全国人大及其常委会在整个法律监督体系中处于主导地位，是最高层次的制约监督主体。既要监督宪法和法律的实施，撤销一切与宪法和法律相抵触的法规、决定和命令等；又要监督政府、检察机关和审判机关的工作。既要坚持党的领导，又要做到使党在宪法和法律的范围内活动。"我们要坚持共产党的领导，当然也要有监督，有制约。"③"党要受监督。"④

行政机关的法律监督制约是法律监督和制约的重要形式，在我国，专门监督机关包括监察和审计机关。行政监察作为对国家行政机关及其工作人员和国家机关任命的其他人员执行法律、法规、政策和决定、命令等情况以及违纪行为予以监察的有效形式，对于改善行政管理，提高行政效能，促进国家行政机关及其工作人员廉洁奉公、遵纪守法具有重大意义。审计监督作为一种专门的经济监督方式，是依照有关经济资料和法律规范，由国家审计部门对有关单位的财务收支活动、经济效益和财政法纪的遵守情况进行审核稽查，以加强国家经济管理与调控职能的活动，有利于反腐倡廉，保证国有资产不致流失。

其次，社会力量的监督制约是依法制约权力的强大保障。社会监督制约是人民群众参与管理国家事务或社会事务的深度和广度进而体现国家的民主化程度及法律建设水平的一个重要标志。社会组织监督制约主要包括人民政协、民主党派和社会团体的监督与制约。邓小平强调了共产党与民主党派的"长期共存、互相监督"的关系，明确提出："有监督比没有监督好，一部分人出主意不如大家出主意。共产党总是从一个角度看问题，民主党派就可以从另一个角度看问题，出主意。这样，反映的问题更多，处理问题会更全面，对下决心会更有

---

① 《邓小平文选》(第二卷)，人民出版社 1994 年版，第 333 页。
② 《邓小平文选》(第二卷)，人民出版社 1994 年版，第 332 页。
③ 《邓小平文选》(第三卷)，人民出版社 1993 年版，第 256 页。
④ 《邓小平文选》(第一卷)，人民出版社 1989 年版，第 270 页。

利,制定的方针政策会比较恰当,即使发生了问题也比较容易纠正。”①只有坚持共产党领导下的多党合作制和人民政治协商制度,才能正确处理好共产党和民主党派的相互关系,充分发挥各民主党派进行政治协商、民主监督的作用,从而为国家的建设以及社会全面发展凝聚广泛的力量。

人民群众的监督是我国法制监督制约体系的基础,它反映了一切权力属于人民的国家本质。邓小平指出:“要有群众监督制度,让群众和党员监督干部,特别是领导干部。”②“要切实保障工人农民个人的民主权利,包括民主选举、民主管理和民主监督。”③“要让群众能经常表达自己的意见,在人民代表大会上,政协会议上,职工代表大会上,学生代表大会上,或者在各种场合,使他们有意见就能提。”④群众监督权是我国宪法赋予公民的一项基本权利,对任何国家机关及其工作人员的违法失职行为,公民有向国家机关提出申诉、控告或检举的权利;对任何国家机关及其工作人员,公民有提出批评或建议的权利。

四、近百年中国监督思想发展反思

从孙中山的五权分立,到毛泽东共产党与民主党派的互相监督,再到邓小平的民主监督,中国的民主监督思想走过了一个漫长而又曲折的过程。在这一过程中,监督思想从简单到复杂,从空洞到具体,从依靠各级官吏的道德修养到依靠相对公正的法律制度,一步一个脚印,每一个脚印里都充溢着伟人的心血和中华民族付出的代价。

应当指出的是,随着社会的进步,随着社会主义市场经济的进一步完善,中国的监督思想、监督制度还会继续向前发展。笔者认为,对监督而言,法律与制度固然重要,但更为重要的是中国国民监督意识的培养。因为从社会心理学的角度说,一种政治制度有效的施行,需要有适当的社会心理的支持。在这个意义上,监督不仅要有具体的制度和法律条文,而且还要有社会主体精神的民主化,即社会民主精神的完善与高扬,而后者才是推进监督制度化、法律化的根本动力。监督是一种显性的政治制度,而监督意识才是社会成员内在的精神品质,只有两者契合一致,协调发展,才能产生真正的社会监督机制,监督的发展

---

① 《邓小平文选》(第一卷),人民出版社 1989 年版,第 273 页。
② 《邓小平文选》(第二卷),人民出版社 1994 年版,第 332 页。
③ 《邓小平文选》(第二卷),人民出版社 1994 年版,第 146 页。
④ 《邓小平文选》(第一卷),人民出版社 1989 年版,第 273 页。

才有深层的动力支持。因此，一个国家监督制度是否完善，固然取决于社会物质生活的客观条件，但也取决于公民的主观条件。监督意识和监督制度同属于社会上层建筑的不同层次，两者互为因果。从中国的历史和现状看，公民缺乏适应现代化监督趋势的自主意识，这是我国监督机制进一步发展的最大障碍。

在中国传统政治的漫长发展过程中，从家庭本位的个人对家长的隶属到国家本位的个人对君主的隶属，封建皇权的统治形成了一种超稳定结构。封建皇权观念深入到社会的各个领域中，使社会的批判意识无从产生。而且社会的隶属和依附观念同政治的伦理化相结合，产生了一种摧毁个性的最强大的精神力量，强调反躬自省的道德修养成了社会个人的最高价值标准。这样，社会个人的自主意识便被彻底瓦解了。这种瓦解不仅表现在工人和农民阶级意识的弱化上，而且也表现在知识分子自我意识的衰弱上。一般而言，知识分子在社会中的地位和作用，是社会文明程度的标志。但是，中国传统政治的伦理化在很大程度上阉割了知识分子的批判精神，儒家文化的积极入世精神和道家文化的消极遁世精神宿命般地决定了中国士大夫的命运：在政治得意时，效忠于封建王朝；在政治失意时，逃向自我。传统政治文化对中国现代知识分子的影响至今仍然存在，使他们不能全面地形成一种独立的自主意识和参与意识，这与现代监督机制对国民素质的要求相距甚远。

在我国，人民的监督集中地体现在人民代表大会制度中，人民代表大会及其常委会有立法和对重大问题做出决策的权力，这是国家最高权力的体现。人大对其他国家机关的监督，其本质是人民的监督，但这种监督能否落到实处，更多地取决于人民掌握、运用这种权力的能力。从理论上讲，人大的监督是权力机关的监督，全国人大及其常委会可以运用人事任免权、罢免权、质询权、国事调查权以及立法权和其他决议的审批权，监督行政和司法机关；而全国人民代表大会又受着人民群众间接和直接的监督；司法机关通过行使法律监督权和审判权，监督其他各国家机关；中国共产党内部设纪律检察机构，监督全体共产党员。此外，行政系统内设立监察机关进行政纪律方面的监督，设立审计机构进行经济方面的监督。如果人大的监督权能充分发挥作用的话，权力过分集中、滥用权力、腐败等弊端是可以防止或及时解决的。之所以会发生这些弊端而没有很好解决，并不是中国没有很好的制度，而是我们的制度没有很好地发挥作用。好制度却没能很好地发挥作用，原因何在？这的确是值得我们深思的一个问题。

制度的制定需要人主观的参与，但制度一旦制定出来，就成为客观的东西了。这种客观的东西要在实践中施行,仍需要人主观的参与。这就是说,一种制度能不能很好地发挥作用,不仅取决于制度本身,也取决于施行制度的人的意识和素质。人民代表大会制度是人民实行监督权的最高体现,但假如实行这种监督权力的人民缺乏主体意识、监督意识和监督能力,那么,再好的政治制度也会在实行的过程中被扭曲,甚至失去存在的价值。

就我国目前的具体情况来说,进一步完善人民代表大会制度,加强人民代表大会及其常委会的立法和监督职能固然重要,但同样重要的,还有中国国民民主意识、监督意识的培养。新中国建立了劳动人民当家做主的政治制度,这是中国现代政治最重要的成就,是对传统政治的革命性变革。但是,由于长期受到"左"的思想的影响,对传统政治文化一直没有进行深入系统的批判,以至于把许多封建的政治观念当作现代政治观念来发扬光大。比如说,广泛渗透到现代政治中的"伯乐意识"就是如此。"伯乐意识"并非表现人民积极、主动的参与精神,恰恰反映出人才的被"发现"是一个消极、被动的过程。当然,我国有几千年的封建历史,而新中国建立只有几十年的时间,这也决定了我国国民的头脑里落后意识比较多,先进的现代意识比较少,这既是我国监督思想发展中的最大障碍,也是目前我们必须花大力气去解决的一个问题。

孙中山、邓小平民主思想之异同*

孙中山是中国近代民主思想的开创者。在他之后，形成系统民主思想的，是中国另一位伟人——邓小平。本文拟从理论基点和道德成分两方面面对之进行比较。

孙中山的民主思想，有两大来源，一是西方近代民主思想及民主政治经验，二是儒家的人性思想、政治思想①。但这二者在孙中山民主思想的形成中所起的作用并不是等同的。孙中山的民主思想深深根植于中国传统文化中，对西方民主思想，只是借鉴其中的先进经验而已。

在中国传统文化中，儒家思想长期占据着统治地位。儒家人性思想，认为人性是同情心，人皆有之，所以人性本善，人性平等。孟子说："人皆可以为尧舜。"(《孟子·告子下》)即是表示人性平等。在西方思想史上，人性平等，本是人权平等的基础。孙中山在他的许多讲话中都流露过这种平等思想，如《在广州岭南学生欢迎会的演说》(1923 年 12 月 21 日)中，他指出，广东至少有三百万青年，但绝大多数"不能受高等教育的，是没有平等的机会"，因此，他鼓励这些学生，"将来学成之后，应该有一种贡献，改良社会，让他们(笔者按：指不能受教育的青年)以后能够得到平等的机会才对"。他还对学生们说："想到国民同胞的痛苦，应该有一种恻隐怜爱之心。孟子所说：'无恻隐之心非人也。'这是诸君所固有的良知。"②在这里，孙中山所说的平等心和同情心，显然是孟子思想的发展，是把人性作为人权的基础。从人所固有的人性，即平等心出发，激发青年学生以同情心、平等心为实现人权平等而奋斗，这正是把人性作为人权的基础。在此，孙中山把人权平等和平等之心沟通，结合起来。他的人权思想，来自西方；他的人性思想，则来自儒家。

邓小平民主思想最根本的出发点，也是人。所不同的是，孙中山从人性出

---

* 本文原刊于《中共青岛市委党校 青岛行政学院学报》1999 年第 4 期。

① 邓小军《儒家思想与民主思想的逻辑结合》，四川人民出版社 1995 年版，第 347 页。

② 孟庆鹏编《孙中山文集》，团结出版社 1997 年版，第 891、896 页。

发，邓小平更多的是从人在社会中的作用出发，来确立他的民主思想的。可以说，邓小平民主思想的基础是他的人学理论，虽然他并没有明确提出“人学”这一概念。在总结民主革命胜利经验时，邓小平指出，“根据我从事政治和军事活动的经验，我认为，最重要的是人的团结。”“过去我们打败国民党用美国装备武装起来的几百万现代化军队，就靠这一条。”[①]在1992年南方谈话中，邓小平又说，“中国的事情能不能办好，社会主义和改革开放能不能坚持，经济能不能快一点发展起来，国家能不能长治久安，从一定意义上说，关键在人。”[②]

这两段话从同一个侧面总结了民主革命和改革开放的经验，那就是“关键在人”，由此形成邓小平的人民本位思想，人民群众是社会主义革命和建设的主体，人民利益是最根本的价值标准。这一思想是源于传统而又高于传统的。中国古代的“政在养民”“富民”“重民”“保民而王”“民为邦本，本固邦宁”的思想，是古代知识精英对治世的总结，是安邦治国、长治久安的大本大源。邓小平的人民本位思想当然与传统社会“以民为本”的民本思想有质的差异，但二者之间是有渊源关系的。[③] 它们共同构成了邓小平人学理论和民主思想的基础。

从人性到人在社会中的作用，虽然两位伟人民主思想的理论基点都是人——他们都是从人这一根本点出发建构自己的民主理论，但后者显然更为深刻。儒家政治思想最根本的一点是强调道德高于政治，修身先于从政。道德是政治的最高尺度，孟子的“有不忍人之心，斯有不忍人之政”(《孟子·公孙丑上》)即是这一思想的典范表述。

在孙中山的民主思想中，对此也是加以肯定的：“有了很好的道德，国家才能长治久安……所以穷本极源，我们现在要恢复民族的地位，除了大家联合起来做成一个国族团体以外，就要把固有的旧道德先恢复起来。有了固有的道德，然后固有的民族地位才可以恢复。”[④]

显然，孙中山讲的道德，就是指“固有的旧道德”，他认为，只要恢复了旧道德，其他一切问题便可迎刃而解。“国民在民国之内，要能把忠孝二字讲到极

---

① 《邓小平文选》(第三卷)，人民出版社1993年版，第190页。

② 《邓小平文选》(第三卷)，人民出版社1993年版，第380页。

③ 郭齐勇《论中国特色的社会主义理论与传统文化》，《武汉大学学报》(哲学社会科学版)1997年第4期。

④ 广东省社会科学院历史研究所、中国社会科学院近代史研究所中华民国史研究室、中山大学历史系孙中山研究室编《孙中山全集》第九卷，中华书局1986年版，第242～243页。

点，国家便自然可以强盛。”[①]孙中山把道德放在如此高的位置，甚至连他吸取古代选考制、监察制的优点，改造西方的政治构架，创造的“五权宪法”，也是置于旧道德基础之上的。“恢复了我们固有的道德，知识和能力，……恢复我一切国粹之后，还要去学欧美之所长，然后才可以和欧美并驾齐驱。”[②]可见，孙中山是把中国固有的道德作为民主政治之根本来看待的。所以在他的民主思想中，道德具有至高的地位。

虽然孙中山把人性作为民主事业的原动力，但同时道德又具有如此高的地位。因此，在他的民主思想中，人性与道德的矛盾是无法调和的。要么人性服从道德，民主政治以牺牲人性为代价；要么，道德服从人性，民主政治便失去它的根本。二者不能兼顾。

邓小平在他的民主思想中，也强调道德，但主要是指共产主义新道德。“我们一定要在全党和全国范围内有领导、有计划地大力提倡社会主义道德风尚，热爱社会主义祖国，提高民族自尊心。”[③]“党章草案要求，每一个党员严格地遵守党章和国家的法律，遵守共产主义道德，一切党员，不管他们的功劳和职位如何，都没有例外。”[④]这里，“共产主义新道德”与中国传统旧道德也同样既有联系又有质的区别。

在新道德中，旧道德里优秀的成分仍得以保留，如人道主义、爱国主义等等，许多糟粕如压抑人性的成分得以剔除，又增加了一些符合时代的新内容，如开拓、进取、创新的意识，自由、平等、公正的观念，这就使新道德迥然有别于旧道德，也使道德与人性之间的矛盾逐渐减少，并向良性机制发展。

其实，儒家文化强调道德，最初的动机是要约束政治，但是，在封建专制条件下，这种强调非但不能消除政治的腐败现象，反而强化了政治的非科学、非民主性。因为纯粹的道德说教根本不足以规范政治。对这一点，孙中山显然认识不足，而邓小平则清楚地看到了道德制约政治的局限性和非科学性。比如政治中的“人治”，本源于政治对道德的依附，但“人治”赖以存在的基础却不是道德

---

① 广东省社会科学院历史研究所、中国社会科学院近代史研究所中华民国史研究室、中山大学历史系孙中山研究室编《孙中山全集》第九卷，中华书局 1986 年版，第 243～244 页。

② 广东省社会科学院历史研究所、中国社会科学院近代史研究所中华民国史研究室、中山大学历史系孙中山研究室编《孙中山全集》第九卷，中华书局 1986 年版，第 251～252 页。

③ 《邓小平文选》(第二卷)，人民出版社 1994 年版，第 262 页。

④ 《邓小平文选》(第一卷)，人民出版社 1989 年版，第 243～244 页。

戒条,而是不可制约的政治权力。[①] 在政治权力的庇护下,"人治"会肆无忌惮地践踏道德。因此,"人治"导致政治的腐败是通例,导致政治的清明却是特例。这既是道德制约政治的直接后果,也是腐败现象始终伴随中国封建社会,至今仍是大患的原因之一。正是深切地认识到这一点,邓小平才特别强调制度和法律的重要性。"必须使民主制度化、法律化,使这种制度和法律不因领导人的改变而改变,不因领导人看法和注意力的改变而改变。"[②]制度和法律建设的思想,是邓小平留给中国人民最宝贵的财富之一。

从孙中山的道德建设思想,到邓小平的制度和法律建设思想,我们可以看出,他们的民主思想都深深根植于中国博大精深的传统文化中,但孙中山更多地吸取了其中的精华,邓小平则在吸取精华的同时,更注重批判、扬弃,从而使中国民主思想向前迈了一步。

笔者认为,在中国民主建设中,制度与法律固然重要,但同样重要的还有中国人民主意识的培养。中国封建帝制几千年的延续是以中国国民自主意识的弱化,甚至瓦解为代价的。中国民本思想所大力倡导的"为民作主"的传统,就深刻反映了这种状况。国民自主意识弱化的具体表现是国民没有公民意识、民主意识和参与意识。这是我国民主政治建设中的最大障碍。

因为,民主政治的建设及其运行,在很大程度上取决于人们对民主的自觉程度,亦即以何种心理、观念和态度参与政治生活。我国几千年封建文化传统沉淀在国民心理深层,使人们自觉不自觉地抵制民主理念的形成以及民主制度的实施,这样,就使我国民主的形成缺少深层次的动力支持。而缺乏这种动力支持的民主建设只能是空中楼阁。比如,民主存在的权利基础是个人权利,我国传统社会对个人权利是漠视的;民主形成的前提是人们对自由、平等的追求,我国传统社会严格的等级制度早已使平等和自由失去了它们应有的光彩。

在民主建设中,民主制度和民主意识是相辅相成,缺一不可的。比较而言,在制度的建设上,我们还可以借鉴其他国家先进的经验和做法,但民主意识的培养和形成就困难得多。尤其在文盲半文盲占人口总数四分之一的群体中,要培养出先进的民主意识,就更是难上加难。就目前而言,我们应重视对传统文化负面价值的批判,以铲除造成国民"劣根性"的文化基础,并广泛、系统地对整个社会进行民主启蒙教育,逐步培养出国民健全的民主意识、公民意识和参与

① 荣剑、杨逢春《民主论》,上海人民出版社 1989 年版,第 296 页。
② 《邓小平文选》(第二卷),人民出版社 1994 年版,第 146 页。

意识，以取代那些长期以来沉淀在国民头脑中的封建落后意识。

总之，建立民主政治，是我国政治体制改革的目标，它关系到整个改革的成败，关系到我们这个东方大国的前途命运。从孙中山到邓小平，虽然我们的民主思想向前迈进了一步，但却经历了六七十年的时间。这一步迈得何等艰辛！而且我们目前的民主建设还远远跟不上经济发展的需求，整个国民的素质还亟待提高。因此，我国的民主政治建设，依然任重而道远。

“中国梦”的文化解读*

中华文化五千年的发展有着明显的周期性规律，这一传统与我国近几十年来经济及综合国力的增强，共同构成了“中国梦”提出的远期文化背景和近期现实背景。从有文字记载的历史来看，21 世纪初叶是中国文化第四次大整合的开端，也是民族自觉和自信在国家战略层面上得以表现的开端。实现“中国梦”，必然包含当代中国文化的复兴和突破。认真研究中华文化第四次大整合，是我们必须面对的重要课题。

习近平总书记在参观“复兴之路”展览时的讲话中指出：“每个人都有理想和追求，都有自己的梦想。现在，大家都在讨论中国梦，我以为，实现中华民族伟大复兴，就是中华民族近代以来最伟大的梦想。这个梦想，凝聚了几代中国人的夙愿，体现了中华民族和中国人民的整体利益，是每一个中华儿女的共同期盼。”①又说：“经过鸦片战争以来 170 多年的持续奋斗，中华民族伟大复兴展现出光明的前景。现在，我们比历史上任何时期都更接近中华民族伟大复兴的目标，比历史上任何时期都更有信心、有能力实现这个目标。”②习总书记把中华民族伟大复兴直接解释为“中国梦”，说出了全体中国人的心声，也是近代以来从国家和民族层面，对中华民族崛起之愿望所做的最简洁、最自信的表述。

就笔者所见，“中国梦”的提出有着政治、经济、文化乃至综合国力等多方面深厚的现实基础，各个方面又是相互促进、相互支撑、缺一不可的。但我国是一个历史特别悠久的国家，中华文明也是人类历史上唯一一直延续至今而没有重大断裂的古代文明，因此，中华文化的发展有自己特殊的规律。从中华文化的发展来看，我们认为，“中国梦”的提出也有其文化演进的必然性，本文试对此稍做梳理。

---

* 本文原刊于《中共青岛市委党校 青岛行政学院学报》2013 年第 5 期。

① 习近平《承前启后 继往开来 继续朝着中华民族伟大复兴目标奋勇前进》，《人民日报》2012 年 11 月 30 日。

② 习近平《承前启后 继往开来 继续朝着中华民族伟大复兴目标奋勇前进》，《人民日报》2012 年 11 月 30 日。

一、中国文化的整合与分化

如果从宏观的角度，把几千年的中国文化作为一个整体来看待，我们可以发现：文化整合和文化分化的交替进行构成了中国文化发展的基本线索。文化价值体系的形成多是在文化整合中完成的，而文化的发展、创新往往发生在文化分化期。如果把文化整合看作是对文化分化期创造性成果的系统化，那么，文化分化又是对经文化整合定型的文化价值体系的再次突破。分化与整合不仅共同构成了实际的文化发展史，而且每次文化整合在发展到一定阶段时，都会出现新的分化，并有较明显的规律性。因此，文化整合与文化分化可以作为我们考察中国文化发展的两个重要坐标。

中国文化自有文字记载以来已经有过三次大的文化整合。第一次文化整合发生在殷末周初，以周文王、周武王，特别是周公为代表的周代统治者，对此前的巫文化进行了全面的改造和总结，为它注入了强烈的理性精神，使中国文化所关注的核心问题由天命、鬼神而转向人事，殷商文化中特别突出的巫术、宗教色彩开始淡化，从而形成了以"敬天保民"为内在特征，以礼乐文化为外在形态的一整套新的文化价值体系。第一次的文化大分化开始于春秋时期，诸子蜂起，百家争鸣，一统的文化秩序被打破，各家从不同的方面对礼乐文化做了淋漓尽致的发挥，为中国文化后来的发展奠定了厚实的基础。其中以孔子、孟子为代表的儒家学说继承、发展了周代礼乐文化，但儒家在当时也只是百家中的一家而已。

第二次文化整合发生在汉代。汉武帝年间(前 141—前 87)，大儒董仲舒于武帝元光元年(前 134)提出了"罢黜百家，独尊儒术"的文化发展战略。由于这一思想不仅顺应了历史和现实的需求，也得到了汉武帝的支持，因此，董仲舒以原始儒家和阴阳五行为载体，整合先秦百家而形成的新的文化价值体系，很自然地成为汉代的主流意识形态。这一文化价值体系，在此后经过汉宣帝甘露三年(前 51)石渠阁会议、汉光武帝中元元年(56)宣布图谶于天下，及汉章帝建初四年(79)的白虎观会议，得到进一步的修订，完成了儒家思想的法典化和国教化。但从东汉后期开始，皇室大权旁落，深重的"名教危机"再次促动了新一轮的文化大分化。佛教、道教应时而起，成为这一次文化分化中新的挑战者，并逐渐取得了堪与儒家争锋的地位。历魏晋而至唐代，中国文化再次表现出勃勃的发展生机。

第三次文化整合始于北宋(960—1127)。经过魏晋至五代的创造性发展，宋代以程颢(1032—1085)、程颐(1033—1107)等为代表的理学家开始了中国文化的第三次文化整合。理学充分吸收了佛、道两家的有益成分,进一步发展了传统儒学,形成了一套在中国封建社会后期影响深远的新的文化价值体系。从晚明开始,中国文化又进入了新的分化期,但是由于清朝入主中原、清末以来直至抗战时期救亡图存的民族危机,以及"五四"以来直至"文化大革命"对传统的全面否定等种种干扰,第三次文化整合之后出现的文化分化并没有像前两次一样表现出鲜明的创造性,而是充满了曲折。[①]

上述文化整合和分化的大趋势,是我们考察中国文化发展的一条主线,也是理解"中国梦"的一个重要参照。

二、"中国梦"与中国文化的第四次大整合

仔细研究已经发生的几次文化整合与分化,我们发现相邻的两次文化大整合的周期均在1000年左右:第一次文化大整合始于公元前11世纪的商末周初,而其间的文化分化出现在春秋时期(前770—前476,一说前770—前403),据第一次文化大整合500余年;如果把汉武帝采纳"罢黜百家,独尊儒术"建议的元光元年(前134)作为第二次文化大整合的开始,两次文化整合的周期大约1000年;第二次文化大整合之后的文化分化发生于汉末到西晋(约220—316)时期,即4世纪前后,距第二次文化大整合近500年;以"二程"的出现为标志的第三次文化大整合,其时间大约在11世纪,距第二次文化大整合差不多也是1000年。此后,过了500多年的时间,在明代中后期(约明嘉靖年间1522—1566)开始进入新的分化期。如果从殷末周初的第一次文化大整合向前追溯,中国出现国家的第一个王朝——夏代,始于公元前21世纪。国家的出现在上古史上具有鲜明的标志性,把这一阶段作为文字发明之前的一次文化整合,也未尝不可。而此时距殷末周初正好也是1000年左右。只是夏、商两朝文献不足,对其间的文化分化,不易做出具体的描述。

从以上的分析来看,中国文化的大整合是以1000年为周期,而文化分化则往往在距文化整合约500年开始。由于中华文化持续发展的时间最长,在文化发展规律方面没有任何一个民族可以与我们类比。因此,我们自己的文化史也就成为思考的唯一依据。如果以古例今,可知我们生活的21世纪正在走向第

① 关于中国文化大整合的相关论述,请参考刘怀荣《才人灵心的诗性呈现——〈唐代文人心态史〉序》,《东方论坛》2000年第1期;后被人大复印资料《中国古代近代文学研究》2000年第9期全文转载。

四次文化大整合。从现实背景来看，这一次文化大整合，早已伴随着国家经济的腾飞悄然开始。近十年来的三次党代会，都以不同的方式透露出同样的信息。党的十六大报告提出："当今世界，文化与经济和政治相互交融，在综合国力竞争中的地位和作用越来越突出。文化的力量，深深熔铸在民族的生命力、创造力和凝聚力之中。全党同志要深刻认识文化建设的战略意义，推动社会主义文化的发展繁荣。"党的十七大报告也指出："当今时代，文化越来越成为民族凝聚力和创造力的重要源泉、越来越成为综合国力竞争的重要因素……中华民族伟大复兴必然伴随着中华文化繁荣兴盛。"党的十八大报告再次强调："文化是民族的血脉，是人民的精神家园。全面建成小康社会，实现中华民族伟大复兴，必须推动社会主义文化大发展大繁荣。"

像这样从国家战略层面出发，对文化的重新认识和高度重视，其近期背景无疑是我国改革开放数十年以来综合国力明显增强的现实；其远期背景则与上面提到的中国文化的发展周期分不开，换言之，党的十七大提出的"中华民族伟大复兴"，在习总书记这里被更简洁地表述为"中国梦"，这是第四次文化大整合开始进入自觉阶段的标志，后者也构成了实现"中国梦"必要的文化前提。

三、实现"中国梦"与当代民族文化复兴

自晚明开始的文化分化期，由于在20世纪经历了外患内忧及"文化大革命"等人为的冲击，与前几次分化期相比，明显体现出破坏多于建设的特点。此外，从20世纪初叶开始，中国文化在面临西方强势文化挑战的危机中，选择了马克思主义，经过一个世纪的实践探索，时至今日，能够作为我们进行文化重建的有生命力的资源主要有三个方面：即本民族发展过程中凝聚升华的优秀传统文化、马克思主义文化或有中国特色的社会主义文化、以西方文化为代表的其他民族的优秀文化。深入探讨这三方面的文化资源，对于中国文化的第四次整合无疑具有非常重要的理论意义和学术价值。

任何文化的突破与超越，必然会受到民族文化自身连贯性和继承性规律的制约。中华民族有着五千年的文明史，在悠久的文明发展过程中，已经形成了重视历史经验和文化总结的习惯，"复古以开新"是我们这个民族数千年来基本的文化发展策略之一，当代文化的发展当然也不能例外。在这样一个背景和前提下来审视我国当代社会主义文化的发展，并考察相关的研究，我们不难发现，以往论者更注重的是我国社会主义文化发展与马克思主义文化之间的关系，更多的是从我们对马克思主义的发展和超越的角度来讨论社会主义文化，这当然

很重要。但是我们也应该看到，迄今为止，还很少有人从我国传统文明发展进程的视角来思考当代中国社会主义文化的一些基本问题。事实上，这却是理论界不可回避的一个重要命题。

诚然，社会主义从理论到实践都不是我们自己的原创发明，但我们在建设社会主义道路上所经历的艰难曲折，所取得的种种成绩，却不能说与中国五千年的文明无关。尤其是有中国特色的社会主义，原本就是马克思主义中国化日渐成熟的产物，中国传统文明在其中所起的作用无疑是极为重要的。从宏观的角度来说，当代社会主义文化是我们五千年文明的一个自然而有机的组成部分。把它放在五千年的文明史上来考察，研究它们之间的深层联系，探讨前者对后者的继承与扬弃，对于加深对当代社会主义文化发展的理性认识，更好地理解当代社会主义文化的特征，更好地解释当代社会主义文化建设中出现的新现象、新问题，均有着特殊的意义。而实现“中国梦”，必须“全面落实经济建设、政治建设、文化建设、社会建设、生态文明建设五位一体总体布局”（十八大报告语），其中，在当代社会主义文化建设方面取得全新的突破，不仅是当代中国发展和中华民族伟大复兴即实现“中国梦”的需要，也是中华文化第四次大整合必须面对的重大问题。

中国文化国际化战略的路径*

经济全球化和一体化要求中国文化实现国际化，因为国际社会需要通过中国文化来理解中国的外交政策根源和意图，中国也需要借助文化来向世界展现中国追求和平发展的决心。中国文化国际化就是要使中国文化与国际接轨，被世界主流文化所认同、接纳，并借文化增强国家软实力，实现国家利益最大化。当前中国文化已足够强大和自信，国际化和现代化并不必然被西方化，不必再担心在现代化、国际化中失去自身的文化特质。[①] 但是，当前中国文化的国际化存在诸多弊病，造成与国际社会的沟通不畅。因此，在向世界介绍中国文化之前，必须在了解中国文化国际化现状的基础上，制定中国文化国际化的战略原则，并探索出具有中国特色的文化国际化现实路径。本文拟从国际关系的视角，尝试对这些问题做出解答。

一、中国文化国际化的现状

文化有强弱之分，在国际社会，中国文化仍然处于弱势和不被国际主流文化接纳的被动状态。这既有"西方问题"，又有"中国问题"。西方问题在于非理性的政治偏见和文化差异导致西方和国际社会歪曲、误解中国文化；中国问题在于中国文化国际化和现代化的时间较短，经验不足，在对外传播过程中不讲究原则和技术策略。双面夹击下，导致当前中国文化国际化尚存在几大弊病：

（一）把中国文化过度符号化，缺乏文化创新和思辨意识

中国文化博大精深，绝不是一些形象符号和器物所能代表的。一方面要避免那种把文化的本质仅仅归结为符号形式的理论倾向，另一方面又要看到符号与文化研究之间的内在关系。[②] 过剩的文化符号和符号异化容易造成文化创造

---

* 本文与朱凤云合作，原刊于《山东社会科学》2014 年第 10 期。

① 张志洲《中国文化外交新背景与概念基本涵义辨析》，陈文力、陶秀璈主编《中国文化对外传播战略研究》，九州出版社 2012 年版，第 103 页。

② 万资姿《符号与文化创造》，中国社会科学出版社 2011 年版，第 13 页。

主体创造能力的缺失,也就是说,创造主体只能局限于既有的文化符号,在某种程度上丧失了自由创造的能力。例如,带有中国文化符号化的国际品牌设计在国际性活动中频繁出现,造成审美疲劳。余秋雨批判了 2001 年德国汉诺威世博会的中国馆和 2005 年日本爱知世博会的中国馆,认为欠缺智慧、创新和想象的中国馆没有展现出中国文化的应有魅力,过于符号化的宣传方式造成了中国"文化孤立"。[①] 2008 年北京奥运会和 2010 年上海世博会在设计理念上有所创新,但仍没有突破中国文化的符号化。如突出大红在上海世博会中国主场馆和奥运会火炬设计中的运用,给西方人的印象是中国文化推崇红色、热烈和斗争。

在中国文化日渐丰富和强盛的今天,符号化的文化仅仅起到装饰性作用,不能传达出中国文化多样化的特质、内在价值观等信息。例如,中国传统文化讲求"和合、人与自然的和谐,天人合一"等精神,但也有"与天斗其乐无穷"的哲学精神。一味宣扬和合、韬光养晦的文化精神,给世界的印象并不完全是爱好和平的国家形象,反而形成"睡狮""沉默的威胁""中国一旦崛起将引发世界战争"等认知。

有些中国人在出国交流的时候喜欢带一些中国特色产品出去送给国际友人,一方面体现中国人的热情大方,另一方面觉得西方人可能会喜欢带有中国文化符号的产品,如筷子、中国丝绸等。且不说它们承载了多少中国文化的内涵,这些几千年流传下来的东西在外国人眼里可能就是符号化了的中国文化,以为中国就只有这些,几千年来丝毫没有创新和发展。与其拿这些符号化产品作为国际交流的礼物,不如拿一本翻译为当地语言的中国名著作为礼物更能体现中国文化的博大精深和走向国际化的决心。

(二)把中国文化的国际化等同于西方化,中国文化被边缘化、客体化和意识形态化

在过去某个特定的年代,中国文化就已经被国内、国际所边缘化,其表现是"破四旧"和"去中国化"。中国传统文化中不乏优秀的理念和内涵,但经过"破四旧"和"打倒孔家店"等政治运动,国人一度彻底否定了所有中国传统文化,把"洗澡水"和"孩子"一起泼出去了。半个世纪以来,国际上出于意识形态斗争的"去中国化"运动也在东亚中华文化圈洗礼了一遍,以致汉字也被看作中国政党意识形态渗透的工具而被妖魔化。甚至在台湾地区,也一度掀起"去中国化"浪

---

① 余秋雨《中国处于"文化孤立"之中吗?》《环球时报》2006 年 10 月 9 日。

潮，修订小学、初中历史、地理教科书，删改中国历史。这种无视历史事实，与中国文化决裂的行为是自欺欺人，只会损人不利已。

长期以来，在西方世界，中国文化被视为洪水猛兽，成为一种弱势文化和边缘文化。更有甚者，怀有不良居心的人歪曲中国文化、打着中国文化的旗号抹黑中国，捏造“中国文化霸权”“中国文化威胁论”。西方文化中心论者，有意无意地把中国文化边缘化、客体化、意识形态化，作为“他者”或者“想象的威胁”来区别对待，如萨缪尔·亨廷顿《文明的冲突》把基督教文明与中国文明、伊斯兰文明对立起来。长期以来，与西方国家的外交孤立和经济封锁相一致，中国文化被视为不同于西方的“异类”，认为中国文化的国际化实质上就是西方化，是走向西方，与西方接轨。中国文化的国际化并不是简单的现代化、西方化，而是主动进行国际文化交流，提高中国文化在国际上的影响力。

(三)把文化产业与创意产业等同，中国文化被过度商业化

文化产业与创意产业截然不同。“文化”更关注与象征性商品的生产和分配有关的活动，是价值观的潜在创造者，而“创意”则主要注重于知识，其中建立在创造性基础上的工作占有主要地位，因此是就业和财富的潜在创造者。文化产业和创意产业都为一个国家的 GDP 贡献了力量，但是并不是所有的文化都可以创造价值，注重文化产业发展无可厚非，但把中国文化过度商业化的做法不利于中国优秀文化“走出去”，也就是说可以卖创意，但不可以贩卖、兜售文化。例如少林寺上市的炒作被认为可以极大地推动中国特色文化的商业运营，更好地走国际化道路。但是，这种违规操作是对中国传统文化的抹杀而不是发扬，只能给外界中国缺失信仰文化的印象。

孔子学院肩负着传播中国文化、对外文化交流的使命，但有些人却打着孔子学院的招牌招揽各类生意，严重损害了国家形象。因此，不能把市场和 GDP 作为单一的中国文化走出去的衡量标准，文化更应该具有价值导向和精神衡量标准。

(四)在对外文化交流中把民族的价值置于人类价值之上，文化民族主义阻碍了中国文化的国际化

从人类文明的历史长河来看，中国文化和西方文化一样，是人类文化的一部分，有许多共享的人类精神价值，要把民族性放在世界性和互动性之中，文化中的“民族主义”防范心理要不得。文化民族主义有其积极的一面，具有进步、合理的内涵。但文化民族主义也有其消极的一面，表现为极端保守主义、排外

主义，威胁着人类文化的整体发展。[①] 例如，韩国把“端午祭”申遗，甚至把老子、孔子说成是韩国人，严重损害了中国人的民族自尊心和自豪感，在世界文化交融的历史长河中，韩国的文化民族主义注定不会长久。同样地，除了中国，任何一个国家都有其优秀灿烂的传统文化。要借鉴国际先进经验，利用外来资金和人力资源，大力发扬和保护各类文化遗产。例如，日本公司设计投资的上海浦东某座标志性建筑，被有些人放在民族主义的视角看待，质疑怎么可以让日本人来设计具有象征意义的中国建筑，其形态又如何对中国不利等等说法，完全是一种文化的民族主义心态。中国文化既是民族的，又是国际的。从这一理念出发，实现文化共享的前提是共同保护优秀的文化遗产，不论这种文化是属于他国的，还是本国的。

二、中国文化国际化的战略原则

在中国崛起的时代，中国文化国际化不仅关系到中国能否和平发展的问题，而且关系到整个世界的和谐与发展。顺利实现国际化的中国文化才能具有一种世界性、整体性的眼光，从而促使中国的发展融入时代潮流，世界也才能重新发现中国、发现东方。从国际关系的视角来看，中国文化国际化应遵循以下战略原则：

（一）力争建构中国的文化话语权

中国文化走向国际不能像鹦鹉学舌一样只借鉴西方话语，必须首先打造一套统一的国家文化话语。后金融危机时代，新兴大国的崛起为建构中国文化话语权提供了经济和政治条件。在今天的中国，实际上存在着三种话语关系：一种是官方的，一种是学术的，还有一种就是大众的。这三种话语关系之间缺乏有效的互通机制和共享平台，甚至在很大程度上存在着冲突和对撞。[②] 国家的文化话语权不是自然而然形成的，而是需要国家顶层主动建构和设计。西方抛出一种理念或概念，要进行分析研究，对己利弊分析清楚再决定接纳还是不接纳、反驳还是置之不理。同时要激发学界创新，鼓励提出新思路和新概念。学界提出一种文化概念或理念，如果可行需要官方予以承认，在外交场合加以肯定。例如在中美关系问题上，中国崛起引发了美国对于如何看待两国关系的争

① 姜秀敏《全球化时代的国际文化关系研究》，中央编译出版社 2011 年版，第 54 页。

② 胡慧林《当前中国文化战略发展的几个问题》，胡慧林、陈昕、单世联主编《文化战略与管理》，上海人民出版社 2011 年版，第 16 页。

论。美国学者提出“中美共治”或G2的概念，并加以界定和引申。中国方面认为中国还不够强大，当前不可能实现中美共治，G2不现实，因此不予接受。很快中国方面提出构建“新型大国关系”的概念，先是在学界讨论，然后官方认可，并介绍给美国。现在美国已普遍接受“新型大国关系”的说法，但还有待于在其内涵上达成中美两国的共识。

(二)追求文化认同，允许求同存异

在全球化和世界一体化潮流下，主权国家之间和各民族文化之间互动频繁，一些具有普遍意义的价值观和文化认同已经被国际社会接受。例如，真善美、爱恨情仇等感情是人类社会共同的体会和感悟，无论某一国的文化如何与众不同，它总要符合人类历史的发展规律，不能背道而驰。因为从人类文明发展的趋势来看，文化的融合会越来越普遍。首先要促进民族文化认同。民族既是文化的直接产物，也是文化认同的参考点。例如，中国、韩国、日本以及许多东南亚国家都有汉语言文化圈，虽然其文化内涵已经发生了演变。要重视汉语作为几个汉语国家和地区之间身份认同感情纽带的作用，以及作为全球性的沟通手段和消除这些国家在国际舞台上分歧的作用，并让汉语的使用者(包括把它作为母语和外语的使用者)，学好、用好这门语言，使之真正成为信息社会的知识纽带。

其次要促进区域与全球文化认同。如海洋文化是人类共有的文化传统，可以说有海水的地方就有妈祖庙，但各地的妈祖文化也有很大差异，中国台湾、大陆沿海地区、东南亚国家都有妈祖信仰，可以形成妈祖文化认同，但并不一定非要认定哪个是正宗的，允许有文化上的差异性。

(三)以平等自信为原则进行中国文化重组

中国文化偏于一隅，魅力独特，生命力顽强，但是过于久远，与时代脱节，需要以国际化标准来重组中国文化。但是，中国文化的重组绝不能靠强制性和怪异性来吸引眼球，而是要实事求是，让人心悦诚服地去选择和接受。面对全球公众，中国文化宣传要确立平等、自信的态度。例如，在中国少年儿童中，学习西方油画、钢琴、小提琴的层出不穷，而学习中国国画、古琴、古筝的却少之又少，以至于要采取保护的手段予以发扬光大。这种现象并不能说明中国文化的衰败，当然复兴国学固然是好事，但更需要从现代文化中获得文化自信和平等。

此外，在把中国文化介绍给国际的时候，要注重中国文化与国际化潮流相一致。中国人在外的一些不文明行为多是因习惯使然，应当按照国际惯例加以

纠正。如电梯左行右立的习惯,尽管可能在中国没有必要严格执行,但应当指导国民在出国时,要尊重当地礼仪、规则和法律。

(四)明确目标,服务于国家利益与人类共同利益

文化的功能指的是文化对国家和非国家行为体的身份、利益和行为的影响。中国文化国际化要有明确的目标,即实现国家利益的最大化,并促进人类国家利益的发展。文化对于提高一个国家的国际地位和政治影响力具有重要意义。美国著名外交家傅立民指出:"与他国人民进行文化交往是实施政治影响的一种途径,也是加速向其社会进行经济渗透的催化剂。禁止或限制向其他社会输出本国文化的国家将使自己在争夺国际影响力的竞争中处于劣势。增加在国外的文化活动增强国家实力;反之,则削弱影响。"[①]有损于国家利益的国际文化活动不如放弃。

中国文化还要超越国家利益,服务于人类共同利益。要想成为一个真正的大国,不仅要看重利益,还要看重价值,既要讲原则,不唯利是图,又要负责任,不文过饰非。[②] 国际化的中国文化可以与世界其他文化共同推动国际文化的发展,对世界产生积极的影响。例如,中国的和谐文化是介于"洛克文化"与"康德文化"之间的一种文化形态,符合当今国际现实,又能推动国际关系缓和。[③] 中国文化肩负的使命不仅是实现国家利益最大化,面对虚无、没落的西方文化,中国文化有责任和使命来拯救世界文化,为世界文化增添原动力,激发创造性。例如世界生态文化缺失造成人类共同生存的地球家园生态失衡。在各种危机面前,人类需要一种新的智慧来重新审视人与自然的关系。中国文化国际化必将有助于补充西方生态文化的不足,形成西方消费文化、斗争文化与东方节约文化、和合文化的调和与互补。

三、中国文化国际化的路径选择

针对西方和部分国际媒体对中国文化歪曲、丑化和有意无意的误解,中国应采取双向文本解读战略,一方面要构建中国文化国际化的战略原则,充分揭露这些歪曲、误解背后的文化差异和政治偏见,加强对外文化宣传;另一方面,

---

① 〔美〕傅立民《论实力:治国方略与外交艺术》,刘晓红译,清华大学出版社 2004 年版,第 34 页。

② 赵可金、彭萍萍《中国文化软实力面临的困境及其解决路径》,《当代世界与社会主义》2012 年第 3 期。

③ 杨守明《国际文化的建构与中国崛起的影响》,《当代世界与社会主义》2012 年第 4 期。

要批判性地吸收外来文化中某些合理成分，摒弃中国传统文化中的糟粕和负面因素，积极完善自我。可以从以下几方面打开中国文化国际化的现实路径：

(一)“走出去”与“请进来”相结合

近代以来的中西方文化交流，中国拿来了大量的西方文化，而对西方没有进行大规模的输出，其间的文化逆差、落差等问题触目惊心。20世纪文化拿来主义盛行，表明中国文化遭遇了深刻的身份合法性危机。[①] 现在强调文化输出不是扩张主义，不是为了对抗，而是为了实现文化交流与融合。从文化拿来主义到文化输出主义要求首先要走出去主动接受外来文化，其次要走出去传播中国文化。中国文化的国际化不一定非要走出国门，在国内也可以实现国际化，同时，“走出去拿来”比“请进来”更能显示中国的诚心诚意。例如，在出国进行文化交流时，首先要表现出对对方文化的兴趣，这样，对方才会主动了解、接受我们的文化。莫言之所以能获得诺贝尔文学奖，除了实力外，还有文化交流、文化公关的很大功劳。要让世界各国了解、接受中国文学，莫言作品的翻译工作和推广宣传不可缺少。应充分利用现代电子网络和传媒，传播具有深厚中国文化底蕴和魅力的作品，系统地介绍东方文化、中国文化的精神和现代价值。

(二)政府主导与民间行为相结合

政府主导的文化国际化行为具有举国效应，如党和国家领导人亲自确定和支持的“中法文化年”“中俄文化年”项目，能最大限度地集中全国文化资源优势，不仅大力推动了国与国之间的政治、经贸关系，也体现了党和政府推动中国文化国际化的战略意图。民间行为和半民半官的文化交流行为形式多样而灵活，更能体现中国文化的亲民风格，是政府主导文化传播行为的重要补充。但是，要使中国文化为其他国家的受众所吸纳和接受，必须借助当地官方和主流文化平台。西方民间的民主和意识形态传播行为多数得到政府资金和人力支持，以民间文化交流为名义，发挥意识形态的渗透作用，打消国外受众的防范心理。中国民间文化交流活动要提高国际竞争力，必须得到中央和地方政府的支持。实践证明，这种民间牵线搭桥、政府接手支持的运作方式在发展中国家和地区成效显著，对中国企业“走出去”和国家形象的改善具有重要现实意义。

(三)国内传播梯队和海外传播梯队相结合

人是文化传播的最主要载体，要主动组织传播中国文化的梯队，包括国内

---

① 王岳川《发现东方》，北京大学出版社2011年版，第10页。

梯队和海外梯队。国内梯队包括在中国的文化工作者、聘雇的外国人、在中国的留学生、技术合作者和旅行者。他们首先作为外来文化的传播者向中国传播外来文化，同时，也可以作为中国文化的传播梯队发挥作用。作为中国文化的搬运者，这些群体具有向国外呈现中国文化的便利条件和渠道，无论在中国逗留时间长短，他们生活在中国的这段时间里都有可能成为中国文化的传播者。在“走出去”过程中，要把海外华人华侨作为中国文化的传承者和传播者。一方面他们有需求，另一方面他们也是中国文化向海外传播的“二传手”和“搬运者”。海外汉学家、中国留学生、海外务工人员、技术合作者、去国外的旅行者等群体都可以作为中国文化的传播梯队，这就需要把中国文化国际化的工作做在前面。当身处中国时，看似深知中国文化精髓，却连中国历史朝代都搞不清楚。文化传播战略需要把中国文化的国际化当作一项任务来对待，而不是随意就能做好的。例如对出国留学人员的培训，不光要进行对方语言、文化的培训，更要向这些潜在中国文化搬运者进行从言谈、行为到中国文化历史、文化传播自觉意识的培训。特别是那些从事对外文化交流工作的公职人员，要有传播优秀中国文化的使命感和自觉性，一方面要提升自身的文化修养，另一方面要多在中国文化传播者之间组织一些文化学习和交流活动。

（四）大众文化和精英文化并重，俗文化与雅文化互补

相比非洲各国文化和欧洲某些地方的文化，亚洲文化整体而言是较强的，尤其是中国、日本和印度的文化。但是中国大众文化明显不敌日本和韩国，尽管传统文化和精英文化源远流长。大众文化与精英文化的区别，首先体现在文化的创造者和受众的不同上。精英文化显然是由精英创造和享用的文化。在文化领域，这样的精英主要就是知识分子阶层。从文化功能上看，精英文化承担了比大众文化更多的社会教化和价值规范功能；大众文化的消费也许可以说是表面性的，就是说对于人们的信念、价值观或行为并没有很深刻的影响。但是大众文化更易于传播和被接受。因此，要采取大众文化和精英文化并重的传播路径。中国文化的国际化还要多一些高雅文化，少一些低俗文化。当然低俗文化和高雅文化是可以相互转换的，界限不是那么分明。有些低俗文化经过包装和去其糟粕，也可以实现由俗至雅的转变。例如，中国古代诗词，很多产生于青楼，但经过后代文人各种形式的加工，通过去粗取精，发展为雅俗共赏的艺术形式，如琴歌、戏曲等，既有艺术欣赏价值，又反映了当时的时代风貌和政治特征，完全可以被国际社会理解和接受。

(五)道器一体、形神兼备的中国文化国际化路径

鉴于中国文化的特点,要让西方了解中国最根本的东西,也即中国文化的精神非常不容易,必须借助于感性的道具和形象。例如京剧脸谱、毛笔、旗袍文化,不是展示出来就可以了,还要向他们介绍其中包含的文化内涵和价值体系。中国文化的价值体系和西方明显不同,西方人拿西方价值来衡量中国,所以对中国的很多现象难以理解。这需要先运用感性认识引起他们的兴趣和好奇心,再超越这些器具形成理性认识。所谓道器合一、形神兼备,借助具体的载体来传播文化理念和价值体系更容易被西方接受。例如中国独一无二的古琴音乐艺术。古琴作为器具,不仅传递了音乐,而且每首古琴乐曲背后都有一个历史故事,这个故事背后又蕴含了丰富的哲学理念和人物的价值追求。这样由表及里的介绍避免了乏味的说教,更容易引起共鸣。中国文化是包容的,可以吸收西方文化的精华,使中国文化的价值体系更丰富、更先进。兼容并蓄的中国文化可以随着中国的强大有朝一日实现国际化,从而形成与建立在弱肉强食的丛林文化基础上完全不同的国际秩序。2011 年 10 月召开的中共十七届六中全会提出要提高国家文化软实力,在日趋激烈的综合国力竞争中赢得主动,要大力弘扬中华优秀传统文化,不断扩大中华文化国际影响力,切实维护国家文化安全。胡锦涛总书记在党的十八大报告中再次对文化大发展的战略决策进行了系统的概括和阐述,强调坚持建设面向现代化、面向世界、面向未来的和民族的、科学的、大众的社会主义文化。中国文化的国际化是建设社会主义文化强国的必由之路,闭塞、孤立、得不到国际社会认可的中国文化无法提升竞争力;反之,失去自我、西方化的中国文化也就丧失了社会主义先进文化的前进方向。中国文化国际化是树立高度的文化自觉和文化自信的关键,需要引起各界人士的高度重视。